CAMINHOS DA PESQUISA DE GÊNERO E SEXUALIDADE:

PERSPECTIVAS DA AMÉRICA LATINA E CARIBE

Universidade Federal do Ceará

FUNCAP

PARALAXE

Apoio

Este livro contou com auxílio para publicação da Fundação Cearense de Apoio ao Desenvolvimento Científico e Tecnológico – Funcap e do Governo do Estado do Ceará, relacionado ao Edital 02/2020 PPSUS CE SPU, n. 07905706/2020, n. P020-0171-00134.01.00/20

CAMINHOS DA PESQUISA DE GÊNERO E SEXUALIDADE:

PERSPECTIVAS DA AMÉRICA LATINA E CARIBE

Autoras e autores:

Aluísio Ferreira de Lima (Org.)
Yarimar Rosa-Rodríguez (Org.)
André Luiz Machado das Neves
Ángela Elena Suarez Estévez
Camila Ribeiro da Silva
Fernanda Machado
Fernanda Silva e Sousa
Iolete Ribeiro da Silva
Jaileila de Araújo Menezes
Jancleide Teixeira Góes
Julieta de Marziani
Luiza Romão
Madge Porto
Maria Natália Matias Rodrigues
Miriam Rodríguez Ojeda
Paribanú Freitas De León
Sofia Boito
Stephanie Caroline Ferreira de Lima
Tania Esmeralda Rocha Sánchez
Valerie Asencio Torres
Valeska Zanello
Yoanka Rodney Rodríguez

Editora Sulina

Capa: Like Conteúdo (Sobre imagem de Julieta de Marziani)

Projeto gráfico e editoração: Niura Fernanda

Revisão: Simone Ceré

Editor: Luis Antônio Paim Gomes

Dados Internacionais de Catalogação na Publicação (CIP)
Bibliotecária Responsável: Denise Mari de Andrade Souza – CRB 10/960

C183

Caminhos da pesquisa de gênero e sexualidade: perspectivas da América Latina e Caribe / organizado por Aluísio Ferreira de Lima e Yarimar Rosa-Rodríguez. – Porto Alegre: Sulina, 2024.
310 p.; 16x23 cm.

ISBN: 978-65-5759-132-1

1. Sociologia. 2. Antropologia. 3. Racismo. 4. Diversidade. 5. Gênero. 6. Geopolítica América Latina – Gênero – Sexualidade. I. Lima, Aluísio Ferreira de.II. Rosa-Rodríguez, Yarimar.

CDU:316.34
316.77
320.56
CDD:301
302
320.56

Rua Leopoldo Bier, 644, 4° andar – Santana
CEP: 90620-100 – Porto Alegre/RS
Fone: (0xx51) 3110.9801
www.editorasulina.com.br
e-mail: sulina@editorasulina.com.br

Março/2024
IMPRESSO NO BRASIL/PRINTED IN BRAZIL

> [...] *sobrevivência não é uma competência acadêmica.* Sobreviver é aprender a se sustentar sozinha, em meio a marginalização e aos insultos, e a fazer de sua causa comum as mesmas causas daqueles que são identificados como fora das estruturas, a fim de definir e buscar um mundo onde possamos todos florescer. Sobreviver é aprender como assumir nossas diferenças e torná-las uma força.
>
> Audre Lorde[1].

[1] LORDE, Audre. As ferramentas do senhor nunca destruirão a casa-grande. In: Adriano Pedrosa, Amanda Carneiro & André Mesquita. *Histórias Afro-Atlânticas*: antologia. São Paulo: MASP, 2022. p. 61-62.

DEDICATÓRIA

Este livro é dedicado a todas as mulheres, àquelas que sequer eram reconhecidas como mulheres (como denunciou Sojourner Truth e Xica Manicongo), àquelas que não assinaram as descobertas científicas que fizeram, as obras de arte e literaturas que produziram, às mulheres que foram trancafiadas em manicômios, se tornaram objetos de experimentações, perversões e violências de todo tipo, às mulheres que não tiveram suas vidas registradas nos arquivos da história, às mulheres que persistiram, que resistiram, que insurgiram. É um livro dedicado às trabalhadoras, mães, irmãs, pesquisadoras. Este livro é dedicado a todas as mulheres que arrastam consigo todos os fantasmas das mulheres que as antecederam e sentem o chamado, a convocação, para seguir com a luta sem perder de vista que as questões de gênero, sexualidade, raça e colonialidade nos atravessam. Às mulheres que acompanham e apoiam, às que já nos apoiaram e às que apoiamos. Este livro é dedicado a todas as mulheres e a você, mulher, que, embora não conheçamos, não está com este livro em mãos por acaso. Certas pessoas nascem com o privilégio de inventar e escolher suas lutas; outras nascem com a guerra interpelando suas existências, só restando seguir na luta.

Este libro está dedicado a todas las mujeres, a las que ni siquiera fueron reconocidas como mujeres (como denunciaron Sojourner Truth y Xica Manicongo), a las que no firmaron los descubrimientos científicos que realizaron, las obras de arte y literatura que produjeron, a las mujeres que estuvieron encerradas en asilos, se convirtieron en objetos de experimentación, perversiones y violencias de todo tipo; a las mujeres que no tuvieron su vida registrada en los archivos de la historia, a las mujeres que persistieron, que resistieron, que se levantaron. Es un libro dedicado a trabajadoras, madres, hermanas, e investigadoras. Este libro está dedicado a todas las mujeres que llevan consigo todos los fantasmas de las mujeres que las antecedieron y que sienten el llamado... el llamado, a seguir en la lucha sin perder de vista los temas de género, sexualidad, raza y colonialidad que nos atraviesan. A esas mujeres que acompañan y sostienen, a las que nos sostienen y a las que nosotros sostenemos. Este libro está dedicado a todas las mujeres y a ti, mujer que aunque no te conocemos, tienes este libro en tus manos y no por casualidad. Algunas personas nacen con el privilegio de crear y elegir sus luchas, otras, como nosotros, nacen con la guerra interpelando nuestras vidas, dejándonos continuar la lucha.

AGRADECIMENTOS

Organizar um livro é um empreendimento complexo, uma mistura de sonho e muito suor. Após a escolha do projeto a ser trabalhado, do tema que irá atravessar todo o livro, segue uma tarefa que exige planejamento, escolha cuidadosa de convidadas e convidados, envio de convites, recusas, aceites, horas de revisão, imprevistos de última hora que impedem a chegada de textos que eram esperados, recusas e prazos. Organizar um livro com mais uma pessoa nem sempre torna tudo isso mais fácil, pois cada uma dessas coisas requer um alinhamento forte. Principalmente quando ocorre decisão de que os capítulos seriam publicados em dois idiomas, preservando as origens da escrita das autoras e autores. Assim, quero iniciar meus agradecimentos pelo nome de Yarimar Rosa-Rodríguez, que não pensou duas vezes ao receber meu convite para sonhar este livro e o trabalho que viria com sua execução. São muitos anos de conversas entre uma boriqua e um brasileiro, em que a própria manutenção de nossas línguas maternas nos diálogos demonstra o respeito e carinho que temos por nossas singularidades, que atravessam de uma ponta a outra o mar do Caribe. ¡ *Yarimar, gracias por su confianza, gracias por enseñarme tanto!*

Outras pessoas também foram, como sempre, essenciais para que este livro pudesse existir. Sei que nestas linhas seria impossível citar o nome de todas, as mais próximas poderão me desculpar, outras sequer saberão o quanto foram importantes. Cada uma delas em um momento que me atravessou e tornou-me melhor, embora saiba que ainda existam tantas coisas a serem melhoradas nos dias e anos por vir, justamente por ter nascido homem em uma sociedade cujas patologias sociais do patriarcalismo, capitalismo, racismo, sexismo, homofobia, capacitismo etc. me interpelam. Entretanto, não poderia deixar de agradecer a Stephanie, que tem me dado a oportunidade de experimentar e tentar, mesmo que com tantos erros e limitações, ser pai nesta vida. Seu nascimento foi um marco para meu renascimento e o início de tudo que viria a seguir. Agradeço a Meire, por ser a pessoa que jamais deixou que desistisse de mim, mesmo quando eu mesmo sentia que não havia mais nenhuma possibilidade de seguir em frente, ainda quando ninguém apostaria num porvir em mim. Tatiana, obrigado por trazer tantos questionamentos, por ser alguém que não tem receio de dizer que não gostou de algo ou que eu preciso aprofundar melhor determinada coisa. Sua leitura crítica de meu texto foi muito importante. Agradeço às pesquisadoras e pesquisadores do Paralaxe: Grupo Interdisciplinar de Estudos, Pesquisas e Intervenções em Psicologia Social Crítica da Universidade Federal do Ceará –UFC, pelas conversas sobre o cotidiano, pelas ideias, pelos estudos, pelos ensinamentos que são sempre maiores do que o que posso ensinar.

Agradeço a cada uma das mulheres, pesquisadoras, artistas, escritoras que aceitaram meu convite e de Yarimar para somar a este nosso sonho. Ángela Elena Suarez Estévez, Camila Ribeiro da Silva, Fernanda Machado, Fernanda Silva e Sousa, Iolete Ribeiro da Silva, Jaileila de Araújo Menezes, Jancleide Teixeira Góes, Julieta de Marziani, Luiza Romão, Madge Porto, Maria Natália Matias Rodrigues, Miriam Rodríguez Ojeda, Sofia Boito, Stephanie Caroline Ferreira de Lima, Tania Esmeralda Rocha Sánchez, Valerie Asencio Torres, Valeska Zanello e Yoanka Rodney Rodríguez, muito obrigado por suas generosidades e textos tão incríveis. De algumas de vocês ainda só conheço as escrituras e imagens, desejando que a vida possa favorecer com que nossos caminhos se cruzem e possamos nos conhecer pessoalmente. Agradeço ao homem que compõe um texto junto dessas mulheres, André Luiz Machado das Neves, e a Paribanú Freitas De León, que tanto me honra com a escrita de seu capítulo.

Aluísio Ferreira de Lima

Muchas personas han transitado mis espacios y mis tiempos durante la elaboración de este libro. Mencionarles a todas, sería imposible. Igualmente hubiera sido imposible soñar, idear, conceptualizar y trabajar en el libro sin otras. Alaïa Amirah, gracias por ceder tus tiempos, por tu presencia constante a mi lado, recordando que gestamos por mí, por ti, y por todas las nosotras. Gracias por cada pregunta e interés en el libro desde tu mirada adolescente, por las tardes y noches que decidiste escribir tus historias en el escritorio del lado. Gracias por ayudarme y dirigirme a construir este proyecto de ser una ciudadana académica que materna.

Elithet y Eduardo gracias por sostenerme y acompañarme a resistir desde adentro, por creer que es posible hacerlo de manera distinta en espacios profundamente patriarcales, por abonar a mis feminismos, por deconstruir las masculinidades en comunidad. Por ayudarme a balancear tareas, por respetar límites en amor y solidaridad; por ayudarme a tener una práctica reflexiva constante, por cuestionarme cuando ha sido necesario y esperar mis respuestas con paciencia, ternura y amor. Quedo agradecida por la oportunidad de acercarme a los feminismos de Brasil, a través del Paralaxe y de los trabajos de este libro. Gracias a las feministas de Brasil por permitirme entender el coloniaje desde otro lugar para mirar a mi Caribe isleño. Aluísio gracias por la invitación, por mantener la puerta abierta, por confiar y creer que es posible embarcarse en un proyecto como éste hablando, escribiendo... sentipensando en dos idiomas. *Obrigada por ouvir minha história, aquela que me recusei a contar.*

Yarimar Rosa-Rodríguez

Agradecemos, finalmente, à Fundação Cearense de Apoio ao Desenvolvimento Científico e Tecnológico – Funcap e ao Governo do Estado do Ceará pelo auxílio financeiro oriundo do Edital 02/2020 PPSUS CE SPU, n. 07905706/2020, n. P020-0171-00134.01.00/20, que possibilitou esta publicação. Ao Conselho Nacional de Desenvolvimento Científico e Tecnológico – CNPq pela Bolsa de Produtividade PQ 1D concedida e relacionada ao projeto "Coisas frágeis: imagens e enquadramentos em narrativas das experiências de sofrimento", processo: 314112/2021-9. À Editora Sulina e ao editor Luis Gomes pela recepção imediata do projeto do livro, apoio durante todo processo de sua produção e cuidado na elaboração da obra. Neste momento histórico, em que temos diversas forças lutando contra a produção de conhecimento, cortes de recursos para pesquisa e publicação, esses agradecimentos se tornam ainda mais importantes e esperamos repetir com vocês este movimento mais outras vezes.

Aluísio Ferreira de Lima & Yarimar Rosa-Rodríguez

SUMÁRIO

PREFÁCIO

Os efeitos mais devastadores e persistentes dos processos civilizatórios levados a cabo no passado pelas diversas nações incluídas no que hoje reconhecemos como "o Ocidente", e que se fazem sentir até o presente, ocorreram na esfera simbólica, no campo do imaterial. Ocupar território é uma coisa, mas ocupar espaço mental e metafísico é outra completamente diferente.

Recuperar a soberania sobre um território ou libertá-lo de ocupantes ilegítimos implica expulsá-los violentamente; exige soluções extremas, quase sempre associadas à guerra; mas sabemos que nenhuma guerra pode ser sustentada indefinidamente. Portanto, com maior ou menor precisão temos as datas que marcam o momento em que ocorreu materialmente a descolonização de um determinado território.

Contudo, esta retirada do opressor que ocorre na esfera material e física nunca é acompanhada da supressão de todo o dispositivo simbólico e de crenças que o colonizador implanta na sociedade conquistada e que, de fato, constitui o principal suporte de qualquer processo civilizatório. Este dispositivo, quase sempre implementado a sangue e fogo, por um lado, estabelece a superioridade moral e biológica do invasor, a superioridade da sua cultura, das suas crenças e da sua racionalidade, e por outro invade as mentes dos oprimidos com a ideia de que não há outra saída senão consentir neste domínio absoluto. Esta aceitação implica a demolição e a desativação dos programas culturais nativos, das suas próprias formas de pensar e de fazer, revogando os mitos fundadores e declarando-se beligerantes contra qualquer ideia que contrarie este mandato colonial.

O colonialismo, além de representar uma ocupação territorial, constitui essencialmente uma ocupação mental que aos poucos corrói as cosmopercepções originais e destrói a autoimagem do colonizado até que o espelho em que se olha seja o do seu opressor.

Essa ocupação mental quase sempre começa de forma violenta, mas aos poucos se normaliza e se transforma em aspiração. Para sobreviver, o colonizado deve adoptar estas novas explicações do mundo. Quando as crenças do opressor começam a ser tomadas como próprias, quando, através dos mais diversos mecanismos – incluindo a implementação de crenças religiosas –, se consegue que o olhar se volte para o colonizador, considerando-o como sua única referência, já não se requer o uso da violência física ou o poder da morte. Nesse espaço imaterial é onde ocorre a autêntica colonização, é aí onde ocorre a destruição da própria imagem, dos próprios saberes, onde se cancela a iniciativa que todos os povos têm de protagonizar a sua própria história e transmitir o seu conhecimento às gerações seguintes, se constituindo, provavelmente, seu efeito mais devastador e mais persistente.

Este quadro mental colonial imposto, que desvaloriza a vida das pessoas não brancas e institui o racismo como sistema de ordem social, manifesta-se na esfera simbólica, moral e cultural liquidando outros saberes, outras origens do mundo, outras explicações sobre a relação entre seres humanos e o entorno natural. Condena outras formas de relacionar-se com o corpo, com o desejo, com a sexualidade e com a própria vida. A sociedade colonizada é obrigada a ser uma cópia – sempre imperfeita e inacabada – da sociedade hegemônica. Também é imposta uma língua culta, a língua do opressor, que é a que supostamente melhor expressa todos esses conteúdos e a que permite o ascender social e materialmente. Esta linguagem dominante não coexiste com as outras, dos oprimidos, mas antes impõe-se a elas e as enfraquece.

Como podemos reverter esse processo de suplantação epistêmica que tem procurado liquidar outras formas de pensar a vida? Como desaprender tudo o que foi implantado em nós contra a nossa vontade? Como quebrar os espelhos dos outros e construir os nossos próprios espelhos? Como escrever gramáticas novas, diversas, capazes de dar conta do que pode ser pensado e imaginado a partir de outros referenciais éticos, estéticos e relacionais? Como podemos reconstruir-nos apesar de termos sofrido esses danos irreparáveis nos nossos programas culturais nativos, nos nossos conhecimentos ancestrais perdidos e nas nossas biografias? Como podemos imaginar um mundo não binário, sem hierarquias de gênero, que não exija uma retórica patologizante para explicar a diversidade sexual e cujos saberes científicos não hierarquizem os corpos com base nas suas diferenças anatômicas? Como construir outra experiência de VIDA, que não seja marcada pela resistência, mas pelo direito à iniciativa histórica, pelo poder de recuperar, mas também de reinventar e imaginar novos saberes?

Este livro, através dos diversos capítulos que o compõem, fornece ferramentas discursivas, conceituais e testemunhais que afirmam a possibilidade de sentir-viver-pensar de outra forma. São textos que denunciam ataques homofóbicos e transfóbicos, feminicídios e violências contra mulheres negras, contra mulheres imigrantes, contra a liberdade sexual, mas que ao mesmo tempo fornecem ferramentas para pensar um mundo livre de hierarquias sexuais, que enunciam possibilidades de encontros com outros pessoas na diversidade sexual, onde nada é dissidente porque a diversidade é a norma. São escritos que denunciam o racismo e a discriminação, e que assinalam como funcionam os processos de construção política e social do preconceito racial; um tipo de preconceito que, uma vez institucionalizado e normalizado, circula livremente em todos os espaços, sendo patrocinado pela maioria dos meios de comunicação e tecnologias de informação, que são responsáveis pela reprodução e difusão desses conteúdos racistas, essas violências às mulheres, homofóbicas e transfóbicas.

A exposição de todos esses problemas sociais, que infelizmente não puderam ser erradicados e que estão enraizados naquele passado colonial e racista que se recusa a desaparecer, é acompanhada de propostas, de iniciativas e também de esperança. Este trabalho de compilação é também um convite à abordagem de propostas epistemológicas plurais, de saberes que se complementam e se potencializam pela escuta e pelo diálogo com o outro.

Reconhecendo a dimensão ética e política do conhecimento e que a produção de conhecimento ocorre em todos os setores e contextos sociais, não apenas no campo acadêmico, estes escritos recorrem a materiais de natureza diversa: materiais de arquivo, testemunhos, autobiografias, música, exercícios e investigações ficcionais. Esta multiplicidade de modos de fazer e de saber manifestada em cada um destes capítulos convida-nos a pensar o gênero e a sexualidade de uma forma mais ampla, e ajuda-nos a imaginar a forma como as nossas posições teóricas podem, talvez, antecipar o mundo emancipado com que sonhamos.

*Aida Esther Bueno Sarduy**

Salvador-Bahia, Brasil
junho de 2023

* Antropóloga afro-cubana, documentarista, professora da Universidade de Nova York.

QUANDO O LIVRO TAMBÉM FAZ PARTE DO CAMINHO DA PESQUISA: APRESENTAÇÃO DE UM LIVRO ORGANIZADO EM DOIS IDIOMAS

Aluísio Ferreira de Lima & Yarimar Rosa-Rodríguez

> Escrevo porque a vida não aplaca meus apetites e minha fome. Escrevo para registrar o que os outros apagam quando falo, para reescrever as histórias mal escritas sobre mim, sobre você. Para me tornar mais íntima comigo mesma e consigo. Para me descobrir, preservar-me, construir-me, alcançar autonomia. Para desfazer os mitos de que sou uma profetisa louca ou uma pobre alma sofredora. Para me convencer de que tenho valor e que o que tenho para dizer não é um monte de merda. Para mostrar que eu posso e que eu escreverei, sem me importar com as advertências contrárias. Escreverei sobre o não dito, sem me importar com o suspiro de ultraje do censor e da audiência. Finalmente, escrevo porque tenho medo de escrever, mas tenho um medo maior de não escrever.
>
> Gloria Anzaldúa, 2000, p. 232.

> Enquanto escrevo vou pensando que resido num castelo cor de ouro que reluz na luz do sol. Que as janelas são de prata e as luzes de brilhantes. Que a minha vista circula no jardim e eu contemplo as flores de todas as qualidades.
> [...] É preciso criar este ambiente de fantasia para esquecer que estou na favela.
>
> Maria Carolina de Jesus, 1960/2014, p. 58.

A escrita, sobretudo a escrita de mulheres, é uma forma de resistência. Ainda que limitada e ao longo do tempo tão desprezada pela hegemonia do patriarcado que serve de base de sustentação para a ciência moderna, a escrita de mulheres sempre foi apta a apresentar uma constelação capaz de quebrar as aparências que sustentam a suposta estabilidade de nossa reflexão histórica e política. Raramente tiveram condições mínimas para a escrita e as palavras foram gravadas em diferentes suportes, que, por sua vez, serviram para aplacar a fome, a solidão, o desespero, a dor, a loucura, o amor, a revolta, o desejo de revolução... As escritas, os suportes persistiram ao longo do tempo, apesar de tantos esforços para seu apagamento. Tantas outras mulheres seguiram os passos daquelas que escreveram antes delas.

Este livro faz parte dessa história, uma vez que tem a pretensão de ser um suporte para a escrita de mulheres, com mulheres e sobre mulheres. Enquanto estratégia, ele faz uso de um recurso público de auxílio à pesquisa[1], para publicar capítulos de pesquisadoras renomadas de diferentes partes do Brasil, América Latina e Caribe. E segue um esforço de internacionalizar a nossa produção, mas em uma perspectiva decolonial e fora dos parâmetros convencionais, convidando para o aprendizado da língua do outro, ainda que não seja o ideal do "bilinguajamento", "multilinguajamento", a intersecção de línguas que se fundem em uma só, como proposto por Anzaldúa (1987). A proposta, assim, é algo que Aluísio Lima e Yarimar Rosa-Rodríguez, organizador e organizadora, vivem na prática, que é escrever e falar a partir de seus próprios idiomas, sem a necessidade de uma tradução antecipada, uma vez que o outro está disponível e disposto sempre a aprender as nuanças de sua língua. O oferecimento da experimentação da linguagem fronteiriça, linguagem que reflete suas origens, seus lugares e o seu presente e que atualmente representa a sobrevivência na fronteira.

Este libro se presenta como una oportunidad de diálogo entre personas académicas, investigadoras, y variedad de profesionales que tienen el género como tema central o punto de partida. Intenta establecer una conversación dialógica entre quienes hablan español

---

[1] Edital: Chamada 02/2020 – Programa Pesquisa para o SUS/PPSUS-CE Funcap-SESA-Decit/SCTIE/MS- CNPq – SPU 07905706/2020, projeto "Narrativas de psicólogas dos Centros de Atenção Psicossocial (CAPS) no contexto da COVID-19: vicissitudes das demandas de cuidado e gênero na atuação da clínica em saúde mental e atenção psicossocial."

caribeño, lengua castellana, y lusófona, presentando capítulos tanto en español como en portugués como una propuesta para acercar las fronteras idiomáticas que hemos enfrentado históricamente. Con ello lanzamos el reto de leernos, pensarnos y comprendernos desde dos lenguas que han sido coloniales pero que se convierten en el mecanismo de interacción entre algunas regiones de nuestra América Latina, Abya Yala, Améfrica. Aquí presentamos un viaje a los capítulos: en español para los capítulos *em português* y en portugués para los capítulos en español.

Este recorrido comienza con el análisis crítico de Aluísio Ferreira de Lima en torno a las posibilidades de las narrativas a partir de quien cuenta la historia. El capítulo inicia exponiendo la tesis clásica de Walter Benjamin, sobre la imposibilidad de narrar los horrores vividos en la guerra por los hombres alemanes y como ello no representa la universalidad y las imposibilidades de las narrativas de otras poblaciones, para dar paso a la crítica partiendo de otras cosmovisiones latinas y africanas sobre la narración, así como en los trabajos de Saidiya Hartman sobre la fabulación crítica y las oportunidades de volver a contar narrativas imposibles y borradas durante la esclavitud por la trata de personas esclavizadas.

En el Capítulo 2 Fernanda Silva e Sousa, hace una mirada a la narración de las pérdidas tempranas teniendo como puntos de análisis el caribe isleño representado por Antigua y Barbuda, y Brasil. Este capítulo defiende la necesidad de una ética del cuidado en la lectura de la literatura de autoras negras. En lugar de reiterar la idea de resistencia de las mujeres negras, invita a comprometerse con el tejido delicado, vulnerable y doloroso de sus vidas.

El Capítulo 3 de Jancleide Teixeira Góes, nos acerca a la música desde el análisis de las letras de canciones. El análisis se basa en un trabajo crítico desde la perspectiva metodológica de los estudios culturales, en una intersección de producciones, formatos y lenguajes para refrendar la relevancia del trabajo artístico-multilingüe. Las reflexiones que acompañan el análisis, presentan los caminos teóricos seguidos por Megg Rayara Oliveira, Lélia Gonzalez, Florentina Souza, Sueli Carneiro y Ana Lúcia Souza que complementan la discusión sobre raza, género y sexualidad.

El proyecto Niñas Muertas, desarrollado por Coletiva Palabrería, es el eje principal del Capítulo 4. Este consiste en una serie de acciones formativas, intervenciones y la puesta en escena de una obra teatral basada en el libro homónimo de la autora argentina Selva Almada, que aborda el feminicidio a partir de la investigación de tres casos ocurridos en Argentina en la década de 1980. Las autoras recrean las discusiones planteadas durante el proceso creativo en torno al feminicidio, la violencia sexual, los derechos sobre el propio cuerpo, la libertad de expresión y la resistencia comunitaria, intersecando con autoras como Rita Segato, bell hooks, Verónica Gago y Angela Davis.

En el Capítulo 5 Stephanie Caroline Ferreira de Lima hace una apuesta teórica en la profundidad y amplitud de la teoría social interseccional. Esta discute la relevancia del pensamiento feminista negro encarnado en Angela Davis y las fisuras de la teoría crítica de los feminismos blancos de Estados Unidos a través de las obras de Nancy Fraser. Finalmente destaca la importancia de la interseccionalidad para el análisis de los problemas sociales de manera localizada y descolonial y la investigación interdisciplinaria junto a los diálogos entre la academia y los movimientos sociales como compromiso ético-político con la transformación social a favor de la igualdad entre las mujeres y la sociedad.

Paribanú Freitas no Capítulo 6 apresenta discussões epistêmicas, históricas, sociais e contemporâneas que redefinem as questões da comunidade LGBTI+. Realiza esse movimento discorrendo entre debates críticos emergentes, desde as críticas aos preconceitos binaristas das identidades de gênero e abordagens alonormativas das sexualidades e identidades sexuais. Prossegue com um segundo eixo de análise focado na reflexão dos fundamentos teóricos e metodológicos para desenvolver aproximações afirmativas que realmente mitiguem diferentes estigmas, más práticas, desprezos e desigualdades que ainda se reproduzem na atual psicologia latino-americana.

Pasamos al Capítulo 7 donde Jaileila de Araújo Menezes y María Natália Marias Rodrigues nos transportan a las experiencias de mujeres negras Alagoanas compositoras. Las autoras hacen un acercamiento feminista descolonial para dar voz al conocimiento producido por estas mujeres. El enfoque metodológico permitió construir una escucha éticamente situada y la conversación ocho mujeres negras, compositoras negras tradicionalmente silenciadas en otros espacios. El capítulo permite apreciar el lugar de la composición y la música como formas de resistencia en diversas esferas: macro, meso y micropolíticamente.

Tania Esmeralda Rocha Sánchez (Capítulo 8) nos convida para conhecermos sua equipe de pesquisa, as formas de trabalhar e as experiências vividas como pesquisadoras em contextos naturais com famílias dissidentes da heterossexualidade, a heteronormatividade e cisgeneridade na construção de práticas sociais, discursos e dinâmicas promotoras da igualdade de gênero e a cultura de inclusão e respeito pela diversidade sexual e de gênero no contexto do México. Este capítulo apresenta os desafios e aprendizados para permitir ao leitor refletir sobre as ferramentas e estratégias analíticas e metodológicas dos estudos de gênero e dos feminismos. Da mesma forma, convida para a reflexão sobre a riqueza do pluralismo metodológico na pesquisa, a importância de construir "*formas outras*" de conhecer e fazer pesquisa e as implicações que isso tem para quem investiga e para quem participa da pesquisa.

Yarimar Rosa-Rodríguez y Valerie Asencio Torres abordam a estratégia da autoentrevista como uma maneira de se aproximarem das histórias e narrativas de mulheres acadêmicas. A partir da própria experiência como professora e estudante, ambas as pesquisadoras refletem sobre o processo de entrevistar uma *outra sujeita*, para retornar ao ponto de partida da pesquisa e decidirem entrevistar a si mesmas. Assim, colocam-se no lugar *dessa outra* para gerar uma narrativa pessoal no contexto da pesquisa. O Capítulo 9 realiza a reflexão entre professora e estudante sobre sua cidadania acadêmica e suas histórias no contexto de uma universidade que é a mesma, entretanto vivenciada de maneiras diferentes.

Marge Porto y Valeska Zanello (Capítulo 10) utilizan la estrategia de revisión sistemática de literatura para acercarse a la discusión sobre el aborto y la sensación de alivio en el contexto de Brasil. Se destaca de esta revisión el concepto de alivio emocional utilizado en la búsqueda tanto en portugués como en inglés y los retos de este tipo de trabajo de investigación debido a los sesgos en las propias palabras claves de trabajos previamente publicados. El capítulo logra el análisis de 11 trabajos y caracteriza el concepto de alivio según las participantes de estos estudios.

El trabajo de Iolete Ribeiro da Silva, André Luiz Machado das Neves y Camila Ribeiro da Silva nos acerca a las vivencias de jóvenes estudiantes de la comunidad LGBTQIA+ en el contexto escolar. Utilizando el análisis de las vivencias marcan las presencias, ausencias, urgencias e insurgencias que resultan de las interacciones en las instituciones. Estas autoras apuestan al uso del conocimiento producido de la investigación con la población para la creación de espacios aliados con los procesos de emancipación; una formación del cuerpo docente que pueda transformar las realidades del estudiantado por medio de la reflexión crítica y participación política.

O Capítulo 12, vem de Cuba com a autoria de Yoanka Rodney, Miriam Rodríguez e Ángela Suarez. Elas descrevem o contexto da educação na ilha caribenha e descrevem as contribuições do estudo sobre o *bullying* homofóbico e a prevenção da violência homofóbica e transfóbica no contexto educacional cubano. É um capítulo importante, em que as autoras oferecem recomendações para pesquisas no ambiente escolar, ao mesmo tempo que assinalam como protegem as diversidades de identidade no contexto escolar.

Para fechar o libro retornamos à capa, ou melhor, aos bastidores e a apreciação da imagem que compõe a capa do livro que tens em mãos neste momento. No texto assinado por Julieta de Marziani, Yarimar Rosa-Rodríguez e Aluísio Ferreira de Lima, que compõe o Capítulo 13, são apresentadas as considerações sobre o cuidado acerca da escolha da imagem que representaria os trabalhos que estariam no livro, como também as condições de possibilidade que permitiram a criação da capa, a partir da arte de Julieta de Marziani.

Como podrán apreciar, en este libro no solo los idiomas conversan entre sí. Las autoras conversan entre países, regiones e idiomas. Vemos el Caribe representado por Cuba y Puerto Rico, pero también lo vemos a través de los ojos de colegas de Brasil que analizan narrativas de Antigua y Bermuda; las fronteras se abren en el trabajo teatral en Brasil en torno a la experiencia argentina. Vemos la crítica a la teoría del norte a la luz de nuestro sur. Lo escrito conversa con lo sonoro, las letras con las imágenes, las imágenes con la experiencia y el método con el análisis crítico. Entre todas estas interacciones hacemos caminos para investigar.

Recordando que "caminho" foi uma palavra escolhida em comum acordo por se tratar de vocábulo cuja tradução representa muito bem os passos que se estabelecem ao criar, desenvolver, inventar uma pesquisa, uma vez que ela também pode significar a porção mais ou menos estreita de terreno entre dois lugares por onde alguém pode seguir; a faixa de ligação entre dois lugares; espaço ou distância percorrida ou por percorrer para se chegar a determinado lugar; orientação ou direção de uma sucessão de fatos ou eventos; lugar por onde é possível seguir adiante, *incluso pausar;* percurso que se deve seguir para chegar aonde se quer ir; modo ou maneira de fazer ou realizar algo, ou de atingir um objetivo; e passagem, saída. O caminho, aqui, tal como se poderá acompanhar nos capítulos do livro, é como um círculo, ele tem um começo, mas não conseguimos adiantar, prever ou dizer, quando termina. Pois assim é a escrita de mulheres, a pesquisa de gênero e sexualidade, ela nunca termina.

Referências

ANZALDÚA, Gloria. Falando em línguas: uma carta para as mulheres escritoras do terceiro mundo. *Estudos Feministas*, v. 8, n.1, p. 229-236, 2000.

ANZALDÚA, Gloria. *Borderlands/La Frontera:* The new mestiza. San Francisco: Aunt Lute Books, 1987.

JESUS, Carolina Maria de. *Quarto de Despejo*: diário de uma favelada (1960). São Paulo: Ática, 2014.

Capítulo 1

ESCUTAR O QUE FOI SILENCIADO, LER O QUE NUNCA FOI ESCRITO E ESCREVER SOBRE NARRATIVAS IMPOSSÍVEIS

FABULAÇÃO CRÍTICA E INSURGÊNCIA À MORTE DO NARRADOR[1]

Aluísio Ferreira de Lima

Aqui está, eis o relato:

Tudo ainda em suspenso,
ainda siliente.
Tudo sereno,
ainda em sossego.
Tudo em silêncio,
vazio também o ventre do céu.

Essas foram as primeiras palavras, a primeira eloquência.
(Popol Vuh, 2019, p. 119)

"Aqui está, eis o relato:", assim se inicia a narração da criação do mundo no Popol Vuh (2019), as palavras antigas dos Maia-Quiché de *Quauhtlemallan*. Como já existia o céu, existia também *u Qux Cah*, o

[1] Embora um texto sempre seja sempre pensado como um empreendimento solitário ou de poucas pessoas, aquelas que assinam o trabalho, é importante registrar que este capítulo resulta de um processo que contou com reverberações coletivas que semearam os caminhos de sua produção. Nesse sentido, não poderia deixar de agradecer às mulheres pesquisadoras do Paralaxe: Grupo Interdisciplinar de Estudos, Pesquisas e intervenções em Psicologia Social Crítica da Universidade Federal do Ceará (UFC), pelas contribuições nas discussões e aprendizados ao longo desses anos todos sobre raça, gênero, sexualidade, classe e tantas outras interseccionalidades que ampliaram meus estudos acerca das metamorfoses que aprendi com Antonio da Costa Ciampa e, sobretudo, minha sensibilidade. Com vocês tenho seguido todos os dias a árdua tarefa de escutar, localizar, registrar e montar histórias, acontecimentos, de forma a reconhecê-los, reaprendê-los, devolvê-los, remontados, tentando contribuir de algum modo com a quebra da violência do mundo. Agradeço, em especial, Tatiana de Souza Santos Neves, Stephanie Caroline Ferreira de Lima, Yarimar Rosa-Rodríguez, Júlia Loren e Marília Romero Campos pelas leituras prévias, sugestões e críticas deste ensaio.

Coração do céu, como se dizia o nome de Deus. Foi assim que a palavra chegou e a partir de Tepeu e Gucumatz, que passaram então a refletir e pensar juntos, foram criadas todas as criaturas que passaram a habitar o território que seria conhecido como as Américas. Todas criadas em meio à escuridão e a aurora sangrenta, pelas primeiras palavras proferidas pelo Coração do céu, que também se chamava *Huracán* (Furacão).

No Pindorama — um dos nomes que os povos originários que sofreram as fortes investidas genocidas dos invasores europeus utilizavam para chamar o território que seria renomeado como Brasil —, a narração também criou o mundo. Mesmo sem registros em *papeo siki* (pele de papel) ou em *utupa siki* (pele de imagens), os povos originários dançavam e caçavam com seus espíritos e transmitiam suas narrações, ensina o Cacique Davi Kopenawa (Kopenawa; Albert, 2015). É com a narração, inclusive, que aprendemos como os Yanomami conseguiram tomar a noite, que nem sempre existiu e os impedia de dormir e sonhar. A voz da noite foi escutada pela primeira vez por um jovem Yanomami de nome Yawarioma que sempre caminhava pela floresta. A voz era de Tiriri, o mutum, que dizia: "Ɨ-hɨ". O mutum, o senhor da noite, ao perceber que era escutado, ensinou o nome dos rios, o nome das águas, coisas que eram desconhecidas por não serem nomeadas pelo povo Yanomami. Yawarioma escutou atenciosamente, mas rapidamente se deu conta de que não conseguia encontrar Tiriri, pois a escuridão que o cercava era de uma densidade tamanha que impedia qualquer localização. Então,

> Yawarioma voltou para sua casa e contou para a mãe: "Mãe, na floresta há um mutum, porém, ao seu redor é tudo escuro".
> A mãe, deu as seguintes instruções: "Ponha breu (*warapa koko*) num pedaço de pau e depois acenda o fogo. Em seguida, fleche o mutum" (Limunja, 2022, p. 57).

O jovem Yanomami considerou os conselhos da mãe, preparou o breu, as flechas, o arco e retornou para o interior da floresta em busca do mutum. Quando colocou o breu em um pedaço de pau, o ascendeu e o levantou, lá estava Tiriri, sobre um galho de árvore. Rapidamente Yawarioma preparou seu arco e atirou a flecha em direção ao mutum, acertando precisamente seu alvo. Então a escuridão se espalhou para todos os lados. A grande noite nascera naquele instante. A partir daquele momento os Yanomamis passaram a escutar novos animais, noturnos. E finalmente puderam adormecer, pois como antes apenas o dia existia, isso lhes era impossível. Adormecendo, começaram a sonhar e a narrar seus sonhos.

Do outro lado do Atlântico, tempos após a aranha Kwaku Ananse ter comprado as histórias do Deus do céu, *Nyankonpon*, guardadas numa urna feita de ouro, e entregado aos povos da África, mas antes ainda de tantas mulheres e homens serem sequestrados de suas famílias e escravizados pelos bárbaros europeus e arrastados de diferentes partes desse continente para integrar o processo de invasão dos territórios que nomeariam como Américas, um mensageiro de nome Exú, após seguir o conselho das divindades, animais e outros seres que habitam e dividem o mundo, reuniu 301 narrativas humanas[2]. Narrativas que discutiam os mais distintos fatos cotidianos, tais como: saúde e doença, vitórias e derrotas, ganância e solidariedade, morte e vida etc., assim como também apresentavam as diferentes oferendas que os humanos deveriam providenciar aos deuses para que estes pudessem intervir em suas desventuras.

Exú, conta-se que, ao escutar tantas histórias, conseguiu todo o conhecimento necessário para desvendar os mistérios sobre a origem e o destino das pessoas e da natureza, os desafios que cada um deveria enfrentar, suas doenças, o mal da infertilidade e até mesmo a morte. Esse segredo, conta-se ainda, foi repassado a um adivinho de nome Orunmilá, chamado também de Ifá, que transmitiu os ensinamentos aos seguidores, sacerdotes do oráculo de Ifá, chamados de babalaôs ou pais do segredo (Prandi, 2001, p. 17). Segredo que, por sua vez, iniciaria uma tradição cuja narração resistiria a toda violência,

[2] Número incontável de histórias de acordo com o sistema de enumeração dos antigos iorubás.

derramamento de sangue e tentativas de apagamento por parte dos bárbaros colonizadores.

A criação do mundo no Popol Vuh, a caçada de Yawarioma que criou a grande noite, a vitória de Ananse, a peregrinação de Exú, nos oferecem imagens em movimento e, tal como poemas, alimentam e produzem a imaginação. Seria possível ler essas narrativas como uma alegoria da literatura, ou ainda, como uma forma de exposição das maneiras como a humanidade foi narrando suas histórias a partir do mistério, da recordação, da imaginação e da tradição. Nelas, como ensina a narratologia, o foco "da narrativa é, precisamente, o poder criativo da narração de histórias por si, como um ato de geração de vida" (Bal, 2021, p. 96). São histórias tão e até mais antigas que as narrativas registradas, traduzidas e repassadas como universais pelos invasores de nossa Améfrica Ladina[3], sejam Odisseias ou mitos gregos sobre a narração (Gonzalez, 2020a). Entretanto, conforme nos lembra Lélia Gonzalez (2020b), a opressão, a exploração e a discriminação sempre partem das tentativas de dominação de amefricanas e amefricanos do Brasil e de outros países da região (assim como das ameríndias e ameríndios). Por isso, as narrativas que iniciam o capítulo não foram e não podemos esperar que sejam tomadas como exemplares para os fazedores da civilização. O lugar que essas narrativas ocupam hegemonicamente na imaginação política e histórica, enquanto folclóricas, secundárias, exóticas, singulares etc., expressa a forma como o poder de fazer "aparecer" e tornar "evidentes" determinadas narrativas ocorre na mesma medida em que se promovem o apagamento e o esquecimento. Conforme assinalei em outro trabalho, lembremos que no "dia 14 de dezembro de 1890, pouquíssimo

---

[3] Faço uso da categoria Améfrica Ladina tal como foi aplicado pela feminista Lélia Gonzalez (2020a; 2020b). Gonzalez retoma a ideia de Betty Millan, desenvolvida por M. D. Magno, o qual defende a persistência denegação (*Verneinung*) de nossa raiz africana. O valor metodológico dessa categoria, explica a autora em *A categoria político-cultural da amefricanidade*: "está no fato de permitir o resgate de uma *unidade específica*, historicamente forjada no interior de diferentes sociedades que se formaram em determinada parte do mundo. Portanto, a *Améfrica*, enquanto sistema de etnográfico de referência, é uma criação nossa e de nossos antepassados no continente em que vivemos, inspirados em modelos africanos" (Gonzalez, 2020a, p. 135).

tempo depois da abolição legal do regime escravocrata [no Brasil], o então ministro da Fazenda, Ruy Barbosa, assinou um despacho ordenando a destruição de documentos referentes à escravidão"[4] (Lima, 2021, p. 67).

Como bem assinalou Saidiya Hartman (2021a, p. 252), a "ponte entre a África e as Américas é articulada negativamente em termos de separação, das mortas não lembradas e do status de segunda classe", seja de afro-americanas — como ela se refere —, de mestiças[5] chicanas — como conceituou Glória Anzaldúa (2016) —, de brasileiras negras e brasileiros negros, até mesmo das populações originárias, que são tratadas como inferiores e como se não fossem as legítimas e primeiras ocupantes de todo território das Américas. Isso, obviamente, não é um acaso. Se narrativas relacionadas às nossas cosmologias ancestrais sofrem o sufocamento e as várias investidas centenárias para seu apagamento pelos invasores que tentam promover o universalismo a partir de uma suposta história única, do modelo colonial de pensamento e leitura do mundo, imaginemos os impactos gerados em tantas outras narrativas que se apresentam como suas contradições e denúncias da barbárie promovida que chamam de progresso.

Devemos sempre nos perguntar: por que determinadas narrativas parecem não possuir o mesmo valor que as outras? Ora, a narrativa, aprendemos com os invasores, em geral, relata um acontecimento excepcional que escapa às formas do tempo cotidiano, principalmente pelo fato dos dispositivos de poder operarem a ilusão de que se trataria da verdade por excelência. Platão, no *Górgias*, ao escrever o diálogo entre Sócrates e Cálicles, oferece um bom exem-

---

[4] Tal como transcrito, na edição de 19 de dezembro daquele mesmo ano, no jornal *O Estado de São Paulo*, a república era "obrigada a destruir esses vestígios por honra da pátria e em homenagem aos deveres de fraternidade e solidariedade para com a grande massa de cidadãos que a abolição do elemento servil entraram na comunhão brasileira" (*O Estado de São Paulo*, 1890, p. 2).

[5] O termo aqui é utilizado no sentido atualizado por Glória Anzaldúa, em *Borderlands/La Frontera: La nueva mestiza*, que também poderia ser colocado como nova mestiça, uma "chicana feminista completamente racializada", que remete as histórias de resistências de tantas mulheres indígenas subalternas nas Américas.

plo sobre o valor de verdade que as histórias de Homero sobre Zeus, Hades e Poseidon tinham de acordo com o narrador que as apresentava: "Então escuta, como dizem, um belíssimo discurso, o qual tu, suponho, terás por um mito, embora eu o tenha por um discurso, pois as coisas que estou prestes a te contar, eu as contarei como verdadeiras" (Platão, 2016, p. 441). Sócrates prossegue o diálogo assinalando como a plausibilidade, veracidade da fábula e persuasão a partir de sua apresentação terão uma relação direta com seu lugar privilegiado de reconhecimento, "[...] se fores persuadido por mim, acompanha-me até onde tu, quando chegares, serás feliz em vida, quer após a morte, como o discurso indica" (Platão, 2016, p. 457), e o quanto o mesmo não ocorreria se essa narração fosse apresentada por uma mulher, ao dizer para Cálicles: "[p]rovavelmente, essas coisas parecerão a ti como um mito contado por uma anciã, e tu a desprezaras" (Platão, 2016, p. 457).

A discussão platônica sobre os diferentes pesos na transmissão da narração foi se perdendo ao longo do tempo e a ênfase dada às narrativas dos privilegiados pelo reconhecimento foi se tornando base de muitos pensamentos, por séculos e séculos, acompanhando a expansão colonialista. O que desconsideraram, todavia, foi o fato de que essas narrativas não se restringiam apenas a esses narradores. O relato de um acontecimento: a narrativa é o próprio acontecimento. Sendo que o lugar ocupado por esse acontecimento não se esgota na sua própria enunciação, podendo ainda se tornar um acontecimento por vir e cujo poder pode fazer com que a própria narração permaneça em uma espera ao longo do tempo, até sua realização. Nesse intervalo, as narrativas seguem um movimento em direção a um ponto, não apenas impossível de ser reconhecido previamente com precisão, mas também ignorado, não familiar, de forma que as diferentes maneiras de as expressar, sempre precárias e limitadas como a escrita, a pintura, a fala, a fotografia etc., tentam reunir elementos possíveis para que elas possam se tornar inteligíveis. Assim, se alguém escutar uma bela narrativa — em forma, não necessariamente em conteúdo, se considerarmos que ela pode se tratar de tragédias e horrores —, ao contrário do que escreveu Platão, poderá não só pensar que é uma fábula como deverá também considerar que pode se tratar de uma fábula crítica[6], uma vez que a fabulação faz parte do processo narrativo em sua organização, sobretudo quando se trata de uma montagem a partir de fragmentos e esquecimentos.

Quando recupero a força da narração aqui, faço uma crítica indireta, em certa medida, a um dos escritos mais sensíveis e, ao mesmo tempo, pessimistas de Walter Benjamin. O que de fato é até injusto, uma vez que cobro uma escrita otimista de alguém que escrevia em meio ao prenúncio da morte e aniquilação das pessoas e de si mesmo, vivendo em deslocamento constante para não ser capturado e enviado para um campo de concentração. Benjamin presenciava o mundo desmoronando no horror da ascensão nazista e perseguição dos judeus na Alemanha, e talvez por essa razão o caminhar, o pensar e o escrever, no limiar entre a vida e a morte, tenham sido um dos motivos da ampliação de sua capacidade sensível, a ponto de sustentar uma escrita microscópica e frágil, que buscava recuperar e salvar algo que ainda tivesse valor em seu mundo. No ensaio intitulado "O contador de histórias"[7] (Benjamin, 2018a), de 1936, também traduzido e mais conhecido como "O narrador", Benjamin faz uso da obra de Nikolai Leskov, em específico seus contos da fase mais tardia de sua escrita. Com Leskov, anuncia o que para ele seria a morte do *Erzähler* (contador de histórias):

> Ela nos diz que a arte de contar histórias se aproxima de seu fim. Torna-se cada vez mais raro encontrarmos pessoas que ainda sabem contar alguma coisa. [...] É como

[6] Sobre fábula crítica, é importante dizer que se trata de um método especulativo que tensiona a transparência, limites e confiança dos documentos e arquivos acessados e que toma como primado imaginar "o que não pode ser verificado, um domínio da experiência que está situado entre duas zonas de morte social e corporal", um tipo de "[...] escrita impossível que tenta dizer o que resiste a ser dito" (Hartman, 2021b, p. 122).

[7] Traduzido e mais conhecido no Brasil como "O narrador", seguindo a tradução francesa "Le narrateur". De fato, a tradução de *Erzähler* como "contador de histórias" foi sugerida pelo próprio Benjamin, em seu período de exílio em París: "Eis 'o narrador' (mas seria preciso de preferência traduzir: O contador de histórias [*le conteur*])". Cf. Walter Benjamin. *Gesammelte Briefe*, vol. VI. Frankfurt a.m.: Suhrkamp, 2000. p. 267

> se tivéssemos sido privados de uma faculdade que nos parecia inalienável, e era a mais segura de todas: a faculdade de trocar experiências (Benjamin, 2018a, p. 20).

Principalmente porque, ao analisar criticamente os livros que se tornavam hegemônicos e tratavam da guerra, percebia que eles não traziam a experiência dos soldados. Nesses livros inexistiam narrações, pois os soldados retornavam incapazes de contar o que experienciaram no campo de batalha. O romance, gênero que ganha força no início da época moderna, para Benjamin, seria o sintoma que reforçaria seu diagnóstico. Entendia que sua distinção, em relação a todas as outras formas de prosa, "é que nem provém da tradição oral nem a ela conduz. O contador de histórias [por sua vez] tira o que ele conta de sua própria experiência ou da que lhe foi relatada por outro" (Benjamin, 2018a, p. 26). O lugar daquele que produz o romance, para ele, é o lugar de solidão, "aquele que não é capaz de expor suas preocupações mais altas de modo exemplar, é ele mesmo carente de conselhos e não sabe dar" (Benjamin, 2018a, p. 26).

A análise segue procurando assinalar como a ascensão da sociedade burguesa do século XIX na Europa, impondo suas instituições sociais e econômicas, públicas e privadas, trabalhou incessantemente na produção de um imaginário social capaz de tornar invisíveis a pobreza e a miséria que permanecia em suas portas. Ilusões que se fortaleceram ainda mais quando as próprias doença e morte foram deslocadas dos espaços privados e delegadas às instituições: "primeiros moradores da eternidade, e, quando chegam perto do fim, são depositados por seus herdeiros em sanatórios e hospitais" (Benjamin, 2018a, p. 35). Se a morte ou sua proximidade era um dos elementos que conferia autoridade ao contador de histórias, a negação da finitude espelhava a própria pobreza da experiência. Pobres de experiência também estavam se tornando pobres em recordações. Sem recordar a cadeia da tradição, rompe-se aquilo que pela experiência narrada transmite os acontecimentos de geração em geração.

De fato, a fome de destruição das experiências pelo progresso imposto pela violência europeia é um pesadelo para aqueles que pretendem levar adiante a narração. Aliás, retomo o quanto ter vivido os tempos turbulentos da segunda guerra mundial na pele tenha tornado ainda mais terrível para Benjamin pensar o destino do narrador e da possibilidade de narrar as experiências. Todavia, é preciso dizer que ele anuncia a morte do contador de histórias de um modo apressado, sem considerar, inclusive, que as tentativas de aniquilação das possibilidades de narração das experiências não foram algo que teve início apenas no século XIX. As tentativas de implementação de histórias universais, desconectadas com as culturas, religiões, formas de vida, experiências pessoais e coletivas, seguiram junto aos exércitos que invadiram territórios no chamado velho mundo e, de maneira ainda mais bárbara, por meio da escravização e genocídio, serviram como uma das armas do processo de invasão dos países chamados "colonizados".

Refiro-me às narrativas, aos relatos e documentos que trataram de ser produzidos por aqueles homens que detinham os meios bélicos e a força para escrever sobre quem era dominado e exterminado por eles. Nesses casos, muitos dos contadores de história que buscaram transmitir suas experiências adiante, nada mais fizeram do que fabular histórias enquanto heróis que conquistaram novas terras, se tornaram senhores, identificaram e classificaram outros como selvagens. Suas vitórias e lições foram exemplos do fortalecimento do patriarcalismo, do racismo e outras formas de dominação dos homens brancos que foram produzindo suas "reputações" e legitimidades como contadores de histórias a partir da construção do outro (mulher, negro, indígena etc.) como não ser. Muitos desses homens contadores de histórias, calados com os horrores da guerra vividos na época de Benjamin, sustentaram suas narrativas a partir do silenciamento de outras vozes que jamais conseguiram levar suas experiências adiante. Da mesma maneira, na própria literatura, no romance, se, de um lado, existia a leitura de que sua produção se dava a partir de um lugar de solidão e isolamento do autor, do escritor, de outro, a análise benjaminiana desconsiderou todas as tentativas de utilização desse mesmo gênero por parte das mulheres para assinalar suas existências e transmitir experiências adiante. Assim, se, por um lado, o diagnóstico de Walter Benjamin ajuda a localizar um problema de colonização das experiências dos homens europeus na expansão do romance e desaparecimento gradativo da figura do contador de histórias, por outro, ele ainda nem sequer chega perto do problema das formas de silenciamento e do desafio de tornar vivas as narrativas daquelas e daqueles que nunca conseguiram contar suas histórias por serem silenciadas antes mesmo de sua enunciação, ou que ainda tiveram suas obras ignoradas e apagadas dos arquivos convencionais.

A esse respeito é preciso trazer para a discussão o trabalho de Saidiya Hartman, sobretudo um onde ela trata justamente do exame acerca da possibilidade de contar a história de uma mulher, que nomeia como Vênus[8], para além de qualquer coisa que já houvesse escrito sobre ela nos arquivos da escravidão atlântica. E "sua história, contada por um testemunho falho, é extemporânea. Seriam necessários séculos para que lhe fosse permitido 'soltar a língua'" (Hartman, 2021b, p. 106). O desafio que Hartman nos apresenta, longe de aceitar uma morte da Vênus contadora de histórias, é como alcançar indícios, restos, pistas, que pudessem oferecer a possibilidade de que ela, na condição de escritora e historiadora, pudesse levar adiante a experiência dessa mulher, mesmo que a única coisa acessível seja a análise do livro de contabilidade, emprestado da realidade de seus raptores e senhores e aplicados a ela. Ocorre que "nós nos deparamos com ela em circunstâncias exorbitantes que não produzem nenhuma imagem da vida cotidiana, nenhum caminho para seus pensamentos, nenhum vislumbre da vulnerabilidade de seu rosto ou do que o olhar para tal o rosto poderia exigir" (Hartman, 2021b, p. 107). É

[8] Vênus é um nome escolhido por Hartman para referir-se não apenas à garota morta a bordo do *Recovery*, mas também a tantas outras mulheres negras violentadas e cujas vidas foram apagadas ao longo da história, tais como: Delia, Drana, Renty e Jack, que eram objeto de estudos fotográficos de Louis Aggasiz; Aranchna era uma das onze escravizadas usadas como experimentos por Morton Sims, o fundador da ginecologia; Sara Baartman, conhecida pelo diminutivo em holandês Saartjie e Vênus Hotentote, submetida a espetáculos, além de ter sido objeto de estudos pseudocientíficos racistas, em função das características de seu corpo.

preciso, a autora entende, transformar esse exorbitante em uma narrativa exemplar ou típica para que sua vida possa oferecer elementos passíveis de mobilizar o pensamento sobre pessoas escravizadas.

Não é possível sequer perguntar quem é Vênus. Por outro lado, existem centenas de milhares de outras garotas que compartilharam seu destino, todas com suas histórias sufocadas e apagadas.

> E as histórias que existem não são sobre elas, mas sobre a violência, o excesso, a falsidade e a razão que se apoderaram de suas vidas, transformaram-nas em mercadorias e cadáveres e identificaram-nas com nomes lançados como insultos e piadas grosseiras. O arquivo, nesse caso, é uma sentença de morte, um túmulo, uma exibição do corpo violado, um inventário de propriedade, um tratado médico sobre gonorréia, umas poucas linhas sobre a vida de uma prostituta, um asterisco na grande narrativa da História (Hartman, 2021b, p. 107).

E o que seria possível contar sobre essas histórias? O que a impossibilidade de escutar cada uma dessas mulheres significou para Hartman? De imediato, importa constatar que essas histórias não são sobre as mulheres em si mesmas, mas, antes, narrativas sobre as violências a que foram submetidas e que se apoderaram de suas vidas. Um apoderamento que sem pudor algum as transformou em mercadorias e cadáveres, em piadas sem gosto e humilhações. Sua questão está em perguntar "como a narrativa pode encarnar a vida em palavras e, ao mesmo tempo, respeitar o que não podemos conhecer?" (Hartman, 2021b, p. 108). Para tanto, ela faz uso dos escritos que contrapõem diários como de James Barbot, o capitão do *Albion Frigate*, quando se descrevem as violências sexuais cometidas contra as mulheres africanas sequestradas de suas casas como "recreação". Elemento que também é reforçado no livro de Alexander Falconbridge, de 1788, ao naturalizar essas violências e dizer que entre marinheiros comuns era possível "ter relações sexuais com as mulheres negras que procuram obter consentimento"[9] (Falconbridge, 1788, p. 23). Ademais, afirmações como essas são reiteradas no diário de Olaudah Equiano (2022), publicado em 1789, que retratou a violência do navio negreiro como um contador de histórias que não recorria à linguagem do romance.

> Com frequência, novas cargas de negros costumavam ficar aos meus cuidados para venda e atentados violentos contra a castidade das escravas era uma prática quase constante entre nossos funcionários e outros brancos. Embora com relutância, eu era obrigado a me sujeitar a isso a todo instante, estando impossibilitado de ajudá-las. Quando algumas dessas escravas estiveram a bordo dos barcos do meu senhor para serem transportadas a outras ilhas ou à América, eu soube que nossos imediatos cometeram esses atos de modo mais ignóbil, para desgraça não apenas dos cristãos, mas de toda humanidade. Soube, até mesmo, que eles satisfaziam seus desejos brutais com meninas de menos de dez anos de idade. Alguns deles praticavam tais abominações com tão escandaloso excesso, que um de nossos capitães chegou a demitir um imediato e alguns outros por essa razão (Equiano, 2022, p. 126).

Não por acaso, Hartman argumenta que se a fábula, conforme categorizou Mieke Bal em sua *Narratologia* (2021), pode ser compreendida como "uma série de eventos relacionados lógica e cronologicamente que são causados e vividos por atores" (Bal, 2021, p. 28) e essa série de eventos ocorre a partir de uma lógica constituída por certas regras, seu método — que joga com elementos possíveis e acessíveis de uma história e os rearranja, colocando-os em disputa e tensionamento, deslocando o discurso preestabelecido/autorizado, possibilitando imaginar outros elementos possíveis que

[9] Tradução minha do original em inglês: "common sailors are allowed to have intercourse with fuch of the black women whose consent they can procure".

estariam presentes no acontecimento — pode então ser descrito como uma "fabulação crítica". O trabalho da contadora de histórias, como Hartman nos mostra, o esforço necessário daquelas que desejam ressuscitar as mortas e os mortos, trabalhar com os fantasmas; com os vivos, escutar os silêncios, registrar os sussurros, encontrar os fragmentos, ampliar cada fagulha de modo a produzir um incêndio impossível de ser ignorado, ao desconsiderar qualquer presunção de que as contadoras de história e outros contadores massacrados e violentados pelo tempo não mais existiriam, é não apenas uma tarefa possível como imprescindível. É um trabalho de criação de "espaço para o luto onde ele é proibido. Fabricar uma testemunha para uma morte não muito notada" (Hartman, 2021b, p. 117).

O resultado desse método, como Hartman (2021b, p. 122) afirma, é a produção de "'narrativa recombinante', que 'enlaça os fios' de relatos incomensuráveis e que tece presente, passado e futuro, recontando a história da garota e narrando o tempo da escravidão como nosso presente". Trata-se, portanto, de uma aposta na escrita de uma narração impossível que insiste na tentativa de contar histórias que resistem a ser contadas (uma vez que, no caso exemplar de Hartman, as garotas mortas não podem mais falar). É uma forma de pesquisa e registro contra o arquivo, uma busca por produções de novos índices históricos de imagens. Um trabalho de imaginação poética que requer muita profundidade e precisão.

A esse respeito, vale lembrar que Benjamin sabia muito bem da importância desse trabalho de produção de uma imagem dialética a partir da imaginação poética. Grande parte de sua vida foi voltada para o trabalho de organização de fragmentos e coleções que costumava até mesmo catalogar. Benjamin organizava um inventário de tudo, meticuloso, desde desenhos, diagramas, achados linguísticos de seu filho Stefan e citações. Aplicava a esses inventários a técnica de montagem, chegando a analisar a publicidade, a arquitetura, a prostituição, a fotografia, a pobreza, os fracassos e testamentos do mundo em pedaços que presenciava, articulando tudo isso com seus estudos sobre a filologia, sobre a tradição judaica, sobre a narração.

Por isso foi cuidadoso ao discutir o índice histórico das imagens. Isso porque entendia que as imagens que produzimos não apenas:

> pertencem a uma determinada época, mas sobretudo que elas só se tornam legíveis numa determinada época. E atingir essa legibilidade constitui um determinado *ponto crítico* específico do movimento em seu interior. Todo presente é determinado por aquelas imagens que lhe são sincrônicas: cada agora é o agora de uma determinada cognoscibilidade. [Nesse sentido], a imagem é aquilo em que o ocorrido encontra o agora num relâmpago para formar uma *constelação* (Benjamin, 2018, p. 768, grifos meus).

O trabalho de narração e sua apropriação, articulada a nossa experiência presente, podem transformar histórias escutadas, textos acessados, objetos pessoais, e até mesmo lugares visitados, em material passível de um trabalho de montagem, ou seja, de imaginação poética que em sua busca por formas de legibilidade daquilo que não é tomado como objeto do pensamento expressa esse "ponto crítico", um mal-estar ou um sintoma que até então não se tornavam reconhecíveis ou, ainda, apenas reconhecíveis de forma perversa (Lima, 2010). O ponto crítico, onde a imaginação poética se apresenta e produz uma imagem do pensamento, é chamado por Benjamin de "imagem dialética", pela qual ele acredita termos acesso à possibilidade de um exercício reconstrutivo de "uma imagem que lampeja no agora da cognoscibilidade" (Benjamin, 2018, p. 784) e à capacidade de reunirmos passado e presente para realizar o deslocamento do agora às ideias de progresso e avanço, com a finalidade de possibilitar a sua crítica. Assim, para Benjamin, "[a]rticular historicamente o passado não significa conhecê-lo 'como ele de fato foi'. Significa apropriar-se de uma reminiscência, tal como ela relampeja no momento de perigo" (Benjamin, 1994, p. 225). Nessa esteira, Hartman (2021b, p. 123) será enfática ao assinalar que

> Se essa *história de Vênus* tem algum valor, ele consiste em iluminar o modo como nossa era está presa à dela. Uma relação que outros podem descrever como um tipo de melancolia, mas que prefiro descrever como sobrevida da propriedade, quero dizer: o detrito de vidas às quais ainda precisamos atentar, um passado que ainda não passou e um estado de emergência contínuo no qual a vida negra permanece em perigo (grifos da autora).

Se é preciso considerar, conforme escreveu Gaston Bachelard (2008), em sua *Poética do espaço*, que para a Psicologia clássica "em geral a palavra *imagem* é um ponto de equívocos nas obras dos psicólogos: veem-se imagens, reproduzem-se imagens, guardam-se imagens na memória" (Bachelard, 2008, p. 17, grifos do autor), e esses equívocos se estendem para muitos dos trabalhos contemporâneos, gerando até mesmo confusão entre distinções no que se refere a imagem e imaginação, é importante reforçar que imaginação trata-se aqui, mais do que uma capacidade de acessar e reproduzir, de uma faculdade que possibilita a deformação das imagens captadas pela percepção, ou seja, uma faculdade de metamorfosear as imagens. Torná-las, ao contrário do que se possa supor, mais legíveis do que eram anteriormente. Como a descrição das formas é mais fácil do que a descrição de metamorfoses, fica explicado por que a Psicologia sempre tenha preferido tomar como tarefa o estudo da primeira.

Hartman (2021b), no que pode ser percebido, apresenta elementos suficientes para refutar a tese benjaminiana da morte do contador de histórias, do narrador. Seja daquele que contava sua experiência com sua própria voz ou do que repassava a experiência escutada para outros por meio dos registros que fazia. E ao racializar e incorporar a questão de gênero como ponto de partida para a discussão dos limites da possibilidade de pesquisa e (re)escrita de histórias invisibilizadas e compreendidas como impossíveis de ser acessadas, radicaliza, inclusive, a premissa que encontramos nos autores frankfurtianos como Walter Benjamin, Theodor Adorno, Herbert Marcuse, entre outros, que sustentaram a necessidade de métodos de pesquisa e escrita que focassem o "primado do objeto", para o que Fred Moten identificou como "resistência do objeto" (Moten, 2023, p. 27). Aquilo que Moten descreve como "objeto que resiste", a mercadoria que grita, a plateia que participa, o que permanece secreto em Karl Marx e que "pode ser pensado em termos de raça, sexo ou gênero, das diferenças que esses termos marcam, formam e reificam" (Moten, 2023, p. 39).

Benjamin não considerou a "resistência do objeto", aquilo que só poderia ser vislumbrado se ele tivesse considerado as questões de raça e gênero em suas leituras, percebendo, assim, a existência de outras contadoras de histórias e contadores de história escravizados, subalternizados. Por isso seu diagnóstico apressado acerca da morte do narrador e nenhuma palavra sobre tantas outras mortes, mais ainda, sobre aquelas que ainda poderiam ser encontradas nos escombros da história. Por isso a contribuição de Hartman é tão importante. Ela sabe que é tarde demais para salvar Vênus. Do mesmo modo, sabe que é tarde demais para que essas cenas quase impossíveis de ser reapresentadas, histórias precariamente narradas, possam interromper outras violências e crimes. Entretanto, entre o não mais e o ainda não, seu trabalho de diminuição da distância e o fazer existir tornam sua Vênus uma contemporânea de todas as outras mulheres. Toni Morrison (2020, p. 415) disse certa vez que o ato de "escrever não é simplesmente relembrar ou rememorar ou mesmo epifania. É fazer, criar uma narrativa imbuída de características legítimas e autênticas", assim, ao tornar Vênus contemporânea, Hartman, em meu entendimento, convoca todas as outras contadoras de história para ocupar a cena.

Mas se Benjamin apresenta seu limite no que se refere às questões de raça e gênero, ele ainda pode nos ajudar a pensar em algumas das questões trazidas por ela, por exemplo: "Como uma narrativa da derrota pode possibilitar um lugar para os vivos ou imaginar um futuro alternativo? (Hartman, 2021b, p. 123). A desconfiança benjaminiana nos livros que estavam sendo produzidos pelos homens de seu tempo alertava para a necessidade de buscarmos uma leitura do mundo capaz de reatar as coisas de acordo com suas relações íntimas e secretas. Suas "correspondências" e "analogias" oferecem um esboço para discutir a importância do tensionamento da legibilidade daquilo que é produzido como não existente.

"Ler o que nunca foi escrito!" (Benjamin, 2000, p. 363). Os textos benjaminianos sobre memória, coleções e imagens denotam a sua aposta na prática materialista da pesquisa, sobretudo no reconhecimento acerca de sua soberania anônima, sua singularidade. Uma prática materialista que necessita de uma operação psíquica e disposição sensível, cuja ênfase na racionalidade dê espaço à poética, à memória e à imaginação. Por isso, para ele, a concepção de montagem era tão importante, uma vez que com a montagem seria possível reposicionar as imagens e tensionar de outros lugares até que finalmente seja encontrado seu "ponto crítico". Contar histórias, narrar testemunhos silenciados, fazer emergir imagens de vidas apagadas dos registros do tempo é uma tarefa para a qual a abertura dos olhos e escuta se tornam essenciais, pois "ao provocar a linguagem e eclipsá-la, uma imagem pode determinar não apenas o que sabemos e sentimos, mas também o que acreditamos que vale a pena saber sobre o que sentimos" (Morrison, 2019, p. 60-61).

Não se trata, portanto, de construir legendas, escrever novas interpretações. Isso Hartman ensina muito bem. Trata-se de seguir na busca de um trabalho no qual a narrativa atravesse a fantasia social que a coloca na condição de "inimaginável". Palavra perigosa, pois, juntamente com outras como "impossível", "insuportável" etc., impede o acesso às histórias de tantas mulheres negras, indígenas, mantendo-as fora da possibilidade de serem pensadas e retomadas no presente. Lembremos, com Sueli Carneiro (2023), que é próprio dos dispositivos de racialidade, tal como ocorre com os dispositivos da sexualidade analisados por Michel Foucault, que a construção do outro, no caso o negro e, mais especificamente, a mulher negra, se dê pela condição de não ser, enquanto instância de fundamento do ser. Esse dispositivo de racialidade ganha uma dimensão específica "ao operar o conjunto com o biopoder e ser por ele instrumentalizado. Combinado com o racismo, o biopoder promove a vida da raça considerada mais sadia e mais pura e promove a morte da raça considerada inferior" (Carneiro, 2023, p. 13). Isso torna a contação de histórias (im)possíveis, as tentativas de narração das trajetórias de outras Vênus que viveram e foram exterminadas em nossa Améfrica Ladina, em si, uma crítica da violência. Como assinalou Benjamin (2012, p. 81), a "crítica do poder-como-violência é a filosofia de sua história. E é a 'filosofia' dessa história porque só a ideia de seu desfecho possibilita o enquadramento crítico, diferenciado e decisivo das suas balizas temporais". Para criticar a violência é preciso descrevê-la em suas metamorfoses (para tanto, é preciso torná-la legível), algo que Antonio da Costa Ciampa (1987) fez de maneira exemplar com a história de Severina, de forma que seja possível identificar seus dispositivos e como persistem na contemporaneidade. Isso significa, também, a possibilidade de desnaturalizar a escuta, desaprender o olhar e desapegar do pensamento prévio.

Elevar as narrativas, a imagem da contadora de histórias, à altura do pensamento. Elevar esse pensamento para além do sofrimento que emerge com essas histórias, à altura de uma cólera. A partir da resistência do objeto apresentar uma constelação capaz de quebrar as aparências que sustentam a suposta estabilidade de nossa reflexão histórica e política. Nesse ponto, uma narrativa da derrota pode se deslocar para uma zona de possibilidades abertas, onde, além das denúncias e reposicionamentos das imagens convencionais dos dominadores, é possível até vislumbrar florescimentos e ações até então não pensadas: (re)montagem do tempo e (re)ocupação dos espaços vencidos. Jamais esquecer a cólera necessária que precede todo o trabalho, jamais produzir anistia aos violadores, aos assassinos. Produzir fendas, fissuras em fatos dados como inelutáveis. Inventar, afirmar de outra forma, como um negativo. Tudo isso sem a pretensão de fechar nada. Pois, para Hartman (2021b, p. 125-126):

> Começamos a história de novo, como sempre, na esteira de seu desaparecimento e com a esperança desvairada de que nossos esforços possam devolvê-la ao mundo. A conjunção de esperança e derrota define esse trabalho e deixa em aberto seu resultado. A tarefa de escrever o impossível (não o fantasioso ou o utópico, mas "histórias tornadas irreais e fantásticas") tem como pré-requisitos o acolhimento ao provável fracasso e a prontidão para aceitar o caráter contínuo, inacabado e provisório desse esforço, particularmente quando as disposições do poder ocluem o próprio objeto que desejamos resgatar.

É preciso fazer, como ensinou Morrison (2020, p. 420), com que o texto também estimule a quem realiza a leitura à participação ativa "na experiência não narrativa, não literária do texto, o que dificulta se confinar a uma aceitação fria e distanciada dos dados. Quando se olha para um quadro muito bom, a experiência do olhar é mais profunda do que os dados acumulados ao observar o quadro". Se for possível a superação desse obstáculo, penso que é possível apresentar um lugar para os vivos. Um tipo de experiência resultante da legibilidade que arrasta consigo o significado próprio dos sonhos ou a reconciliação com nossos pesadelos. Esse foi o caminho metodológico que também seguiu Aline Motta, ao fazer a pesquisa e escrever o livro *A água é uma máquina do tempo*, onde conta a história das mulheres que a precederam[10]. Um livro que poderia ser considerado como uma "escrevivência" (Evaristo, 2017), onde faz do seu próprio corpo "um altar. [e] Nele um morto pode dançar" (Motta, 2022, p. 95). Uma composição de narrativas de outras Vênus cujas vidas também foram atravessadas pela violência, excessos e abusos de todo tipo,

---

[10] Para maiores detalhes desse trabalho, conferir o capítulo "Narrar a perda, cuidar dos mortos: um diálogo entre 'A autobiografia da minha mãe', de Jamaica Kincaid, e 'A água é uma máquina do tempo', de Aline Motta", escrito para compor este livro por Fernanda Silva e Sousa.

transformou o inventário pessoal e familiar da autora em, também, um inventário da escravidão.

A ausência de registros, fontes e documentos, a falha nos arquivos que impediriam qualquer possibilidade de encontro com essas contadoras de história são preenchidas com a fabulação crítica. E inicia o livro com a morte de sua tataravó, faz uso do atestado de óbito quase como se estivesse começando com uma comprovação de tudo o que iria relatar, segue apresentando mapas, fotos suas, de lugares desconhecidos, poesias, carimbos, recortes de jornal de época, nomes de ruas que se cruzam e são na verdade frases que certamente interpelaram sua memória ao longo do processo. Ressuscita todas as mulheres cujos rastros acessa, seja no texto, seja nas performances que realiza na apresentação dele. Quando me refiro a performances, falo da que presenciei e com a qual chorei ao acompanhar seu relato, no dia em que conheci e escutei Aline Motta pessoalmente. A lembrança de sua mãe é narrada de um modo que se torna também a lembrança de tantas outras mulheres.

> Uma mulher negra aguenta tudo, até o dia em que não consegue mais subir escadas. O braço todo furado e minha mãe nunca reclamava, disfarçava seus apuros com perfeição. Finalmente descobriram que a enfermeira que aplicava a quimioterapia estava com catarata e por isso não acertava a veia. Os acessos iam murchando desidratados a cada picada no lugar errado. O braço todo furado e nunca reclamava. Odiava quando chamavam minha mãe de guerreira. Seu corpo não era um campo de batalhas. Para todos os efeitos, a santa no oratório, que visitava os apartamentos do bairro, ficaria sem rezas quando chegasse a vez de dormir em nossa casa (Motta, 2022, p. 79).

Tomar o tempo para (re)quebrar e reabrir o tempo, apresentando uma fenda onde novas possibilidades ou legibilidades possam emergir. Tomar o tempo para montar histórias, os acontecimentos, de forma a reconhecê-los, reaprendê-los, devolvê-los, remontados e quebrar com a violência do mundo. Não encerrar nada. Tornar a ferida aberta uma via para manter a insatisfação com o que não pode ser recuperado por completo.

> Se eu soubesse teria soprado um par de pulmões
> no lugar do seu útero
> e esse par extra você o teria doado em vida
> para Ambrosina
> que poderia assim respirar o vento da eternidade
> que não termina no dia seguinte
> Inverter a lógica dos embriões
> A filha que vira uma ancestral da mãe
> Memória e veículo
> A água é uma máquina do tempo
> (Motta, 2022, p. 137).

Sustentar uma cólera à altura do pensamento. Tornar as histórias tão importantes como a criação do mundo no Popol Vuh, a caçada de Yawarioma que criou a grande noite, a vitória de Ananse, a peregrinação de Exú. Erguer a narrativa das mortas à altura de um pensamento, de um trabalho que não esquece, que luta contra o esquecimento. Compreender essas histórias enquanto um *pathos* (um sofrimento, uma experiência de sofrimento) e uma *forma* (tempo reconstruído, remontado), de modo que seja possível fazer com que esse *pathos*, que mantém relação direta com a experiência, permaneça em tensão com o *logos*, enquanto discurso construído. Praticar uma pesquisa preocupada em desmontar a ordem "natural" ou pressuposta das coisas, remontar tudo de novo, sempre oferecendo outras possibilidades de narração. Sustentar uma ética da indignação, sem promover a imobilização, a inevitabilidade. Não menos importante, considerar que também faz parte do trabalho, da luta, mediar a reapresentação de outras contadoras de histórias. Não esquecer das vivas[11].

Referências

ANZALDÚA, Gloria. *Borderlands/La Frontera:* La nueva mestiza. Trad. de Carmen Valle Simón. Madrid: Capitán Swing, 2016.

BAL, Mieke. *Narratologia*: introdução à teoria da narrativa. Florianópolis: Editora da UFSC, 2021.

BENJAMIN, Walter. *Passagens*. Belo Horizonte: Autêntica, v. 3, 2018.

BENJAMIN, Walter. Crítica do poder como violência. In: BENJAMIN, Walter. *O anjo da história*. Belo Horizonte: Autêntica, 2012. p. 57-81.

BENJAMIN, Walter. *Sur le pouvoir d'imitation*. In: BENJAMIN, Walter. Œuvres II. Paris: Gallimard, 2000. p. 359-363.

BENJAMIN, Walter. O narrador. Considerações sobre a obra de Nicolai Leskov. In: BENJAMIN, Walter. *Magia e Técnica, Arte e Política*: Ensaios sobre literatura e história da cultura. São Paulo: Brasiliense, 1994. Obras escolhidas, V. I, p. 197-221.

CARNEIRO, Sueli. *Dispositivo da racialidade*: a construção do outro como não ser como fundamento do ser. Rio de Janeiro: Zahar, 2023.

[11] **Agradecimentos:**
Embora um texto seja sempre pensado como um empreendimento solitário ou de poucas pessoas, aquelas que assinam o trabalho, é importante registrar que este capítulo resulta de um processo que contou com reverberações coletivas que semearam os caminhos de sua produção. Nesse sentido, não poderia deixar de agradecer às mulheres pesquisadoras do Paralaxe: Grupo Interdisciplinar de Estudos, Pesquisas e Intervenções em Psicologia Social Crítica da Universidade Federal do Ceará, pelas contribuições nas discussões e aprendizados ao longo desses anos todos sobre raça, gênero, sexualidade, classe e tantas outras interseccionalidades que ampliaram meus estudos acerca das metamorfoses que aprendi com Antonio da Costa Ciampa e, sobretudo, minha sensibilidade. Com vocês tenho seguido todos os dias a árdua tarefa de escutar, localizar, registrar e montar histórias, acontecimentos, de forma a reconhecê-los, reaprendê-los, devolvê-los, remontados, tentando contribuir de algum modo com a quebra da violência do mundo. Agradeço, em especial, a Tatiana de Souza Santos Neves, Stephanie Caroline Ferreira de Lima, Yarimar Rosa-Rodríguez, Júlia Loren e Marília Romero Campos pelas leituras prévias, sugestões e críticas deste ensaio.
Agradeço também ao Conselho Nacional de Desenvolvimento Científico e Tecnológico (CNPq) pela Bolsa de Produtividade PQ 1D concedida e relacionada ao projeto "Coisas Frágeis: imagens e enquadramentos em narrativas das experiências de sofrimento", processo: 314112/2021-9.

CIAMPA, Antonio da Costa. *A estória do Severino e a história da Severina*: um ensaio de Psicologia Social. São Paulo: Brasiliense, 1987.

EVARISTO, Conceição. *Becos da memória*. 3. ed. Rio de Janeiro: Pallas, 2017.

FALCONBRIDGE, Alexander. *An account of the slave trade on the coast of Africa*. London: Printed by J. Phillips, Gkorge Yard, Lombard- Street, 1788.

GONZALEZ, Lelia. A categoria político-cultural da amefricanidade. In: GONZALEZ, Lelia.. *Por um feminismo afro-latino-americano*: Discursos, ensaios e conferências. Rio de Janeiro: Zahar, 2020a. p. 139-150.

GONZALEZ, Lelia. Por um feminismo afro-latino-americano. In: GONZALEZ, Lelia.. *Por um feminismo afro-latino-americano*: Discursos, ensaios e conferências. Rio de Janeiro: Zahar, 2020b. p. 151-157.

HARTMAN, Saidiya, O tempo da escravidão. *Periódicus*, Salvador, n. 14, v.1, nov.2020-abr. 2021a. p. 242-262.

HARTMAN, Saidiya. Vênus em dois atos. In: BARZAGHI, Clara; ARIAS, André; PATERNIANI, Stella Z. (Org.). *Pensamento negro radical*. São Paulo: Crocodilo; n-1 edições, 2021b. p. 105-129.

LIMA, Aluísio Ferreira de. Sobre a imprescindível articulação entre Psicologia Social, Teoria Crítica, Interseccionalidade e Decolonialidade para a pesquisa da identidade-metamorfose. In: ALVES, Cecília Pescatore; PORTUGUEIS, Diane; MIRANDA, Suélen Cristina; NASCIMENTO, Clara Scaldelai (Orgs.). *Metamorfoses do mundo contemporâneo*. São Paulo: EDUC; PIPEq, 2021. pp. 61-87.

LIMA, Aluísio Ferreira de. *Metamorfose, anamorfose e reconhecimento perverso: red*. São Paulo: FAPESP/EDUC, 2010.

LIMULJA, Hanna. *O desejo dos outros*: uma etnografia dos sonhos yanomami. São Paulo: Ubu Editora, 2022.

MORRISON, Toni. Memória, criação e ficção. In: MORRISON, Toni. *A fonte da autoestima*: ensaios, discursos e reflexões. São Paulo: Companhia das Letras, 2020. p. 417-426.

MORRISON, Toni. Ser ou tornar-se estrangeiro. In: MORRISON, Toni.*A origem dos outros*: seis ensaios sobre racismo e literatura. São Paulo: Companhia das Letras, 2019. pp. 41-65.

MOTTA, Aline. *A água é uma máquina do tempo*. São Paulo: Círculo de Poemas, 2022.

MOTEN, Fred. *Na quebra:* a estética da tradição negra. São Paulo: Crocodilo; n-1 edições, 2023.

O ESTADO DE SÃO PAULO. Vestígios da escravidão. *O Estado de São Paulo*, 19 dez. 1890, p. 2. Disponível em: https://acervo.estadao.com.br/pagina/#!/18901219-4745-nac-0002-999-2-not.

PLATÃO. *Górgias*. São Paulo: Perspectiva, 2016.

POOL VUH. *O esplendor da palavra antiga dos Maias-Quiché de Quauhtlemallan*: aurora sangrenta, história e mito. São Paulo: Ubu Editora, 2019.

PRANDI, Reginaldo. *Mitologia dos Orixás*. São Paulo: Companhia das Letras, 2021.

KOPENAWA, David: ALBERT, Bruce. *A queda do céu:* palavras de um xamã yanomami. São Paulo: Companhia das Letras, 2015.

Capítulo 2

NARRAR A PERDA, CUIDAR DOS MORTOS

um diálogo entre "A autobiografia da minha mãe", de Jamaica Kincaid, e "A água é uma máquina do tempo", de Aline Motta

Fernanda Silva e Sousa

Introdução

"Guerreiras", "batalhadoras", "resilientes", "fortes". São vários os adjetivos que, ao longo da história, em oposição à desumanização das mulheres negras, têm sido empregados como referentes para uma outra história possível sobre elas, dando ênfase à sua agência e capacidade de resistência à violência. Dandara dos Palmares, Luiza Mahin, Tereza de Benguela são, por exemplo, nomes eloquentes e importantes, de mulheres alçadas ao lugar de heroínas que simbolizam a liderança feminina negra na infindável luta por liberdade durante a escravidão. Mesmo com parca ou nenhuma documentação que ateste suas existências, que registre suas vozes e ações, elas existem e resistem em nosso imaginário não apenas como pessoas, mas também como ideias-força de uma resistência histórica.

Entretanto, ninguém trava batalhas o tempo todo, muito menos sai delas sempre como vencedor. No caso das mulheres negras, considerando o grau de violência a que são submetidas, as derrotas podem ser muito mais comuns do que as vitórias, as quais nos empenhamos tanto em rememorar e celebrar, quase como se fossem nossas. Mas e nossas derrotas, fracassos e perdas em relação a uma história de sujeição em que "o vencedor já venceu", segundo a historiadora Saidiya Hartman (2020a, p. 943), em seu ensaio "Tempo da escravidão", pois é impossível desfazer o passado da escravidão e redimir as mortes das tantas mulheres negras que ficaram pelo caminho? E se passássemos a lançar luz não apenas para exemplos de resistência, mas também para casos em que não foi possível resistir à violência racial ou quando a maior ação de resistência parece residir na afirmação da própria vulnerabilidade? É curioso que a atriz afro-estadunidense Viola Davis, quando enfim ganhou o Oscar de melhor atriz coadjuvante pela sua atuação no filme *Um limite entre nós* (2016), fez um discurso de agradecimento pensando nas pessoas que sucumbiram, foram derrotadas e talvez nem sejam mais lembradas:

> Há um lugar onde todas as pessoas com um enorme potencial estão reunidas. Um lugar. E é o cemitério.
> As pessoas me perguntam o tempo todo: "Que tipo de histórias você quer contar, Viola?" E eu digo "exume esses corpos, exume essas histórias". As histórias de pessoas que sonharam grande e nunca viram esses sonhos florescerem. Pessoas que se apaixonaram e perderam. Eu me tornei uma artista – e graças a Deus eu me tornei – porque nós somos a única profissão que celebra o que significa viver uma vida1.[1]

No palco luxuoso de uma das mais prestigiadas premiações do mundo, Viola Davis projeta o cemitério, um ambiente carregado pelo peso da tristeza, da saudade, da perda e, sobretudo, pela morte, como um lugar também de vida, em que exumar corpos é contar histórias daqueles que costumam cair no esquecimento. Em um mundo estruturado pela violência antinegro, em que o corpo das mulheres negras, tornado carne por um processo de escravização que objetificou sua existência, é marcado para o espancamento, a tortura, o estupro e a morte, como argumentado por Hortense Spillers (2021) em seu ensaio "Bebê da mãe, talvez do papai: uma gramática estadunidense", não é difícil imaginar que esse cemitério seja caracterizado pela abundância de uma terra composta por muitas vidas abreviadas ou interrompidas de mulheres negras, cujas trajetórias podem ser,

[1] O discurso foi proferido na 89ª edição do Oscar, em 2017. Tradução minha. Disponível em: https://www.youtube.com/watch?v=xb09GVmv87Y. Acesso em: 16 fev. 2023.

em alguns casos, recuperadas e imaginadas a partir de rastros de arquivos históricos e lembranças; em outros, somente imaginada, porque não há nada ou alguém que possa oferecer um testemunho sobre suas vidas, muito menos um "[...] vislumbre da vulnerabilidade de seu rosto ou do que olhar para tal rosto poderia exigir", como reflete Hartman (2020b, p. 14), em seu outro ensaio, "Vênus em dois atos". Nesse sentido, trata-se de uma experiência constituída pela perda e pela dor do luto em face de mortos anônimos e esquecidos em que "[...] a distinção entre o passado e o presente naufraga na interminável dor engendrada pela escravidão e suas consequências". (Hartman, 2020a, p. 928). É uma consciência da perda que se inscreve até mesmo em nossas vitórias, como no discurso de Viola Davis, que poderia, como alguém que enfrentou as condições mais abjetas e precárias possíveis durante a infância e a adolescência nos Estados Unidos, também ser mais uma mulher que sonhou grande e não viu seus sonhos florescerem, mais uma morta à espera de um olhar e de uma história que não pôde contar sobre si, ou que, na verdade, ninguém quis ouvir ou prestou atenção[2].

É escrevendo em meio ao naufrágio do luto interminável que se encontram as obras *A autobiografia de minha mãe*, da escritora de Antigua e Barbuda Jamaica Kincaid, publicada em 1996, e *A água é uma máquina do tempo*, da escritora e artista visual brasileira Aline Motta, lançada em 2022. Ambas exumam os mortos a partir do gesto de tentar narrar histórias de mulheres negras que não venceram, mas perderam batalhas em que a derrota parece se anunciar no horizonte todos os dias, quando sobreviver já é, como dizia a escritora Carolina Maria de Jesus em *Quarto de despejo: diário de uma favelada*, diante das agruras e urgências da sobrevivência na favela do Canindé, em São Paulo, na década de 1950, ser herói, pois "[...] hoje em dia quem nasce e suporta a vida até a morte deve ser considerado herói" (Jesus, 2004, p. 91). Não à toa, os dois livros incorporam à narração a própria

[2] Talvez este tenha sido um dos motivos que a fez escrever sua autobiografia chamada *Em busca de mim*, lançada no Brasil em 2022 pela editora Record.

vulnerabilidade da vida das narradoras, que se confunde com a vulnerabilidade das ancestrais cujas histórias elas desejam contar, mas cujos rostos sequer conhecem. Seus álbuns de família se aproximam, então, do arquivo colonial, repleto de lacunas, silêncios e nomes sem rostos, de modo que, para Hartman (2021, p. 26), "[...] ler o arquivo é adentrar um necrotério", encontrando "[...] parentes cuja prova de sua existência são apenas fragmentos de histórias e nomes que se repetem através das gerações" (p. 21), como descreve em *Perder a mãe: uma jornada pela rota atlântica da escravidão*. No entanto, aceitando o caráter irremediável e irreparável da morte, Kincaid e Motta tentam se aproximar e falar da vida de suas ancestrais a partir de procedimentos narrativos e criativos que constroem um vínculo afetivo e cuidadoso com os mortos, o que implica uma ética do cuidado por parte de uma crítica literária que seja efetivamente comprometida com a vida sempre ameaçada das mulheres negras.

Sob o signo da perda e da morte: a necessidade de uma ética do cuidado

Em *A autobiografia da minha mãe*, terceiro livro de Jamaica Kincaid, a autora caribenha apresenta como protagonista e narradora Xuela Claudette Richardson, uma mulher negra de ascendência caribenha e britânica que passa a rememorar, aos 70 anos de idade, sua vida pregressa na ilha de Dominica, no Caribe, enquanto órfã de uma mãe que nunca pôde conhecer, pois faleceu durante o parto, e filha de um pai negligente e distante, um homem de pele clara que trabalhava como policial e "[...] fazia parte de todo um estilo de vida na ilha que perpetuava dor" (Kincaid, 2021, p. 37). Embora não tenha conhecido a mãe, Xuela entende que, vivendo num país onde o legado sangrento do colonialismo ainda pairava no ar e tinha efeitos em suas vidas, contar sua história era contar também a história impossível de sua mãe, pois a perda da mãe durante o seu nascimento acarretou a perda da possibilidade de constituir lembranças com ela *em vida* que poderiam ser suporte para a reconstrução de sua existência. Assim, desamparada e solitária, ela ousa escrever uma autobiografia para uma existência vista como nada memorável ou exemplar, expressando-se por meio de um gênero literário marcado pelo predomínio das classes dominantes, dos tidos "grandes" e "nobres" homens (Lejeune, 2014), mas que foi apropriado de forma subversiva por ex-escravizados no século XIX, como Frederick Douglass e Harriet Jacobs, como parte da luta pelo fim da escravidão, como demonstra o estudo *Vozes Afro-Atlânticas: autobiografias e memórias da escravidão*, de Rafael Oliveira (2022). Por meio da escrita, Xuela se torna "tão interessada nas minhas necessidades, tão interessada em saciá-las, atenta às minhas mágoas, atenta aos meus prazeres" (Kincaid, 2021, p. 25) – necessidades, mágoas e prazeres que, em relação à sua mãe, a narradora nunca saberia e que talvez em vida ela nunca tenha tido realmente chance de expressar não fosse a escrita. O livro começa, não à toa, a partir do signo da perda:

> Minha mãe morreu no momento em que eu nasci, e por isso durante toda a minha vida nunca existiu nada entre mim e a eternidade; às minhas costas, sempre um vento triste, sombrio. No começo da vida eu não tinha como saber que seria assim; soube apenas no meio dela, quando já não era jovem e percebi que tinha menos de algumas coisas que costumava ter em abundância, e mais de outras que antes mal tivera. E essa percepção de perda e ganho me fez olhar para trás e para a frente: no início havia uma mulher cujo rosto eu nunca vira, mas no final não havia nada, ninguém entre mim e o quarto escuro do mundo. Passei a sentir que por toda a vida estive parada à beira do precipício, que minha perda havia me tornado vulnerável, dura e indefesa; ao me dar conta disso fui dominada por tristeza e pena de mim mesma (Kincaid, 2021, p. 11).

Em *A água é uma máquina do tempo*, por sua vez, Aline Motta se vale de uma variedade de recursos visuais, documentais e literários – como mapas, certidões, fotografias, notícias de jornal, trechos de diários, versos, colagens – que parecem evidenciar a necessidade de incorporar à própria forma as lacunas e ausências que marcam a experiência negra[3], compondo um inventário pessoal e familiar que é, inevitavelmente, também um inventário da escravidão, em que não há bens materiais catalogados, mas rastros de vidas que precisam ser lembradas e honradas. Em ensaio homônimo e anterior ao livro, Motta descreve seu trabalho como povoado por "plurivozes ancestrais" e como uma forma de culto à ancestralidade em que "linhagem é linguagem" (Motta, 2021, p. 333). Nesse processo, a água se torna um dispositivo que permite a conexão entre os vivos e os mortos e congrega todos os tempos, que pode ser navegado a partir das múltiplas possibilidades de escrever sobre o que, ainda assim, permanecerá, tal qual o mar, desconhecido e insondável: seus ancestrais. A água é uma máquina do tempo, mas que não pode desfazer a história da escravidão, tampouco levar à superação da perda. Como Kincaid, Motta também inicia o livro a partir do signo da perda:

> A água é uma máquina do tempo
>
> Deixou um rastro de leite e sangue. Teve sete filhos, entre eles, minha bisavó. Morreu de tuberculose, mas a história que contam é que morreu de susto por causa de bombas na baía de Guanabara durante a Revolta da Armada. Militares contra militares, a República era só mais um golpe. Os vidros trincavam, as xícaras tremiam, a estrutura da casa ficou abalada (Motta, 2022, p. 5-6).

Sem serem nomeadas, suas ancestrais jamais vistas, ouvidas e tocadas por elas abrem seus livros desde o lugar da morte, em que os verbos no pretérito, numa linguagem direta e cortante, não significam, entretanto, um processo acabado; antes, parecem enfatizar o

[3] Dado o seu caráter multiforme, a leitura do objeto livro, no caso de *A água é uma máquina do tempo*, é fundamental, pois há também um aspecto criativo e disruptivo na disposição gráfica desses recursos visuais, literários e documentos que, infelizmente, é impossível de reproduzir nos limites deste artigo.

caráter, a princípio definitivo, brutal e irreversível da morte. Ainda que orações intercaladas e metáforas possam atenuar essa dimensão, morrer continua sendo um verbo intransitivo, isto é, daqueles que não precisam de complemento verbal por terem um sentido completo. A morte negra, porém, exige a composição de outra gramática, em que a conjugação dos verbos e dos tempos atendem antes a um passado que ainda não acabou e, principalmente, ao desafio de "[...] lamentar o que ainda não parou de acontecer" (Hartman, 2020a, p. 928), pois existe "[...] uma relação entre o passado e o presente, o horizonte de perda, o legado existente da escravidão, as antinomias da redenção (um princípio salvador que nos ajudará a superar a ferida da escravidão e a longa história de derrota) e a irreparabilidade" (Hartman, 2020a, p. 230), de maneira que o desafio é também construir uma linguagem que recuse a representação das mortes de pessoas negras como mais um número a compor as estatísticas. Nesse cenário, a consciência da perda do outro parece ser também a consciência da própria vulnerabilidade em um mundo antinegro, onde se herdam não apenas estratégias e formas de resistência, mas também traumas e dores de uma história que é uma "ferida aberta", como Kincaid (2001, p. 1) discute em seu ensaio "In History", em que nosso presente é assombrado pela sobrevida da escravidão, pois

> [...] as vidas negras estão ainda sob perigo e ainda são desvalorizadas por um cálculo racial e uma aritmética política que foram entrincheirados séculos atrás. Esta é a sobrevida da escravidão – chances distorcidas de vida, acesso limitado à saúde e à educação, morte prematura, encarceramento e pobreza. Eu também sou a sobrevida da escravidão (Hartman, 2021, p. 13).

Diante dessa realidade ainda tão avassaladora, que coexiste com uma maior visibilidade da luta contra o racismo e uma maior representatividade negra, contribuindo para um grande destaque às nossas vitórias e conquistas, qual o lugar que a perda e a morte de mulheres negras anônimas que não contrariaram as estatísticas nem deixaram grandes feitos podem assumir quando não procuramos exemplos de resistência, mas lançamos um olhar para a vulnerabilidade e a fragilidade de suas vidas? Se a morte, a pobreza, a violência ainda assaltam a vida das mulheres negras, seria possível e desejável empreender uma crítica literária em que esses aspectos são apenas fatores que podem ser brevemente contextualizados ou levados em consideração, mas não elementos incontornáveis e imprescindíveis para um pensamento crítico que não reitere a violência, tampouco a ignore? Para a crítica cultural Christina Sharpe, em seu livro *In the Wake: On Blackess and Being*, trata-se de não deixar que a violência, ainda que precise ser dita e reconhecida, não seja tudo que se tem a dizer sobre as pessoas negras, defendendo uma ética do cuidado:

> O que significa defender os mortos? Cuidar do negro morto e do negro que está morrendo: cuidar da pessoa negra, do povo negro, sempre vivendo o impulso em direção à nossa morte? Isso significa trabalho. Isso é trabalho: trabalho emocional, físico e intelectual que exige atenção vigilante às necessidades dos que estão morrendo, para facilitar seu caminho, e também às necessidades dos vivos (Sharpe, 2016, p. 14, tradução livre).

Sendo assim, é uma ética do cuidado que exige tempo na medida em que busca "[...] encenar o movimento para o inevitável, um contra-ataque ao abandono, outro esforço para tentar olhar, para tentar realmente ver" (Sharpe, 2016, p. 119), isto é, depende de um olhar insistente, paciente e lento, em que cada vida e cada morte importam, como se a atenção demorada e cuidadosa a existências que foram historicamente violadas, dissecadas, distorcidas, em nome da ciência, do progresso, da razão, fosse o mínimo e, ao mesmo tempo, o que há de mais necessário, sobretudo quando as mortes de pessoas negras se acumulam no presente. Pensar numa ética do cuidado envolve uma tentativa de se *demorar* naquilo que, a princípio, se deseja evitar, superar ou contornar por estar aparentemente na contramão da vida negra que queremos – e precisamos – afirmar cotidianamente e da qual nada parece ser possível construir: a violência antinegro. No entanto, quando incorporada à narrativa de uma vida, como em *A autobiografia da minha mãe* e em *A água é uma máquina do tempo*, o que é violência passa a significar também a morte e a perda de um outro que era mãe, filha, irmã, tia, avó, bisavó, prima, amiga de *alguém*, situando-a em sua condição de vulnerabilidade que a torna passível e digna de ser enlutada ao ser uma vida que importava para alguém, como pontua Judith Butler (2017), em *Quadros de Guerra: quando a vida é passível de luto?*, ainda que jamais redimida e reparada.

A escrita pode se tornar, então, um lugar de cuidado, em que vidas perdidas podem enfim ser lamentadas à medida que se permite narrá-las a partir de uma imaginação radical, a que Saidiya Hartman chama de fabulação crítica, um método especulativo que tensiona a transparência das fontes e ousa imaginar "o que não pode ser verificado", uma espécie de "[...] escrita impossível que tenta dizer o que resiste a ser dito" (Hartman, 2020b, p. 29-30) ao especular o que poderia ter sido dito e vivido pelos mortos da escravidão. À luz disso, a que deslocamentos e possibilidades uma visada para o gesto de narrar a *perda* em Kincaid e Motta e não para a representação da violência pode nos levar por meio de uma leitura feita com cuidado? O que pode emergir quando não a violência contra mulheres negras, mas o reconhecimento da perda que as constitui toma à frente do nosso olhar em um mundo onde seu pranto ainda parece inaudito?

Narrando a perda: a vulnerabilidade e delicadeza das mães que não vingam

Em *A autobiografia da minha mãe*, a protagonista Xuela Richardson reconstitui episódios marcantes de sua infância e juventude solitária e desamparada, sem a presença física da mãe e com um pai omisso que a deixava sob os cuidados de uma lavadeira, com quem também deixava suas roupas sujas, pois "[...] Que eu era um fardo para ele, eu sei; que suas roupas sujas eram um fardo para ele, eu sei; que ele não sabia como cuidar de mim sozinho; ou como lavar as próprias roupas, eu sei" (Kincaid, 2021, p. 12) . Crescendo com a sensação de não ter um lar no mundo, sem ser efetivamente cuidada e criada por ninguém, especialmente por fazer parte dos "derrotados" e humilhados" na Ilha de Dominica, ela vai conferindo mais sentidos à perda da mãe em sua vida:

> Observar qualquer ser humano desde a infância, ver alguém surgir, como uma nova flor em botão, cada pétala primeiro enrolada bem apertada nas outras, e depois o afrouxamento natural e o desvelamento, a abertura em uma floração, a vida dessa floração, deve ser algo incrível de se ver; observar a experiência se acumular nos olhos, nos cantos da boca, o desabar da testa, o peso no coração e na alma, a aglomeração de gordura na cintura, nos peitos, o desacelerar dos passos não pela velhice, mas apenas pela cautela da vida – tudo isso é algo tão maravilhoso de se assistir, tão maravilhoso de se ver; o prazer para o observador, a testemunha, é uma corrente invisível entre os dois, o observado e observador, o testemunhado e a testemunha, e creio que nenhuma vida esteja completa, nenhuma vida seja realmente inteira, sem essa corrente invisível, que sob muitos aspectos é a definição do amor. Ninguém me observou e testemunhou, eu observei e testemunhei a mim mesma; a corrente invisível saía e voltava para mim. Passei a me amar por rebeldia, por desespero, porque não havia mais nada. Esse amor basta, mas apenas basta, não é o melhor: tem o gosto de uma coisa que ficou tempo demais na prateleira e estragou, e que revira o estômago quando é comida. Ele basta, ele basta, mas só porque não existe mais nada que ocupe seu lugar; não é recomendado (Kincaid, 2021, p. 50).

A morte da mãe equivale à perda de um olhar paciente, de uma testemunha amorosa dos seus primeiros gestos e passos às vicissitudes da vida adulta que reverberam na aparência física. Mais do que isso, trata-se da perda de um olhar sem rosto, pois, por mais que procurasse, era um "[...] rosto que jamais veria, mesmo se vivesse para sempre" (Kincaid, 2021, p. 13). Sendo atribuído histórica e culturalmente à mãe o papel de nutrir, educar e cuidar, o que se acentua diante de um passado escravista em que muitas mulheres negras tiveram que empreender esforços quase sobre-humanos para não perder seus filhos, inclusive recorrendo à justiça em alguns casos, como vemos no estudo *Mães infames, filhos venturosos*, da historiadora Marília Ariza (2020), à Xuela só cabe imaginar, por meio da analogia com a natureza, o que é ter uma vida observada e testemunhada, em que a exuberância e a beleza de uma flor que desabrocha parecem contrastar com uma vida que é tratada como se não houvesse nada de "tão maravilhoso de se ver" nem despertasse qualquer prazer ao observador. Porém, se os outros, inclusive o pai, podiam tratá-la como uma peça de roupa suja que se joga para lá e para cá, desprezando-a e humilhando-a, para uma mãe, como afirma a ex-escravizada Baby Suggs, personagem do romance *Amada*, de Toni Morrison, "'Um homem não é nada mais que um homem', dizia Baby Suggs. 'Mas um filho? Bom, isso já é *alguém*' (Morrison, 2011, p. 44, destaque no original), ou, como declaram as mães negras de vítimas fatais da violência policial, os mortos têm mãe (Vianna; Farias, 2011).

Para sua mãe, também chamada Xuela, talvez ela fosse *alguém*. Afinal, sua mãe, "deixada no portão de um convento quando tinha talvez um dia por uma mulher que acreditavam ser sua mãe" (Kincaid, 2021, p. 66) e que também não teve sua vida testemunhada pela figura materna, talvez desejasse ainda mais testemunhar e observar a existência da filha, tentando pôr fim a um legado de ausência, mas que é difícil numa sociedade em que o maior esforço ainda é sobreviver. Perder a mãe significa, nesse sentido, a perda de uma forma de relação e de uma forma de amor que talvez nem possível fosse em um mundo racista, que talvez nem vingasse, uma vez que, como ela mesma afirma mais adiante, "[...] minha mãe morreu quando eu nasci, incapaz de se proteger em um mundo cruel além do que se pode imaginar, incapaz de me proteger" (Kincaid, 2021, p. 159). Por isso, amar a si própria só pode ser um ato de rebeldia e, ao mesmo tempo, de desespero, em que a resistência e a insubordinação recolhem em seu âmago o desamparo e a vulnerabilidade, uma condição que não é só sua, mas também de sua mãe, de maneira que, ao ser a testemunha de sua própria vida, ela também pode tentar oferecer um testemunho para a vida da mãe, também não testemunhada e observada por ninguém, ao ter crescido em um convento onde "[...] a criaram, batizaram-na como uma cristã e exigiram que fosse uma pessoa quieta, tímida, resignada, crédula, recatada, que desejasse morrer logo" (Kincaid, 2021, p. 150). Narrar a si própria se torna, então, um gesto de narrar a própria mãe, que talvez pudesse lhe oferecer um amor que bastasse, ainda que não fosse o melhor. Sem idealizar a perda, Xuela escreve consciente de uma perda permanente e irreparável.

Em *A água é uma máquina do tempo*, Motta, que inicia o livro falando de sua tataravó – num primeiro momento sem nome –, mãe de sua bisavó, recupera o atestado de óbito de sua ancestral, de 5 de junho de 1894, onde está escrito

> [...] em sua rezidencia faleceu hoje as sete horas da manhã de tuberculose pulmonar sua sogra Ambrozina Cafezeiro Gomes, cor parda, de trinta e sete anos, casada com Manoel José Gomes, natural da Bahia, Brasil, era filha legitima de José dos Santos Cafezeiro e de Maria da Gloria Cafezeiro, falleceu sem testamento e deixou sete filhos, Ambrosina, Iracema, Antonio, Honorina, Cassiunda, Izaulina, Nicaldes, rezidia no logar do obito e vai ser sepultada no cemiterio de São João Batista. Para constar assinou o declarante. Joaquim José de Mello Souza escrevente ad hoc juramentado escrevi (Motta, 2022, p. 10-11).

Após transcrever um documento que atesta a morte de sua tataravó como uma mulher que faleceu aos 37 anos, sem deixar "testamento", isto é, sem um ato que declara suas últimas vontades e a disposição de seus bens e, nas páginas seguintes, apresentar a cópia de dois anúncios que saíram em um jornal da época de missas em sua homenagem, Motta dá início a um movimento de insubordinação diante do arquivo ao oferecer um testemunho para a morte sem testamento de sua tataravó. Ela imagina, então, como devem ter sido seus últimos momentos e suspiros de vida no interior da geografia urbana da cidade do Rio de Janeiro, onde, apesar do fim da escravidão em 1888, seus "ofícios", "aparelhos" e "máscaras" de tortura, como descreve Machado de Assis no conto "Pai contra mãe", de 1906, ainda assombravam um presente em que sobreviver *e* garantir a sobrevivência dos filhos era um grande desafio. Não por acaso, Motta dialoga com esse famoso conto do escritor carioca, que conta a história de Cândido Neves, um homem pobre livre que trabalha como caçador de escravizados fugidos, casado com outra mulher pobre e sem recursos, com quem tem um filho que não consegue sustentar diante do declínio de seu incerto negócio. Vendo-se sem saída a não ser abandonar o filho na Roda dos Enjeitados – também conhecida como Roda dos Expostos[4] –, como a tia Mônica, tia de sua esposa havia sugerido, pois "Lá não se mata ninguém, ninguém morre à toa, enquanto que aqui é certo morrer, se viver à míngua. Enfim..." (Assis, 2007, p. 471), ele encontra, próximo à roda, quando estava prestes a deixar o filho, uma escravizada chamada Arminda que tinha fugido, cuja fuga havia sido anunciada no jornal pelo dono, que oferecia uma generosa recompensa a quem a encontrasse. Arminda, ao ser capturada pelo protagonista, suplica misericórdia alegando estar grávida, mas mesmo assim é devolvida ao seu dono e sofre um aborto espontâneo logo em seguida. Cândido Neves recebe, então, a recompensa e desiste de abandonar o filho. Tia Mônica, por sua vez, ao saber do ocorrido, afirma: "Nem todas as crianças vingam, bateu-lhe o coração" (p. 475). Nessa disputa entre pai contra mãe, Motta constrói não uma releitura do conto, mas uma narrativa para e sobre as mães derrotadas e humilhadas, impossibilitadas de cuidar dos filhos, na qual se inscreve sua tataravó adoecida:

[4] As rodas eram instaladas em instituições religiosas e de assistência social onde crianças poderiam ser deixadas. Na maior parte das vezes, tratava-se de homens e mulheres extremamente pobres que se viam quase obrigados a abandonar os filhos, uma prática que também era comum entre escravizadas. Chama-se "roda" porque a criança era colocada em uma caixa giratória (Ariza, 2020).

> Rua Evaristo da Veiga, n. 43
> Centro do Rio de Janeiro. 1894.
>
> Já havia funcionado uma estalagem nos fundos com uma alfaiataria na frente. Depois construíram o sobrado e, com ele, surgiu a casa de cômodos. Nesta rua há o convento, o quartel e o quarto da minha tataravó. Há dias sem conseguir se levantar, ela mal respira, expele lufadas de ar contaminado. O corpo se desintegra em tosse. Os vizinhos da pensão apenas esperam o dia amanhecer: está tísica, sussurram.
>
> Uma menina negra coloca na roda o filho que acabou de parir. A sineta toca. Do outro lado, uma freira recolherá o bebê. Ele não chora. Havia a esperança de que o leite de primeiro parto pudesse ser alugado para outro recém-nascido.
>
> Uma medalhinha da virgem da Conceição no pescoço, uma fita vermelha no braço, estes serão os sinais, peço que guardem meu filho até que minhas forças me permitam buscá-lo. Poderosos motivos a obrigam a abandonar este menino, Deus sabe até quando. Não está batizado. Deve se chamar Francisco. Era o que ela queria ter escrito num bilhetinho, antes do depósito.
>
> Ambrosina sabe da rotina dos enjeitados e conta mais um. Ela também ouve a sineta, mora do outro lado da rua.
>
> Lançar bebês na roda de madrugada assegura ainda mais o anonimato. "Nem todas as crianças vingam, bateu-lhe o coração."
> Nem todas as mães vingam (Motta, 2022, p. 15).

Valendo-se de uma informação obtida no atestado de óbito, que é o falecimento de sua tataravó por tuberculose, Motta imagina e cria uma cena para a sua *vida*, ainda que à beira da morte, situando-a na arquitetura da cidade, cuja atmosfera ainda cheira a escravidão e, mesmo sem tuberculose, é difícil respirar e viver – como o desesperado grito de Eric Garner, "Eu não consigo respirar!", sufocado até a morte pela polícia nos Estados Unidos, em 2014, parece simbolizar. O ar contaminado, que pouco a pouco mata Ambrosina, é um ar contaminado por violência, exploração, abuso, pobreza, onde, numa casa de cômodos, dezenas de pessoas se acumulavam, se amontoavam e não poucas vezes morriam de doenças como tuberculose, varíola, febre amarela, uma situação bastante frequente antes das reformas urbanas que buscariam "civilizar" a cidade sob pretextos higienistas e racistas, demolindo essas habitações no centro da cidade (Sevcenko, 2018; Chalhoub, 2017).

Paralelamente, como num filme, Motta nos lança para outra cena, a de uma *menina* negra que coloca o filho na Roda dos Enjeitados em meio à madrugada. Trata-se, assim, de narrar o insuportável: uma mãe que abandona o filho, mas pensando antes na perda *da* mãe e *para* a mãe do que no abandono do filho. Não havendo linguagem possível para tamanha dor, descrever que há "uma medalhinha da virgem da Conceição no pescoço" e "uma fita vermelha no braço" da criança parece ser a forma de expressar o amor que muito provavelmente não será vivido entre mãe e filho, mas que cabe numa prece, num pedido, numa promessa sem garantia, como se a voz dessa mãe forçasse espaço em uma narrativa atenta não apenas à sua ação de abandonar o filho, mas também ao que ela poderia ter desejado escrever num "bilhetinho"[5]. Mesmo sem ver essa menina negra, Ambrosina é testemunha de seu infortúnio ao ouvir o barulho da sineta – havia um sino como uma espécie de "campainha" nas rodas –, que anuncia mais um na conta dos enjeitados, mais uma mãe derrotada pela sobrevida da escravidão.

---

[5] Segundo Ariza (2020, p. 89-90), "Muitas [crianças] eram colocadas na roda acompanhadas de objetos por meio dos quais pudessem, talvez, ser identificadas por mães esperançosas de, num futuro próximo, reaver os filhos: figas, pedaços de fita, medalhinhas, imagens de santo partidas ao meio, cruzes – pequenos símbolos de aflição [...]".

Motta justapõe, então, condições e temporalidades distintas, mas que evidenciam que nem todas as mães vingam, especialmente uma maternidade sempre violável e vulnerável: entre a escravizada Arminda, que perde o filho, principal motivo de sua fuga, em que "o fruto de algum tempo entrou sem vida neste mundo, entre os gemidos da mãe e os gestos desesperados do dono" (Assis, 2007, p. 475); sua tataravó Ambrosina, prestes a falecer aos 37 anos e deixar sete filhos; e uma menina negra que abandona o filho a quem sequer deu tempo de batizar, já pensando em alugar o próprio leite, que será de todos, menos de seu rebento, há uma perda irreparável, constitutiva e insuportável que precisa ser reconhecida e não parece ser menos dolorosa por se tratar de nomes sem rostos, histórias sem corpos, vidas sem cheiro – contornos humanos que poderiam dar forma à lembrança e acalentar o luto.

Nesse sentido, não há redenção possível diante de lacunas e silêncios que, por mais sentidos que possam ser atribuídos, não trarão os mortos de volta. O que resta é assumir, então, a derrota, a perda, o fracasso, criando uma narrativa a partir disso, sabendo que, como confessa Xuela, "[...] os que perderam nunca se acostumam com a perda; sentem-na profundamente, sempre, até a eternidade" (Kincaid, 2021, p. 145). É *com* a perda que Xuela e Motta narram uma história de si que também é a história de outras mulheres negras de suas famílias, que também é a história da escravidão, em que o objetivo não parece ser criar uma narrativa de resistência, mas abrir um espaço, ainda que fugaz e incerto, para ancestrais que resistiram *e* sucumbiram, buscando alcançar a delicadeza e a vulnerabilidade destituídas do olhar que se lança para suas vidas. Cientes da impossibilidade de desfazer a história e vencer uma batalha já perdida, elas, no entanto, se movem num gesto de narrar com os mortos, com quem constrói um vínculo a partir da escrita.

Não à toa, é no espaço do sonho que Xuela mais consegue se aproximar da mãe, especialmente quando deitava na terra, à margem de um lago e com vista para o mar do Caribe, após voltar da escola:

> Foi nesse lugar que comecei a sonhar com a minha mãe; eu havia adormecido nas pedras que cobriam o chão ao meu redor, meu pequeno corpo afundando na superfície como se fossem plumas. Vi a minha mãe descer uma escada. Usava um longo vestido branco, a bainha pouco acima dos calcanhares, e essa era sua única parte exposta, só os calcanhares; ela descia e descia, mas nenhum outro pedaço dela se revelava. Somente os calcanhares e a bainha do vestido. No começo ansiei por ver mais, e depois fiquei satisfeita só de ver seus calcanhares descendo na minha direção. Quando acordei, não era a mesma criança antes de adormecer (Kincaid, 2021, p. 22).

Em outro trecho, Xuela relata outro sonho com a mãe, um sonho que ela sentia que precisava ter depois de passar a morar com o pai e sua madrasta e sentir uma enorme tristeza por perceber que não era bem-vinda, tampouco amada:

> Eu me deitei para dormir e sonhar com a minha mãe – pois sabia que era o que eu faria, sabia que conseguiria me incitar a isso, precisava fazer isso. Ela descia a escada repetidas vezes, só os calcanhares e a bainha do vestido branco visíveis; descia e descia, várias vezes. Eu a olhava a noite inteira no meu sonho. Não via seu rosto. Não me decepcionava. Adoraria ter visto o rosto, mas já não ansiava por vê-lo. Ela entoou uma canção, mas não tinha palavras; não era uma canção de ninar, não era sentimental, não era feita para me acalmar quando minha alma se agitava com a dureza da vida; era apenas uma canção, mas o som de sua voz era como um pequeno tesouro encontrado em um baú abandonado, um tesouro que inspira não espanto, mas contentamento e prazer eterno.
>
> A noite inteira eu dormi, e durante o sono vi seus pés descendo a escada, degrau a degrau, nunca vendo seu rosto, ouvindo sua voz entoar aquela canção, às vezes

> murmurando, às vezes a plena voz. Até hoje ela aparece nos meus sonhos de vez em quando, mas nunca mais para cantar ou emitir qualquer tipo de som – só como antes, descendo a escada, os calcanhares visíveis e a bainha branca da roupa sobre eles (Kincaid, 2021, p. 32).

No espaço do sonho, livre da brutalidade, do abuso e da humilhação que sofria nas casas alheias, inclusive na casa do pai, Xuela consegue ter alguns lampejos da mãe, mesmo sem poder ver seu rosto. Porém, a questão não é o rosto; a questão é sentir de algum modo a presença da mãe, de quem não há nenhuma fotografia ou objeto que guarde sua passagem pela terra. Tendo a mãe vivido uma vida que parece ter sido mais dura e solitária que a sua, parte das derrotadas e humilhadas da ilha de Dominica, a ponto de confessar que "[...] dizer que me entristece não a ter conhecido seria mentira; só me entristece saber que uma vida como a sua teve que existir. Todos os dias a questão de viver ou morrer, o que fazer, deve ter passado pela cabeça dela" (Kincaid, 2021, p. 151), é pela delicadeza e beleza de um longo vestido branco que ela aparece em sonho, em que os pés descalços, talvez agora descansados, oferecem fragmentos de uma presença que nunca será inteira, mas ainda assim é alguma forma de presença. Embora não supra a falta que faz, sua aparição delicada no sonho de Xuela quando a menina está triste parece insinuar que a ausência de um rosto não significa a ausência de um corpo, de um afeto, de uma ligação e até mesmo de uma voz que era como "um pequeno tesouro encontrado em um baú abandonado" e, ao mesmo tempo, escancara a impossibilidade de uma apreensão completa de uma ancestral desconhecida. Descendo continuamente as escadas para um encontro interditado e interrompido pela história, seus calcanhares sempre em movimento talvez revelem a ânsia por esse encontro impossível entre mãe e filha, mas nem por isso não desejado.

Motta, por sua vez, em sua audaciosa pesquisa em busca de reconstituir sua genealogia familiar, apresenta notícias digitalizadas de um jornal informando que, em 1890, Eurico Juvenal da Cruz foi denunciado por rapto e defloramento de "uma menor, de família pobre, mas honrada" (Motta, 2022, p. 28), chamada Michaela Iracema Gomes, filha de Ambrosina – ou seja, sua bisavó, com então 13 anos. A solução para a "desonra" foi o casamento entre Michaela e Eurico – um desgosto para a mãe que Motta afirma que deve ter sido o principal motivo a deixar Ambrosina sem ar a ponto de falecer, não a tuberculose. Após transcrever o texto da certidão do casamento de sua bisavó, um matrimônio compulsório tão comum num mundo ainda regido pela lógica escravista que transforma o crime de estupro em romance e, sobretudo, inviabiliza o reconhecimento da mulher negra como vítima de violência sexual, pois "[...] incapaz de consentir ou oferecer resistência, presume-se que ela está sempre querendo" (Hartman, 2022, p. 15), Motta incorpora ao livro o que há de mais precioso e singular no documento e não pode ser transcrito, muito menos copiado de maneira fidedigna por ninguém: a assinatura da sua bisavó no final de uma página em branco.

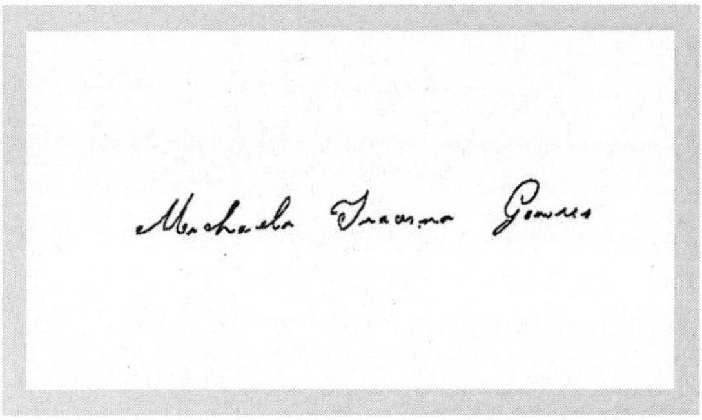

Figura 1 – Assinatura de Michaela Iracema Gomes na certidão de casamento, em 4 de dezembro de 1890.
Fonte: Motta (2022, p. 35)

Páginas após a assinatura digitalizada, Motta escreve o seguinte sobre sua bisavó Michaela:

> Não tinha corpo e ainda brincava de bonecas. Lavava com sangue as bacias sujas do parto interrompido. O ventre se contraía e o feto escorregava ainda sem forma a gravidez malsucedida. Resíduos que traziam a memó-

> ria da denúncia. Era o seu jeito de dizer não. A barriga não segurava bebês, ainda era um lugar impenetrável, inviolável, inquebrável. Começou com 13 anos aquele aperto. O tempo agora passaria por um funil, estreito conta-gotas. Michaela não daria nenhum filho a Eurico (Ibid., p. 39).

A caligrafia diminuta, sinuosa e delicada de sua bisavó, rastro de beleza de uma existência violada e violentada, suspensa na página em branco, cria uma espécie de zona de silêncio em volta do seu nome que pode permitir que sua vida seja enlutada e lamentada a partir de vestígios de um gesto seu – de empunhar uma caneta e grafar seu nome –, ainda que numa circunstância que aprofunda sua sujeição. Em meio a discursos, notícias e decisões em que ela é apenas o objeto, não o sujeito, o seu nome se impõe, pelo menos por um instante, como um traço que afirma, singulariza e registra sua existência. Michaela, uma menina de 13 anos, talvez a mesma idade da menina que abandona o filho na Roda dos Enjeitados, é descrita por Motta a partir da inocência e vulnerabilidade que lhes foram roubadas, uma menina ainda em processo de entender o seu corpo, que talvez há pouco tempo tivesse começado a menstruar. É o sangue menstrual, então, que se torna a linguagem da recusa de sua bisavó na narrativa de Motta, que aposta na força de um signo não verbal para comunicar uma violência que parece incomunicável, tornando impenetrável, inviolável e inquebrável o ventre de quem *não* quer ser uma *mãe que vinga*, principalmente quando o filho seria fruto de um estupro. Essa recusa tem, no entanto, o preço da dor de um "aperto" que faz o tempo passar devagar, afinal, o abuso parece suspender o tempo e não poucas vezes Eurico deve ter tentado "fazer" um filho. Nessa narrativa não há pai contra mãe, pois não há pai nem mãe; há Michaela, que "não daria nenhum filho *a Eurico*". Não a Eurico, seu abusador, mas a outro homem, dando a chance de um dia a sua bisneta escrever sobre ela e assinar um livro em primeira pessoa.

Por uma crítica literária das derrotadas, fracassadas e enlutadas

Saidiya Hartman, ao refletir sobre suas visitas a calabouços escravistas em Gana, em seu livro *Perder a mãe: uma jornada pela rota atlântica da escravidão*, que é um misto de autobiografia, historiografia e romance, fruto de sua jornada em busca de reconstituir uma genealogia familiar e obter mais informações sobre a vida dos escravizados, escreve: "Eu vagava num calabouço de escravos menos porque eu esperava descobrir o que realmente aconteceu aqui e mais por causa do que continuava vivo a partir dessa história. Por qual outro motivo eu poderia querer iniciar uma autobiografia num cemitério?" (Hartman, 2021, p. 165). Não é estranho pensar que *A autobiografia da minha mãe*, de Jamaica Kincaid, e *A água é uma máquina do tempo*, de Aline Motta, embora não iniciados propriamente num cemitério, são livros em que a possibilidade de falar sobre a resistência das mulheres negras ainda vivendo em circunstâncias desafiadoras e aterrorizantes passa também por reconhecer a existência de figuras que sucumbiram, perderam e se foram cedo demais, em que a vulnerabilidade – e não a espetacularização do sofrimento negro – pode ser o caminho para a identificação com a vida negra.

Voltando-se, assim, para túmulos de nomes sem rostos, para ancestrais jamais conhecidas, Kincaid e Motta parecem mostrar que tanto as vidas negras quanto as mortes negras importam. Estas, mesmo acontecidas há muito tempo, se atualizam num presente em que mulheres negras ainda são as que mais morrem durante o parto, bem como a população negra é a maioria nos índices de mortes por doenças evitáveis, como tuberculose, o que é uma das consequências das precárias e insalubres condições de vida, juntamente com a violação sistemática do seu direito à saúde. Nesse sentido, pensar na morte de suas ancestrais compondo narrativas que constroem um lugar para suas vidas, mesmo que fugidias e incompletas, mesmo sem poder redimi-las, revela como a literatura também pode ser um lugar para cuidar dos mortos, em que tanto a ficcionalização de uma vida a partir da autobiografia quanto a fabulação crítica a partir de documentos históricos expressam a urgência de pensar o presente e sonhar um futuro junto com os mortos, sobretudo aqueles que podem ser facilmente esquecidos, mas reconhecendo que nunca saberemos como foram suas vidas, pois nunca estivemos lá, e que lembrar os mortos não significa assumir o seu lugar (Hartman, 2020a).

Diante disso, o papel da crítica literária, enquanto movimento analítico e conceitual que pode ampliar a interpretação de uma obra, não está incólume aos efeitos da violência antinegro, muito menos pode estar descompromissada do antirracismo. Não é por se transformarem em personagens – reais ou fictícios – que as mulheres negras estão menos em risco na literatura e não demandam uma ética do cuidado; pelo contrário, é por meio dela que facetas outras de vidas desprezadas e desumanizadas podem também ser desveladas, jogando luz para a vulnerabilidade, a delicadeza e a honestidade de mulheres que, pelo menos ali, podem assumir suas derrotas, perdas, fracassos, sem precisar se transformar em exemplos de resistência ou superação. Se a história é uma ferida aberta, ler com cuidado *A autobiografia da minha mãe* e *A água é uma máquina do tempo* nos oferece a chance de ver essa ferida nas mulheres negras vivas e mortas, transmissoras e herdeiras de um legado de lutas, mas também de perdas, as quais evidenciam que, mesmo "guerreiras", "batalhadoras", "fortes", elas também perdiam e perdem – eis a sua humanidade –, de maneira que a literatura talvez não seja o lugar da redenção, mas da perda de quem pode abaixar as armas e assumir que seu corpo definitivamente não é, como declara Aline Motta (2022, p. 79), ao se referir à mãe, um "campo de batalhas". Seguindo a linha do questionamento de Saidiya Hartman (2020b, p. 32), que pergunta "Como uma narrativa de derrota pode possibilitar um lugar para os vivos ou imaginar um futuro alternativo?", talvez possamos nos perguntar: como uma crítica que se volte à derrota, à perda, à morte pode possibilitar um lugar para os mortos que também humanize ainda mais os vivos, que ainda tentam sobreviver e resistir?

Referências

ARIZA, Marília B. A. *Mães infames, filhos venturosos:* trabalho, pobreza, escravidão e emancipação no cotidiano de São Paulo (século XIX). São Paulo: Alameda, 2020.

ASSIS, Machado de. "Pai contra mãe". In: GLEDSON, John (org.). *50 contos de Machado de Assis*. São Paulo: Companhia das Letras, 2007.

BUTLER, Judith. *Quadros de guerra*: quando a vida é passível de luto? Tradução Sérgio Lamarão; Arnaldo Marques da Cunha. 7. ed. Rio de Janeiro: Civilização Brasileira, 2015.

CHALHOUB, Sidney. *Cidade febril:* cortiços e epidemias na corte imperial. São Paulo: Companhia das Letras, 2018.

HARTMAN, Saidiya. A sedução e as artimanhas do poder. In: HARTMAN, Saidiya. *A sedução e O ventre do mundo:* dois ensaios de Saidiya Hartman. Tradução Marcelo R. S. Ribeiro; Fernanda Silva e Sousa. São Paulo: Crocodilo, 2022.

HARTMAN, Saidiya. *Perder a mãe*: uma jornada pela rota atlântica da escravidão. Tradução José Luiz Pereira da Costa. Rio de Janeiro: Bazar do Tempo, 2021.

HARTMAN, Saidiya. Tempo da escravidão. *Contemporânea*. Revista de Sociologia da UFSCar, v. 10, n. 3, p. 927–948, 2020a. Tradução Carolina Nascimento de Melo.

HARTMAN, Saidiya. Vênus em dois atos. *Revista ECO-Pós*, v. 23, n. 3, p. 12-33, 2020b. Tradução Marcelo R. S. Ribeiro; Fernanda Silva e Sousa.

JESUS, Carolina Maria de. *Quarto de despejo*: diário de uma favelada. São Paulo: Ática, 2004.

KINCAID, Jamaica. *A autobiografia da minha mãe.* Tradução Debora Landsberg. São Paulo: Alfaguara, 2021.

KINCAID, Jamaica. In *History*. *Callalo Prose*: A Special 25th Anniversary Issue, Baltimore, v. 24, n. 2, p. 620-626, 2001.

LEJEUNE, Philippe. *O pacto autobiográfico*: de Rousseau à internet. Belo Horizonte: Editora UFMG, 2014.

MORRISON, Toni. *Amada*. São Paulo: Companhia das Letras, 2011.

MOTTA, Aline. A água é uma máquina do tempo. *Lyra:* Revista da Rede Internacional Lyracompoetics, n. 18, p. 333-337, 2021.

MOTTA, Aline. *A água é uma máquina do tempo*. São Paulo: Círculo de Poemas, 2022.

OLIVEIRA, Rafael Domingos. *Vozes afro-atlânticas*: autobiografias e memórias da escravidão e da liberdade. São Paulo: Elefante, 2022.

SEVCENKO, Nicolau. *A Revolta da Vacina*: mentes insanas em corpos rebeldes. São Paulo: Editora Unesp, 2018.

SHARPE, Christina. *In the Wake: On Blackness and Being*. Durham: Duke University Press, 2016.

SPILLERS, Hortense. Bebê da mãe, talvez do papai: uma gramática estadunidense. In: BARZAGHI, Clara; ARIAS, André; PATERNIANI, Stella Z. (Org.). *Pensamento negro radical*. São Paulo: Crocodilo; n-1 edições, 2021.

VIANNA, Adriana; FARIAS, Juliana. A guerra das mães: dor e política em situações de violência institucional. *Cadernos Pagu*, p. 79-116, dez. 2011.

CAPÍTULO 3

ISTO NÃO É FICÇÃO CIENTÍFICA[1]

RAÇA, GÊNERO E SEXUALIDADE NA PÓS-HUMANIDADE

Jancleide Teixeira Góes

"arrastam minha cara no asfalto, abusam, humilham,
tiram a gente de louco, me matam todo dia mais um pouco
a cada Cláudia morta, a cada Alan morto".
Tássia Reis

O extraordinário da ficção científica[2] pode estar na produção de narrativas distópicas e utópicas sobre um tempo ou uma confabulação de sociedade. Não é ficção científica a realidade de violências e atrocidades que atravessam os corpos negros e negras insurgentes (hooks, 2013) em suas intersecções de gênero e sexualidade.

[1] Há um jogo semântico com a produção de René Magritte (1929), artista surrealista belga, que disseminou a discussão sobre a representação e a coisa (objetos, textos, pessoas) em si. Entendendo a complexidade atravessada pela linguagem, assim como sua motricidade em ser realidade e virtualidade ao mesmo tempo, as reflexões de Michel Foucault em um livro de mesmo nome, *Isso não é um cachimbo*, publicado no Brasil em 1988, contribuem na reflexão de um tema escorregadio, mas também matéria-prima das produções artísticas, a realidade e a ficção. Na epígrafe, há um pouco dessa acepção literária de linguagem quando a morte se apresenta de forma real para o povo preto, em relação ao coletivo estabelecido. Cada Alan e Claudia se trata de cada pele e corpo preto assassinado. A cara arrastada no asfalto não é da artista em sua realidade, mas uma ficcionalização do processo de violência que representa e é vivenciada por todos e todas as pessoas negras.

[2] A ficção científica é compreendida como um gênero literário popular marcadamente anglo-americano. O termo surgiu na década de 1920, e foi ganhando contornos dentro do gosto de leitura, por meio das relações que eram feitas entre tecnologia e futuros. Segundo Brian Stableford, em sua *Science fact and Science Fiction:* an Encyclopedia (2006), "A ficção científica é um gênero literário baseado na especulação científica. Obras de ficção científica usam as ideias e o vocabulário de todas as ciências a fim de criar narrativas válidas que explorem os efeitos futuros da ciência em eventos e seres humanos" (Stableford; Brian, 2006, tradução nossa).

Ainda que a exposição à violência pareça gerar uma afinidade discursiva entre a distopia[3] e a vida do povo preto, é válido se atentar que as existências dos corpos insurgentes estão no limiar do tempo, da moral, das profanações éticas e dos exercícios estéticos. Para além de uma ficção, produções narrativas de artistas negros e negras são moduladoras de uma realidade em jogo com um cenário de resistência constante. Assim, a relação entre ficção e vida estabelecida pelo corpo negro-artístico insurgente é um atravessamento de tempo-espaço-episteme.

Na epígrafe, o trecho da música de Tássia Reis descreve uma realidade, mas poderia ser uma ficção científica distópica[4] de uma sociedade destoada da própria moralidade autodefinida. Uma cara arrastada em um asfalto e com registro televisionado só poderia tratar de uma distopia se os valores éticos estivessem socialmente válidos, porém há uma linguagem que se desdobra para provocar efeitos de uma relação limítrofe entre verdade e ficção dentro da própria realidade cantada por Tássia Reis.

Não se trata do corpo da autora/cantora da música, mas é sobre a condição da vida de um povo inferiorizado por uma marcação predominantemente racial. A música põe a *eu-cantora* em uma cena primeira de violência pessoal e em seguida aponta para uma Cláudia[5] e um Alan, ambos são existências reais únicas e um exercício de representação e metáfora identitária negra de uma coletividade.

---

[3] Segundo *Science fact and Science Fiction:* an Encyclopedia (2006, p. 133), "distopia é uma especulação que descreve hipoteticamente uma sociedade pior que a nossa – a atual. Tais narrativas tendem para um enredo com histórias ainda mais distantes da nossa" (Stableford; Brian, 2006, p. 133, tradução nossa).

[4] O imaginário da ficção científica aproximou uma máxima da sociedade moderna, a "ciência", com o que seria reconhecido como medula da sociedade pelo José de Alencar – a literatura – os costumes. Com o aparecimento de escritos entendidos como mais próximos do científico e sua proximidade com as tecnologias, provocou-se o surgimento de estilísticas denominadas futuristas – utópicas ou distópicas.

[5] Claudia Silva Ferreira, de 38 anos, foi baleada durante trocas de tiro entre "policiais" e "traficantes". Ela levou um tiro no pescoço e outro nas costas. Enquanto era "socorrida", dentro de um camburão sem qualquer suporte ou apoio, seu corpo ficou pendurado pela roupa e ela foi arrasta por um percurso de 300 metros pelas ruas de Madureira.

A sequência de verbos, na epígrafe, denotando atos de violência, é um cenário da realidade da população negra no Brasil, sobretudo nas periferias que lidam cotidianamente com desproporcionais abordagens policiais. A morte musicada é individual e coletiva, assim como o ato de deixar morrer ou deixar viver na perspectiva foucaultiana, mas também é uma morte genocida e planejada colonialmente. Retornando à epígrafe, retirada da música *Afrontamento*[6], ressalta-se uma ultrarrealidade que poderia ser assimilada como uma distopia chamada de democracia racial. Afinal, o mito da democracia racial[7] é uma ficção outrora *utopizada*, mas sempre *distopizada*. O título deste ensaio existe tão somente para provocar e desromantizar a ideia de arte ligada a um esvaziamento crítico e tensionar sua relação com a representação.

O objetivo geral deste ensaio é articular, com algumas reflexões, as questões que atravessam raça, gênero e sexualidade, dos corpos negros interseccionados, a partir da construção de uma ideia de espaço-tempo pós-humano para as produções artísticas. Com isso, cabe refletir sobre como a raça, o gênero e a sexualidade aparecem contemporaneamente na subjetividade pós-humana. De qual maneira as três perspectivas não se (in)dissociam socialmente e reivindicam um atravessamento político-humano da existência negra?

Descolado da ideia de ficção científica e inteirados da arte como um artifício humano na diáspora negra, gostaria de trazer a este breve tópico, a efeito de exemplificação, a música *Não recomendado*, de Caio Prado, e seu videoclipe como propulsores de uma discussão sobre uma ficção, quase distópica, encarnada pelo tempo, face e corpos dissidentes e insurgentes em ambientes reais.

Em *Não recomendado*, a música e a voz de Caio Prado numa instrumentalização quase clássica destacam as diversas interposições presentes nos corpos socialmente negados. Aponto a pós-humanida-

[6] Música de Tassia Reis cantada em parceria com Stephane, foi lançada em 2018 em plataformas digitais como YouTube, no disco *Outra esfera*.

[7] Debate saturado para as pesquisadoras negras e negros e principal responsável por um processo de maquinação das atrocidades sentidas na pele da população negra.

de para um trânsito, sinto o movimento constante de músicas como as de Caio, num baile de ritmos que parecem seguir, voltar, continuar, subir e descer em um mesmo espaço e em muitos tempos. A confluência desses signos deve ser imaginada com a própria canção, disponível aqui[8].

Há artistas negras que transmutam em suas artes fragmentos de outros lugares, rastros de outros tempos, em um processo de "crioulização[9]" (Glissant, 2005) estética. Em *Não recomendado*, destaca-se pela letra um cenário se desvelando para reafirmar o violento.

Didaticamente, gostaria de refletir sobre o "não recomendado" e a "sociedade": ainda que eu tenha separado em dois conjuntos, não se trata de um binarismo simples, mas uma forma de achatar múltiplas características em termos limitantes entre o permitido e não rechaçado.

A sociedade, no caso da música, é uma parte opaca de subjetividades que se organiza para ser aceito em um possível grupo, enquanto que "não recomendado" é um *pluri* efeito daquilo que está deslocado à margem e além, em corte transversal. Não seria possível discutir sobre pós-humanidade negra sem pôr uma lente na subjetividade, na pele, no corpo, na parte, no rastro, no fragmento dos corpos e no movimento.

Figura 1 – Colagem da música "Não recomendado"
Fonte: PrintScr[10]

[8] https://www.youtube.com/watch?v=Rl1soyz0DAY

[9] Edouard Glissant (2005), em *Introdução a uma poética da diversidade*, desenvolve e defende a perspectiva fértil da crioulização, a partir de meios de povoamentos que assolaram as "Américas". Para o autor, "o mundo se criouliza. Isto é: hoje, as culturas do mundo colocadas sob o contato umas com as outras de maneira fulminante e absolutamente consciente transformam-se, permutando entre si, através de avanços de consciência e de esperança" (p. 18).

[10] Disponível em: https://www.youtube.com/watch?v=GsAR0TQNu_w. Acesso em: 15 de jul. 2021.

Na sociedade contemporânea, a fixação das identidades é uma ferramenta de controle do discurso colonial (Bhabha, 1998). A fixação é um processo de alteridade para captura e enclausuramento das potências não capitalizáveis em um sistema de controle entre a "sociedade" e o "não recomendado". Quando Hall (2003)[11] destaca o conceito de identidade fragmentada e a relevância da identificação no campo da representação, alerta para a fixação, o essencialismo e as formas de dominação.

Partindo do ponto de vista do que seja "não recomendado à sociedade", em sua construção moral e ética de uma república conservadora, patriarcal e colonialista, estamos trazendo à tona a perspectiva interseccionada de um local vivo e movente.

A movência do corpo negro artístico é a provocação à "não recomendação", é a provocação daquilo que não se pretende fixo para tornar-se imóvel e refém. A todo tempo, tenta-se, numa violência constante, paralisar a movência do corpo negro afro diaspórico. Para tal, são usados métodos e meios materiais e imateriais como forma de conter, além do movimento, a velocidade.

Por exemplo, a cada vinte e três minutos, um método é aplicado, a partir da identificação fixa do corpo negro e um jovem negro é assassinado no Brasil. A cada "senhora, quanto custa isso, ah desculpe, pensei que trabalhava aqui", um meio de captação da fixação é utilizado, por vezes, no automático, outras vezes, pela necessidade objetiva de oprimir um corpo, possivelmente livre, quiçá liberto para relembrar e ratificar, ainda que rapidamente, o lugar de submissão das pessoas negras no Brasil colonizado.

É na arte produzida por corpos tensionadores das camadas identitárias que desvelo esteticamente a necessidade de compreender o lugar suspenso da pós-humanidade negra. A discussão da identidade é profícua para entendimento das complexidades do contemporâneo. Os corpos negros-artísticos insurgentes (hooks, 2013) não teori-

[11] Stuart Hall possui uma vasta obra sobre os estudos culturais e a identidade. Ajuda na compreensão das formatações sociais dos sujeitos coletivos.

zam num espaço de alteridade, pois vivem, performam e experimentam a própria existência de si como arte.

Partindo desse lugar operatório de si, as intersecções são resultadas das múltiplas definições de um sujeito que se sobrepõem com movimentos. Patrícia Hill Collins (2021, p. 68) destaca que "a interseccionalidade promoveu um entendimento complexo das identidades individuais", percebemos tal questão com artistas e artes de pessoas negras responsáveis por extravasar limites, devido à inquietação, o excesso, as esquivas aos sistemas reguladores a todo tempo, num jogo de desfixação.

Os movimentos dos sujeitos são formas de fuga, com isso, espera-se que haja instabilidade nas definições aprisionadoras da identidade. Afinal, tal texto pode ser também lido como um fixador e aprisionador de tudo que busca narrar e registrar nestas páginas. Se para as leitoras, há um sentimento de um texto um pouco escorregadio, então há uma aproximação entre o que o texto propõe e o que ele é. Algo instável não significa inexistência de estrutura, mas se aproxima de possibilidades de afastamento de opressões.

Voltando à epígrafe e não esquecendo da música *Não recomendado*, não é mais possível falar de uma raça anulada em seu gênero, em sua sexualidade e em todos os encontros íntimos que cada corpo afro diaspórico tem consigo, com seus traços, com suas angústias etc.

Desde muito tempo, o movimento negro brasileiro carrega consigo a inquietação de suas representações, as suas formas de se expressar desde o cabelo, passando pela roupa, tocando a linguagem e pousando em suas ações como formas, muitas vezes, extravasantes. O que torna, para além da cor, um mundo negro-diaspórico diverso e pautado na diferença e rasurando a identidade subjugada por uma alteridade, sobretudo, científico-acadêmica.

Por isso, o tema da interseccionalidade, presente no movimento negro desde Abdias do Nascimento e Lélia Gonzalez, é potente dentro do tempo da diáspora, ou seja, tempo do trânsito transatlântico que atravessou as discussões de Beatriz do Nascimento, Florentina Souza, Lêda Martins, Sueli Carneiro, Luiza Bairros, alguns poucos exemplos de nomes que conseguiram chegar à superfície do mar acadêmico e promovem complexas reflexões sobre a identidade negra brasileira, principalmente na minha formação.

Sexualidade e gênero ganharam caminhos de discussões e debates isolados, sobretudo no processo de politização das demandas dos movimentos feministas brancos que disputaram espaços de poderes políticos, econômicos e produtivos.[12] Dentro dos debates sobre a mulher negra, Lélia Gonzalez (1983) em *Racismo e sexismo* aponta a perversidade do racismo colonial e seus desdobramentos para além, quando discorre sobre a ideia de mulata enfatiza o quanto o carnaval é um processo de reafirmação das violências vividas e destaca como espaços distintos de operação de poder, entre o endeusamento nos carnavais e a função de doméstica, convergem para o mesmo ponto, do racismo. Lélia Gonzalez (1983, p. 240) explica a questão a partir de uma análise crítica ao mito da democracia racial,

> O mito da democracia racial oculta algo para além daquilo que mostra. Numa primeira aproximação, constatamos que exerce sua violência simbólica de maneira especial sobre a mulher negra, pois o outro lado do endeusamento carnavalesco ocorre no cotidiano dessa mulher, no momento em que ela se transfigura na empregada doméstica. É por aí que a culpabilidade engendrada pelo seu endeusamento se exerce com fortes cargas de agressividade. É por aí, também, que se constata que os termos "mulata" e "doméstica" são atribuições de um mesmo sujeito. A nomeação vai depender da situação em que somos vistas.

[12] Para Judith Butler (2003), mulher branca estudiosa das questões da sexualidade, em seu livro *Problemas de gênero: Feminismo e subversão de identidade*, "a teoria feminista tem presumido que existe uma identidade definida, compreendida pela categoria de mulheres, que não só deflagra os interesses e objetivos feministas no interior de seu próprio discurso, mas constitui o sujeito mesmo em nome de quem a representação política é almejada".

As duas marcações de endeusamento se ligam diretamente a uma relação de poder e aprisionamento identitário, sob as vias do opressor. Nas acepções acima, há uma marcação sexual sob a perspectiva heteronormativa. Nesse sentido, as questões das mulheres negras lésbicas têm pouco debate nos círculos acadêmicos no Brasil.

A necessidade de observar tais questões de forma mais tônica, interessa à recente produção traduzida no Brasil de Patrícia Hill Collins (2021), em seu livro *Interseccionalidade*. A autora faz uma discussão longa sobre o conceito de interseccionalidade e identidade.

De modo geral, Collins aponta as relações entre identidade e interseccionalidade, recusando a famosa interpretação do conceito como um acúmulo da identidade, a partir dessa perspectiva haveria uma sobreposição constante entre as identidades ao invés da intersecção. Em um viés político, a interseccionalidade é potência para discussão e compreensão dos corpos afetados pela ausência de direitos e dignidades desde a fixação-alteridade dessas identidades.

Retomando a música *Não recomendado* como exemplo, interesso-me pela produção visual e pela sobreposição, quando se canta,

Uma foto
Estampada numa grande avenida
Uma foto
Publicada no jornal
Uma foto
Na denúncia de perigo na televisão

Há a fixação presente na imagem-foto de uma identidade afirmada pela alteridade. Essa foto provoca, nas definições preconceituosas, um lugar único. Neste caso, o da não recomendação à sociedade. A foto, sem movimento, sem desvelar lateralidades, perspectivas e profundidades, é a âncora que firma o ponto de preconceitos e julgamentos sobre o outro. E mesmo que possam ser atribuídas várias definições, trata-se de uma pluralidade solapada na negação. Ou seja, é o não recomendado, é o objeto, é aquilo que não cabe estar presente em certos espaços sociais.

Partindo em sentido à potência da música, há um jogo de lugares de leitura que atravessa quem lê e quem é lido. Há um movimento entre terceira pessoa e primeira pessoa da música apontando para uma relação de afirmação da negação sofrida. Vendo parte do trecho da música, temos:

A placa de censura no meu rosto diz
Não recomendado à sociedade
A tarja de conforto no meu corpo diz:
Não recomendado à sociedade

Pervertido, mal amado, menino malvado, muito cuidado
Má influência, péssima aparência, menino indecente, viado

A placa tem apenas uma frase: não recomendado à sociedade, ou seja, é a materialidade da pilhagem das existências possíveis, tanto no rosto quanto no corpo. A placa, posta por uma terceira pessoa, diz sobre uma primeira pessoa. As adjetivações presentes nesta placa são termos rotuladores e excessivamente subjetivados. A violência busca atingir o sujeito para intimidá-lo e paralisá-lo.

A partir desse cenário da música, é válido recuperar a interseccionalidade como uma chave política da reivindicação da existência por nós mesmos, pelo próprio corpo, pela intersubjetivação produtora de vidas, no íntimo dos rostos e dos corpos. A música e performance de Caio Prado, na música *Não recomendado*, permitem a compreensão de como várias características desse corpo não recomendado servem de argumento para a exclusão. No último verso supracitado aparece "pervertido", "péssima aparência", "menino indecente" e "viado", todos esses termos contribuem para identificação da bixa preta, em que gênero, sexualidade e raça são um conglomerado crítico e multiexcludente.

Há uma invariabilidade de valores tornando o sujeito da música uma máxima de proibição para os espaços sociais. O debate interseccionado, no sentido da defesa ao corpo de pessoas negras, sempre esteve presente no movimento negro. A exemplo das discussões sobre hipersexualização combinados com raça e gênero, como podemos identificar em textos como "A mulher negra no Brasil" (1995), "Racismo e sexismo na cultura brasileira" (1983) e "Mulher negra, essa quilombola" (1981), de Lélia Gonzalez.

Tal como fez Sueli Carneiro, ao publicar artigos como "Mulher Negra" (1985), "Gênero, raça e ascensão social" (1994) e "Mulheres em movimento" (2003), são exemplos da presença do debate interseccionalizado dentro do movimento negro. Contudo, o debate da mulher negra lésbica ou do homem negro gay aparece muito pouco na literatura, menos ainda nas bases de debates, a exemplo de grupos locais. A perspectiva de Carneiro e Gonzales é majoritariamente heteronormativa.

Há uma tímida presença do debate de gênero e homossexualidade ou transgeneridades nas literaturas que chegaram a nós. Ratts (2007) aponta em seu texto, *Entre personas e grupos homossexuais negros e afro-lgttb*, a falta ou pouca articulação entre as discussões de raça e a homossexualidade. O autor faz uma breve visita em literaturas e histórias de personalidades que nos permite ter uma noção genealógica da exclusão e do tratamento dado à questão quando correlacionadas entre raça e homossexualidade.

Nomes como Osmundo Pinho, referência no estudo da homossexualidade masculina negra, são incontornáveis a partir da segunda metade do século XX ao tratar a questão de modo mais interseccional. No quesito de uma homossexualidade feminina – as lésbicas – Miriam Alves é uma referência nacional a partir de sua produção literária[13] e sua ativa participação no movimento negro, sobretudo na articulação dos Cadernos negros, a principal organização negro-literária brasileira do século XX[14].

[13] Miriam Alves, nascida em 1952 em São Paulo, é assistente social e professora. A autora traz a cena homoerótica lésbica desde publicações na década de 1990. Isso destaca a importância da autora de forma interseccional para as questões de raça, gênero e sexualidade.s

[14] Durante todo esse parágrafo o binarismo e a cisgeneridade são proeminentes, pois os desdobramentos das questões teóricas e até mesmo literárias começam a ganhar melhor tratamen-

A pesquisadora Megg Rayara Oliveira, em sua tese intitulada *O Diabo em forma de gente: (r)existências de gays afeminados, viados e bichas pretas na educação*, apresenta uma discussão que dá continuidade ao debate apontado por Ratts (2007) sobre a pouca visibilidade do tema raça, gênero e sexualidade sendo abordada de forma imbricada e diretiva, sobretudo nos movimentos negro e LGBTQIA+.

Assim, não se destaca a ausência, mas a necessidade de ainda mais prover discussões de acordo com as questões contemporâneas. Megg Rayara Oliveira (2017, p. 30) aponta que,

> [...] a percepção da necessidade de produzir uma discussão interseccional que problematize racismo e homofobia veio com a minha militância no movimento negro e no movimento LGBT. Em ambos os espaços e em diversas situações, observei empiricamente que pessoas negras LGBT tinham pouca ou nenhuma representatividade e raramente exerciam alguma liderança. Naquele momento histórico, nos anos iniciais do século XXI, o movimento negro não pautava discussões de gênero e sexualidade, da mesma maneira que o movimento LGBT era avesso às discussões sobre racismo.

Pelo fato de ser uma produção recente, é relevante destacar a atualização das demandas de corpos negros esquecidos e apagados pela força das pilhagens produzidas pela colonialidade. Contudo, é necessário questionar o quão fixadores de identidades ainda somos,

---

to discursivo a partir da última década do século XX. As pesquisas e estudos sobre as travestis, por exemplo, até o início dos anos 2000 partiam de uma perspectiva do transvestimento e não do gênero. As produções estavam até então orientadas pelo binarismo da sexualidade "homo-hetero". Nos estudos de Peter Fry, *Léonie, Pombinha, Amaro e Aleixo: prostituição, homossexualidade e raça em dois romances naturalistas*, de 1982, e *Mediunidade e sexualidade*, de 1977, ainda que toquem em histórias de pessoas travestis, o viés de leitura é a homossexualidade. Tal como as produções de Luiz Mott (1988; 1988; 1986) em que levantamentos historiográficos contribuíram para genealogia dos estudos de sexualidade, também aportam com veemência a homossexualidade até mesmo para histórias expressivas como de Madame Satã, um migrante nordestino no Rio de Janeiro, nascido em 1900 que era garçom e tinha uma vida ativa de transformista nas noites da cidade, na região da Lapa.

dentro de nossas próprias comunidades, e reproduzimos jargões reafirmadores desses espaços em prol de um modo político, muitas vezes, meramente classista. Há uma falta de generosidade nos espaços de políticas identitárias?

Enquanto Stuart Hall (2003) aponta para uma fragmentação identitária, ainda é preciso compreender as implicações de um corpo pluri-identitário coibido a não vivenciar suas possibilidades subjetivas. Em seu texto *Introducción: ¿quién necesita «identidad»?*, Stuart Hall (1996, p.15) destaca as acepções que estão em volta da questão da identidade em finais do século XXI:

> En el lenguaje del sentido común, la identificación se construye sobre la base del reconocimiento de algún origen común o unas características compartidas con otra persona o grupo o con un ideal, y con el vallado natural de la solidaridad y la lealtad establecidas sobre este fundamento. En contraste con el «naturalismo» de esta definición, el enfoque discursivo ve la identificación como una construcción, un proceso nunca terminado: siempre «en proceso». No está determinado, en el sentido de que siempre es posible «ganarlo» o «perderlo», sostenerlo o abandonarlo.[15]

É por esse interminável processo que, quando nos aproximamos dos/as "não recomendados/as", vamos colando o nosso rosto para enxergar efetivamente as intersecções que iniciam e não terminam, que suspendem abruptamente suas continuidades, que retornam e retornam, e quanto mais podemos olhar e compreender, menos entendemos, pois verbalizar é fixar em palavras uma definição. Essa

---

[15] Na linguagem do senso comum, a identificação se constrói sobre a base do reconhecimento de alguma origem em comum ou com umas características compartilhadas com outra pessoa ou grupo ou um ideal, e com a relação natural de solidariedade e lealdade estabelecida sobre este fundamento. Em contraste com o "naturalismo" desta definição, o enfoque discursivo vê a identificação como uma construção, um processo nunca terminado: sempre "em processo". Não está determinado, no sentido de que é sempre possível "ganhá-lo" ou "perdê-lo", segurá-lo ou abandoná-lo. (Hall, Stuart, 1996, tradução nossa).

aproximação pode ser um movimento inclusive de autoconhecimento. Talvez, por esse motivo, possa parecer ficção científica, mas não é. É a existência atravessada por uma construção de si, não é a essência.

A falta de identificação com os espaços sociais em que as trajetórias de um mesmo corpo se encontram é uma característica das instituições sociais padrão. A colocação da doutora Megg Rayara, se encontra com as minhas impressões sobre diversos momentos de minha existência, em que ser mulher negra, periférica e ter uma sexualidade diferente da definida por padrão era um marcador de deslocamento.

Se a identidade é um lugar de disputa discursiva em construção, suponho que as produções artísticas de mulheres negras, travestis, e pessoas lgbts – insurgentes – são, em suas intersecções, operadores de subjetividades e identidades pós-humanas, devido à movência, às estéticas mobilizadas, assim como ao acúmulo de linguagens, de ruídos e olhares que desvelam multiplicidades. Essas produções confundem-se com a necessidade de existir, assim como extrapolam a produção artística em si.

É justamente na interseccionalidade que se encontram as formas discursivas de Caio Prado, de Tássia Reis, de Luana Hansen, da Linn da Quebrada e de tantas e tantos artistas negres insurgentes. No capítulo "Como entender a história da interseccionalidade?", do livro *Interseccionalidade*, Patrícia Hill Collins (2020) supõe um surgimento ou mapeamento difuso do conceito interseccionalidade. A autora não fixa em Kimberlé Crenshaw a concepção do termo, e faz um passeio pelos movimentos sociais, com o intuito de demarcar a pulverização de uma "teoria da interseccionalidade".

De qualquer forma, há um pouso no movimento feminista negro em finais da década de 1960[16] e chega ao Combahee, como um coletivo sistematizador das intersecções, de forma a avançar nas políti-

---

[16] Vale destacar que o movimento *black power* é de caráter fundamentalmente marxista. E possuía denotações fortemente patriarcalistas e uma potencialização das necessidades e diferenças das mulheres.

cas públicas e sociais, desde um lugar efetivamente atravessado por múltiplas identidades. Segundo Collins (2020, p. 254), o Combahe,

> [...] era diferente – não apenas era um coletivo, uma comunidade de feministas negras, mas também desenvolvia uma análise interseccional no contexto dos movimentos sociais de descolonização, dessegregação e feminismo. Um pequeno grupo de feministas socialistas lésbicas negras, que contava com Barbara Smith, Demita Frazier, Beverly Smith e Margo Okazawa-Rey, criou o coletivo em 1974, em Boston, como filial da Organização Nacional Feminista Negra (NBFO, em inglês). Vendo como a homofobia dentro da NBFO limitava a organização, o grupo reconheceu o fosso entre sua visão política radical de mudança social e a da NBFO.

A subjetivação ganha sentido político e move perspectivas antes negligenciadas. Segundo Barbara Smith (*apud* Hill Collins 2021, p. 257-258),

> [...] o Combahee foi realmente tão maravilhoso porque pela primeira vez eu podia ser quem eu era em um mesmo lugar. Foi a primeira vez que não tive de deixar meu feminismo de fora, como teria de fazer para ser aceita em um contexto político negro conservador. Não tive de deixar minha lesbiandade de fora. Não tive de deixar minha raça de fora, como teria de fazer em um contexto de mulheres brancas, onde elas não queriam saber disso. Foi realmente maravilhoso poder ser todo o nosso ser e sermos aceitas como éramos. [...] Foi isso que o Combahee criou, um lugar onde poderíamos ser nós mesmas e onde éramos valorizadas. Um lugar sem homofobia, um lugar sem racismo, um lugar sem sexismo.

Qual o melhor lugar de estar, ser, sendo, criar, criando senão na própria arte? Na própria música? Nos próprios movimentos? Isso seria uma grande oportunidade para ser livre enquanto artista?

Para qual artista? Quando apontamos para raça, gênero e sexualidade enquanto protagonistas e coadjuvantes de um mesmo corpo, há uma intervenção pública-invasora-colonial que determina a não recomendação de nossos corpos à sociedade. Há um jogo de poder de permitir, mesmo que não recomendada a circulação desses corpos, de suas artes e intervenções. Contudo, o controle é dado seja pela definição dos limites, seja pela negação de direitos.

A experiência de Barbara Smith provoca identificações diversas com muitas pessoas que sentiram e relatam suas solidões em momentos de luta e reivindicações de suas existências, assim como, a minha experiência ou a de artistas como Luana Hansen e, sem dúvidas, de todas que nos antecederam e relatam em seus textos as lutas e debate do movimento feminista negro-brasileiro em suas nuances machistas e patriarcalistas. Essa aparente falta de lugar esbarra tanto na perspectiva político-identitária quanto na manifestação subjetiva de constituição identitária individual.

Interessa-me a manifestação subjetiva da identidade individual, pois, sob a perspectiva político-identitária[17], sabemos de sua eficácia, em muitos momentos, para a conservação e garantia de direitos sistematicamente relegados à parte da sociedade. Entretanto, tratar de interseccionalidade é uma necessidade de sujeitos – individuais- políticos, ou seja, é a necessidade de sobrevivência das particularidades multifacetadas de um corpo artístico e também político, mas muitas vezes, caminhando sozinho. Assim, a não recomendação afirmada pelo próprio corpo não recomendado, na música, é um movimento de desvencilhamento das exclusões a partir de uma estética para produção de afirmações e reafirmações.

[17] É importante lembrar a relevância, as conquistas, rasuras e interferências que as minorias identitárias têm conseguido na sociedade ocidentalizada por meio de políticas afirmativas, ainda que poucas, mas potentes para resguardar direitos e permitir o acesso a jovens ao mercado de trabalho, a meio de garantia de sobrevivência e dignidade a si e a rede de pessoas que são afetas com as consequências de ações concretas e reais. Neste momento, interessa chegar mais perto do olhar interseccional para compreender as inquietações e os movimentos que precisam ser feitos para a garantia de muitas existências apagadas do cotidiano existente.

São muitos os exemplos de produções estéticas/artísticas que nos permitem compreender a produção de uma existência, desde a subjetividade, mas não alijada da coletividade. Na música "Não recomendado", na epígrafe da música de Tássia Reis e ao redor da literatura negra, da música, do teatro, outros lugares de reexistências produzem identificações e representações coletivas. E todas as formas de expressão e suas linguagens são fundamentais para a continuidade e existência de corpos negros em suas complexidades.

Referências

BHABHA, Homi K. *O local da cultura*. Trad. Myriam Ávila et al. Belo Horizonte. Editora UFMG, 1998.

CARNEIRO, Sueli. *A construção do outro como não ser como fundamento do ser*. São Paulo: Feusp, 2005.

COLLINS, Patricia Hill. *Interseccionalidade*. Trad. Rane Souza. São Paulo: Boitempo Editorial, 2021.

GLISSANT, Édouard. *Introdução a uma poética da diversidade*. Trad. Enilce do Carmo Albergaria Rocha. Juiz de Fora: UFJF, 2005.

GONZALEZ, Lélia. 2020. *Por um feminismo afro-latino-americano: ensaios, intervenções e diálogos*. Rio Janeiro: Zahar. 375 p.

HAYLES, Katherine. *How we became posthuman*: virtual bodies in cybernetics, literature and informatics. The University of Chicago Press: Chicago. 1999.

HARAWAY, Donna. Manifesto ciborgue: Ciência, tecnologia e feminismo--socialista no final do século XX. In: TOMAZ, Tadeu (org.). *Antropologia do ciborgue:* vertigens dos pós-humano. 2 ed. Belo Horizonte: Autêntica, 2009. p.33-118.

HALL, Stuart. *Da diáspora*: identidades e mediações culturais. Org. Liv Sovik; trad. Adelaide La Guardia Resende [et all]. Belo Horizonte: Editora UFMG, 2003. 410 p.

OLIVEIRA, M. Rayara Gomes de. *O diabo em forma de gente*: (r)existências de gays afeminados, viados e bichas pretas na educação. 2017. Tese (Doutorado em Educação) — Universidade Federal do Paraná, Curitiba, 2017.

RATTS, Alex. Entre personas e grupos homossexuais negros e afro-lgttb. In: BARROS JÚNIOR, Francisco de Oliveira; LIMA, Solimar Oliveira (Org.) Homossexualidade sem fronteiras. Rio de Janeiro: Booklinks/Teresina: Grupo Matizes, 2007.

SOUZA, Florentina da Silva. *Literatura afro-brasileira, Afro-descendência em Cadernos negros e Jornal do MNU*. São Paulo: Autêntica, 2005.

Capítulo 4

FEMINICÍDIO EM PAUTA

REFLEXÕES SOBRE A CRIAÇÃO ARTÍSTICA DA COLETIVA PALABRERIA

Fernanda Machado, Luiza Romão & Sofia Boito

Introdução

Organização da Coletiva Palabreria e processo colaborativo em Garotas Mortas

Um projeto de montagem teatral pode ser desenvolvido por pessoas organizadas individualmente ou em grupo, como é o caso da Coletiva Palabreria. Agrupações artísticas surgem quando pessoas com ideias semelhantes de criação se juntam para pesquisar algum tema, seja uma teoria, uma estética, um período histórico, uma pessoa ou um caso específico etc. Assim, formamos uma coletiva de três corpos que se identificam como mulheres cis gênero e demos a ela o nome de Palabreria, porque, além das artes da cena, também nos envolvemos com a literatura, o vídeo, as artes visuais. A Coletiva Palabreria é formada por artistas que misturam linguagens em suas criações e experimentar diálogos e mesclas possíveis entre elas é uma das características do nosso grupo. Essa experimentação na criação artística também se dá na estruturação do grupo, na maneira como a Coletiva se organiza, onde cada integrante trabalha para o funcionamento do grupo de acordo com seu conhecimento, suas habilidades e suas potências, existindo desde uma perspectiva de organização comunal. Essa maneira de se organizar é inspirada nos movimentos de *Feminismo Comunitário*, existentes em diversos territórios de *Abya Yala* – como as comunidades indígenas nomeiam o que foi definido pelos colonizadores europeus como América Latina e Caribe. Lorena

Cabnal, indígena guatemalteca, no documentário *Humus*, nos traz um entendimento muito especial sobre Feminismo Comunitário:

> [...] uma maneira de nos investigar profundamente, voluntariamente, pessoal e inconsciente, para remover toda a construção patriarcal, nos protegendo entre mulheres, trazendo uma dimensão de consciência política e de outros saberes plurais de cura, questionando raízes de opressões, reivindicando outros erotismos, outras energias, outras alegrias e outros prazeres, nos dando força e vitalidade (Cabnal, 2019).

A organização comunal vai além de somente estruturar burocraticamente um lugar, também pensa na comunidade como um espaço de formação e construção que acolhe e liberta, provocando reflexões, sociais, raciais, políticas e de cuidado dos corpos umas das outras. Dessa maneira a Coletiva Palabreria se organiza numa gira coletiva plural e horizontal de fortalecimento entre mulheres, abrindo espaços para a experimentação de suas vontades.

No nosso trabalho mais recente, *Garotas Mortas*, um projeto contemplado pela 13a edição do Prêmio Zé Renato da Secretaria de Cultura da cidade de São Paulo, desenvolvemos um conjunto de ações formativas e uma montagem teatral baseada no livro homônimo da escritora argentina Selva Almada. Para desenvolver esse projeto, a Coletiva também instaurou um sistema de trabalho que consiste em um *processo colaborativo*:

> Pode-se dizer que o processo colaborativo é um processo de criação que busca a horizontalidade nas relações entre os criadores do espetáculo teatral. Isso significa que busca prescindir de qualquer hierarquia pré-estabelecida e que feudos e espaços exclusivos no processo de criação são eliminados. Em outras palavras, o palco não é reinado do ator, nem o texto é a arquitetura do espetáculo, nem a geometria cênica é exclusividade do diretor. Todos esses criadores e todos os outros mais

> colocam experiência, conhecimento e talento a serviço da construção do espetáculo de tal forma que se tornam imprecisos os limites e o alcance da atuação de cada um deles (Abreu, 2003, p. 33).

O processo colaborativo no projeto *Garotas Mortas*, foi vivido por nós, artistas da Coletiva nas funções de coordenação geral do projeto; na dramaturgia, criando a história a partir de uma adaptação do livro de Selva Almada para texto teatral; na direção da montagem, escolhendo estéticas e organizando a encenação; e atuando como atrizes em cena. Todas as escolhas foram conversadas e testadas coletivamente e de maneira horizontal, até mesmo nas outras funções que envolvem a criação de uma peça teatral, como: cenografia, figurino, iluminação, música etc. Essas outras funções foram feitas por artistas profissionais que foram convidades para compartilhar e criar juntes, escolhides a partir de recortes de pesquisa artística, de gênero, de especialidade e de parcerias estabelecidas anteriormente, de maneira que as criações somassem com as escolhas estéticas e teóricas que estavam sendo desenvolvidas no projeto. O engajamento político também foi um critério para artistas que colaboraram nessa criação, pois a Coletiva se reconhece no campo do *artvismo*, em que a arte está para a política e a política para a arte, porque através das criações artísticas também se constroem pensamentos e se organiza politicamente.

O projeto em si consistia em duas etapas: a primeira etapa foi em uma série de ações formativas e a segunda etapa visava à montagem da peça de teatro. Uma montagem teatral é algo bastante complexo, em especial em um sistema de processo colaborativo, tudo se inicia através de experimentações, com poucas ou nenhuma coisa definida e durante os ensaios as imagens, as ações e os movimentos que constroem a narrativa vão aparecendo e preenchendo-a de significados. São improvisações livres ou a partir de uma temática ou situação específica, podendo ser algo encomendado para se apresentar em sala de ensaio ou algo que surge ali no momento da experimentação. Inspirações audiovisuais, musicais, referências de dança, de vídeo, de música, todo um universo de lutas de gênero da atualidade, foram materiais de pesquisa e inspiração, tanto para nós, artistas da Coletiva, quanto para artistas convidades.

Ações formativas

O tema central do livro de Selva Almada é o feminicídio. Para se criar uma montagem teatral abordando um tema tão complexo e necessário como esse, precisaríamos propor ações para além da montagem da peça, pois nossos corpos também estavam em processo de formação e essas informações tantas a que tínhamos acesso também eram material de estudo para a peça. As ações formativas foram atividades que propusemos para abordar a temática de uma maneira bastante ampla. Convidamos artistas que nós queríamos ouvir e trocar experiências.

A criação de uma montagem teatral é dividida em muitas etapas que são específicas de cada projeto, mas geralmente passa por estudos teóricos, improvisos e ensaios. Em *Garotas Mortas* entendemos a necessidade de estudar sobre feminicídio e demais violências de gênero, conhecer pessoas que trabalham, escrevem e criam a partir dessa temática, buscando entender conceitos, teorias e criações artísticas. Assim propusemos algumas atividades como ações formativas a partir de uma perspectiva decolonial, ampliando nosso entendimento, fomentando o debate sobre classe, raça, política, performance e arte e conhecendo outras cosmovisões com foco em narrativas de mulheres e corpos dissidentes. As atividades formativas foram compostas das seguintes ações: Palestra com Selva Almada; Simpósio Palabreria Convida; Curso Feminismo e Arte na América Latina; Intervenção urbana "Palabreria errante" e Performance "Todas contam". A seguir faremos um breve relato de cada uma das ações formativas.

Na palestra com Selva Almada[1], fizemos uma conversa realizada em modo remoto sobre o livro *Garotas Mortas*, em que Sel relatou

[1] Disponível no Canal da Coletiva Palabreria no YouTube: https://www.youtube.com/live/ZuiCo8hJkvc?feature=share. Acesso em: 29 de abr. de 2023.

acontecimentos de seu processo de investigação das histórias narradas. Nessa conversa pudemos conhecer um pouco de como se deu o seu processo de escrita, quais acontecimentos marcaram a autora e de alguma maneira estão presentes no livro, assim como em nossa montagem teatral. No simpósio Palabreria Convida[2], convidamos quatro artistas da cena contemporânea para refletir sobre suas produções, criações e experimentações artísticas. Stela Fischer, doutora em Artes Cênicas, professora na Unespar, abriu o ciclo de conversa com uma fala sobre *Cena e ativismo poético contra o feminicídio*, trazendo a dificuldade de se lidar com o tema feminicídio sem cair numa espécie de reatualização do trauma, tentando ampliar as discussões e provocando reflexão ao olhar também para como a sociedade entende e se omite sobre essa questão gravíssima de violência de gênero. *Dramaturgia dia muhatu: uma perspectiva feminina ancestral para criações cênicas* foi o tema da conversa com Kanzelumuka. Abordando seu processo de criação artística a partir de saberes presentes na cultura banto, do Congo em Angola, ela nos trouxe uma outra perspectiva cultural, colocando os processos do corpo que gesta em relação com o elemento água e como fonte de inspiração de pesquisa. Kanzelumuka é professora que dança e nos narrou sua intensa vivência em duas gestações, o processo de seu corpo mudando física e emocionalmente, se tornando corpo que dança água, nesse estado que também é líquido. A gestação também foi umas das grandes inspirações de Elton Panamby em *Mirações porosas, vultificações e vi(s) agens no tempo*, que nos trouxe uma narrativa sobre sua pesquisa de criações artísticas a partir dos processos vivenciados fisicamente pelo seu corpo. Além de parir uma criança e descrever esse rito como uma transformação da carne, também nos narrou, a partir de suas criações, seu processo de transição de gênero, a criação de sua criança não binárie e sua identificação como corpo preto indígena. Suas questões políticas e sociorraciais desde sua ancestralidade es-

[2] Todas as palestras estão disponíveis no Canal da Coletiva Palabreria no YouTube: https://youtube.com/playlist?list=PLbVSECB_rWuci-e5_ScLLwjJYFdEhoP8Y. Acesso em: 27 fev. 2023.

tão grafadas na sua pele. Elton é um artista que coloca o corpo como tela de suas vivências, como espaço de entendimento dos processos de sua vida. O corpo preto periférico também esteve na fala de Cleiton Ferreira em *Sevirologia: experiência territorial pela garantia de direitos humanos*, apresentando a organização coletiva e autogerida a partir da resolução de problemas, partindo de relatos da atuação da Associação Comunidade Cultural Quilombaque e da Agência de Turismo Queixadas, localizadas no bairro de Perus, extremo oeste da cidade de São Paulo, que tem um trabalho forte de resistência artística na comunidade, proporcionando um espaço coletivo de formação e atuação descentralizada desde uma perspectiva quilombola.

No Curso *Feminismo e Arte na América Latina*, abordamos trabalhos de artistas mulheres e corpos dissidentes que trabalham com artvismo em suas criações, apresentando referências latino-americanas e caribenhas desde uma perspectiva decolonial, proporcionando uma abertura de horizonte epistemológico e de entendimentos de realidades diversas. As aulas tiveram um recorte de gênero e raça a partir da pesquisa individual de cada uma de nós, integrantes da Coletiva, priorizando o conhecimento individual e específico de cada uma e proporcionando um panorama bastante amplo de arte. *Todas contam* é uma performance de média duração em que duas *performers* colam lambes com o número de feminicídios registrados em cada país da América Latina e Caribe, enquanto uma terceira *performer* vestida de justiça faz a contagem da soma desses registros em frente a um prédio onde se localiza o Palácio da Justiça. Foi criada em uma vivência teatral oferecida pelo Sesc Santos em parceria com alguns grupos de pesquisa teatral sobre monumentos históricos e consistia em desenvolver uma ação em espaço público. Em *Palabreria Errante*, realizamos uma intervenção urbana para falar sobre violência de gênero usando como inspiração o popular "carro do ovo" A ação consiste em colar lambes e distribuir zines com textos de bell hooks e Rita Segato, imagens, escritos de nossa autoria e canais de denúncia. Um carro com alto-falante e um *jingle* acompanham a ação. Circulando em um bairro, conversamos com pessoas sobre as violências que sofrem em casa ou que sofrem mulheres e corpos dissidentes de sua convivência.

Todas essas ações foram muito importantes para as escolhas feitas posteriormente na montagem teatral. Elas serviram como alicerce da discussão teórica para sustentar a encenação, conforme relataremos a seguir.

Imagem 1 – Registro da performance *Todas contam*
Crédito: Sérgio Silva

Imagens 2, 3, 4 e 5 – Registro da intervenção *Palabreria errante*
Crédito: Sérgio Silva

A adaptação do romance *Garotas Mortas*

"O olhar que elas tinham sobre o mundo": questões colocadas pelo livro Garotas Mortas

Escrito por Selva Almada e publicado em 2014 – um ano antes da criação do movimento #NiUnaMenos[3] –, o livro *Garotas Mortas* investiga três feminicídios impunes ocorridos no interior da Argentina na década de 80. Uma vez que, nesse momento histórico marcado entre outros fatores pela redemocratização do país, o termo "feminicídio" ainda era desconhecido[4], a autora propõe um jogo de idas e vindas temporais, revisitando o passado desde uma perspectiva ancorada nas reivindicações feministas do presente. Como veremos, o livro sobrepõe camadas e registros narrativos a fim de apresentar e discutir os últimos dias de vida e a morte de Andrea Danne, Sara Mundín e Maria Luísa Quevedo, assim como os processos jurídicos sobre esses crimes, as reverberações na opinião pública, os relatos das famílias e a cobertura midiática. Discutido em 2019 no Clube do Livro "Mulher de Palavra", no SESC Bom Retiro, pela nossa integrante Luiza Romão, o livro nos arrebatou por sua força poética e pela urgência do assunto tratado. A partir de março daquele ano, nos debruçamos na análise da obra e em sua adaptação dramatúrgica para o teatro – processo que agora compartilhamos com mais detalhes.

Primeiramente, percebemos como Selva Almada utiliza certos recursos da narrativa detetivesca – como a introdução gradual de pistas e detalhes cruciais, a apresentação de diferentes versões dos crimes, o compartilhamento do processo de descoberta das informações, o alinhamento do tempo da investigação com o tempo da leitu-

---

[3] Segundo definição encontrada no *site* do movimento, "Ni una menos nació ante el hartazgo por la violencia machista, que tiene su punto más cruel en el femicidio. Se nombró así, sencillamente, diciendo basta de un modo que a todas y todos conmovió: "ni una menos" es la manera de sentenciar que es inaceptable seguir contando mujeres asesinadas por el hecho de ser mujeres o cuerpos disidentes y para señalar cuál es el objeto de esa violencia". Disponível em: https://niunamenos.org.ar/quienes-somos/carta-organica/. Acesso em: 27 fev. 2023.

[4] "Três adolescentes do interior assassinadas nos anos 80, três mortes impunes ocorridas quando em nosso país ainda se ignorava o termo feminicídio" (Almada, 2018, p. 13).

ra[5] –, dando agilidade e certo suspense à história. Porém, ao mesmo tempo que lança mão desses aspectos, sua artesania poética fissura a estrutura clássica das histórias policiais, especialmente no que diz respeito à representação das mulheres e dissidências.

Enquanto gênero literário, o romance policial surgiu no final do século XIX, embasado numa visão de mundo racionalista. Em sua primeira fase, o detetive emula a figura do homem que através do pensamento lógico decifra e reordena a sociedade; já na segunda metade do século XX, na *hard-boiled detective fiction*, as investigações são predominantemente encabeçadas por justiceiros solitários em confronto com os problemas urbanos. Como anota Nina Ludi Ridd (2014, p. 32), a ficção policial é conservadora, na medida em que seu mote "é o restabelecimento da ordem pública – ainda que apenas em base temporária – após sua violação por meio de um crime de certa gravidade", produzindo geralmente um elogio às instituições policiais e judiciárias. Nos casos de *"Garotas Mortas"*, porém, a ausência de comprometimento do poder público com os feminicídios é flagrante; nenhum dos casos é resolvido, ainda que em dois deles – de Maria Luísa e Sarita –, sobrem provas, testemunhos e indícios de coação por parte dos principais suspeitos. Passados 30 anos, a não resolução de casos de violência de gênero continua sendo um problema vigente, podendo ser verificado também no Brasil – o relatório de 2018 do Instituto de Pesquisa Econômica Aplicada (Ipea) mostra que apenas 1 em cada 3 casos de violência contra a mulher é solucionado[6].

Portanto, um dilema temático-formal é colocado para autoras que buscam revisitar o gênero detetivesco desde uma mirada feminista. Na obra de Selva Almada, uma das formas de elaboração deste impasse se dá através do deslocamento do enfoque narrativo. Mais

[5] Não à toa, a primeira recomendação colocada por S. S. Van Dine, em seu manual *Vinte regras para escrever histórias de detetives*, é: "O leitor deve estar em condições iguais às do detetive para resolver o caso". Esse pacto aproxima quem lê e quem investiga, aumentando o desejo de desvendar o enigma e o suspense narrativo.

[6] Disponível em: https://veja.abril.com.br/brasil/so-1-em-cada-3-casos-de-violencia-contra-a-mulher-e-solucionado-no-brasil/. Acesso em: 6 fev. de 2023.

do que encontrar e punir os culpados, busca-se reconstituir a vida, os anseios e a visão de mundo dessas garotas e da sociedade que as rodeava: "Eu acho que o que nós precisamos é reconstruir o jeito como o mundo olhava para elas. Se conseguirmos saber como elas eram vistas, como eram olhadas, vamos saber qual era o olhar que elas tinham sobre o mundo, entende?" (Almada, 2018, p. 73).

Ademais, é de se pontuar que no gênero policial clássico as personagens femininas majoritariamente se restringem a duas representações hegemônicas[7]: a vítima (corpo sem vida e violentado) ou a *femme fatale* (mulher perigosa que desvirtua e atrapalha o detetive através da tensão sexual). Esses dois estereótipos convivem em seus extremos e permeiam também outros gêneros literários e cinematográficos, moldando formas de feminilidade e comportamento moral. Em sua pesquisa sobre o cinema *slasher* estadunidense da década de 80, Gabriela Larroca (2019)[8] analisa como a economia visual desses filmes explorava repetitivamente a violência contra corpos femininos, a fim de criar um padrão de conduta:

> De um lado, temos a *final girl*, geralmente uma moça boa e virginal que obedece a todas as regras e consegue de alguma maneira sobreviver às atrocidades do enredo (o melhor exemplo para mim é a *Laurie* de Halloween), e de outro, toda um grupo de jovens extremamente sexualizadas e descartáveis (que raramente lembramos dos nomes ou histórias) que morriam depois de "desobedecer" regras em relação ao sexo, drogas e comportamento. Sem contar os requintes de crueldade e violência direcionadas a esses corpos femininos, assim como a exibição repetida da sua nudez, enquanto

[7] "mulheres difíceis ou mulheres do mal [diabólica] nas ficções hard-boiled. Mulheres são tanto fonte de prazer quanto uma possível ameaça ao detective uma vez que o sexo é prazeroso mas também uma armadilha em potencial. Na ficção hard-boiled, as mulheres sofreram uma transformação, que se pode dizer negative, de vítimas à vilãs." (Michele Marie Renegold apud Riddi, 2014, p. 35).

[8] Disponível em: http://www.finalgirl.com.br/2019/08/representacao-da-mulher-no-terror.html . Aceso em: 8 fev. de 2023.

> os corpos masculinos sempre eram mais poupados disso. Parecia que essas produções traziam grandes avisos às mulheres: "não faça sexo. Seja uma boa garota. Não desobedeça as regras. Seja tradicionalmente feminina e não tente se libertar demais".

Nesse sentido, a questão da representação da violência talvez tenha sido uma das maiores inquietações do nosso processo: como abordar esses feminicídios sem recair na dramatização catártica, nos enunciados sanguinolentos da mídia sensacionalista ou na banalização do assunto? No livro, Selva Almada recorre a diferentes registros para narrar o inenarrável desses assassinatos, tais como: transcrever a descrição da autópsia, relacionar a cena do crime com pinturas, desenvolver uma linguagem mais informativa e distanciada, devanear sobre o que haveria passado pela cabeça de umas das garotas, rememorar sua própria reação quando escutou pela primeira vez a história de Andrea durante a pré-adolescência. Entre os depoimentos dos familiares, as notícias veiculadas pela imprensa da época e o discurso direto em primeira pessoa, a autora cuida para que a representação da violência não seja uma nova violência. Em termos cênicos, como nos debruçarmos mais à frente, uma das nossas propostas foi assumir no palco uma postura performativa, deslocando a representação dramática para os vídeos projetados; ademais, na performance "Todas contam" e na intervenção urbana "Palabreria errante", saímos do espaço cênico teatral para a rua, intervindo na malha urbana e no fluxo da cidade.

Ao longo da adaptação dramatúrgica, também reparamos como, concomitantemente às histórias de Andrea, Sarita e Maria Luísa, a autora Selva Almada elenca diversos outros casos de feminicídios, violência de gênero e assédio sexual, sobrepondo acontecimentos antigos e fatos recentes, episódios que ganharam notoriedade com histórias mal contadas ou ouvidas pela metade durante sua infância – uma vizinha que apanhava do marido, uma tia que quase foi estuprada por um primo, a vez em que junto a uma amiga correu perigo numa carona. Esse entrecruzamento de diferentes tempos (anos 80, começo da pesquisa, primeira década de 2000 e até histórias anteriores ao seu nascimento) e espaços (público, familiar, midiático, provinciano, urbano, entre outros) produz um efeito multiplicador que explicita o caráter estrutural da violência de gênero. As histórias de Sarita, Andrea e Maria Luísa não são exceções. Trata-se de uma sociedade erigida a partir da misoginia, da discriminação e da colonialidade. Como diz Rita Segato, na série *Humus* (2019): "O feminicídio, a violência sexual, abusadora, do corpo das mulheres é um sintoma [...] algo que resulta da base de uma pirâmide que é violenta e que está se tornando cada vez mais violenta". Pensando nisso e no contexto de apresentação do espetáculo, inserimos na dramaturgia referências a casos brasileiros, recortando matérias de jornais e dados nacionais do Mapa da Violência de Gênero, assim como *sampleando* na dramaturgia sonora áudios de reportagens e trechos de músicas brasileiras que fazem apologia à violência de gênero.

Nesse ponto, faz-se necessário destacar a importância da Senhora na construção dessa estrutura narrativa sobreposta e ramificada. Durante o período de escrita, Selva Almada consultou uma taróloga que a ajudou a reconstituir o entorno das garotas e a descobrir semelhanças entre os casos. Em um bate-papo conosco, Selva Almada comentou que *a priori* o livro seria dividido em três partes – uma para cada caso – e que foi a partir das consultas com a Senhora que a novela ganhou a forma final: "Ela pediu que eu levasse fotos das garotas na sessão. Apesar de não ter descoberto quem as havia matado, me ajudou a reconstruir a vida delas e o que havia em comum entre os casos, além do feminicídio e da falta de justiça". Os encontros com a vidente também compõem o livro, agregando uma camada onírica às investigações jornalísticas.

Por fim, após diversas conversas sobre a estrutura do livro e nossa linha de pesquisa, partimos para a adaptação dramatúrgica. Primeiramente, mapeamos as camadas narrativas e as dividimos em cinco eixos, já elegendo qual seria a linguagem audiovisual correspondente a cada camada, quais sejam:

1. memórias pessoais da autora, que foram filmadas em super-8;
2. reconstituição dos últimos dias de vida das garotas na década de 80, que foi filmada como ficção (curta-metragem);

3. investigação nos anos 2000, englobando tanto as viagens da autora pelo interior da Argentina (que foram filmadas com mapas físicos e digitais) quanto as entrevistas com familiares (que foram filmadas como interrogatórios, sendo o único momento em que há som vindo do vídeo) e as consultas à vidente (que foram filmadas como videoarte, com uso de cartas de tarot desenhadas pela coletiva Nosotras);

4. discursos diretos sobre feminicídio, em que projetamos na tela palavras e trechos do que vocalizávamos;

5. materiais documentais, em que utilizamos em cena um retroprojetor com matérias de jornal, fotos e objetos domésticos.

Na sequência, riscamos o livro inteiro com lápis colorido, assinalando a qual camada narrativa pertencia cada passagem. Tendo esse primeiro boneco, transcrevemos a estrutura para fichas de papel coloridas em que nomeamos as cenas, o ponto central, as personagens e as páginas correspondentes. Com isso, conseguimos materializar tanto a estrutura geral do livro quanto acompanhar o desenvolvimento de cada fio narrativo. A partir daí, começamos a escrever o roteiro dramatúrgico, selecionando e transcrevendo trechos, editando passagens e transformando alguns episódios em diálogos. Nesse momento, também levantamos o conceito de encenação – que analisaremos mais adiante –, o que exigiu que trabalhássemos com dois roteiros concomitantes: um com o que seria encenado e outro com o que seria projetado. Por fim, junto às criadoras e criadores do vídeo, roteirizamos as cenas dos curtas-metragens e das memórias em super-8.

Sobre a encenação do espetáculo

O ponto de partida

Abordaremos agora a montagem da nossa adaptação dramatúrgica do romance de Selva Almada. Para tanto, faremos uma breve síntese dos passos que nos levaram até a sala de ensaio.

Para começar, é importante salientar que tínhamos desde o início um conceito central para essa criação: a constante inter-relação entre cinema e teatro. Tal escolha estética não nasceu fortuitamente, mas foi resultado de uma experiência vivenciada pelo nosso trio de artistas em um trabalho desenvolvido em 2016 na Fábrica de Cultura da Brasilândia (SP), junto a aprendizes adolescentes, na concepção de uma peça para o Projeto Espetáculo que se intitulou *Ponto de fuga*. Nesse processo artístico-pedagógico acabamos desenvolvendo uma linguagem que friccionava constantemente os vídeos projetados na tela ao fundo do palco e a presença dos atuadores em cena. Imbuídas, então, dessa experiência e com a forte convicção de que havia uma pesquisa de linguagem a ser aprofundada, decidimos que a encenação de *Garotas Mortas* se apoiaria na mesma premissa: a fricção entre tela e palco. Assim, desde o início da nossa adaptação dramatúrgica, em meados de 2019, já tínhamos como horizonte a criação de curtas-metragens e vídeos que compusessem a projeção do espetáculo e, ao conceber a dramaturgia, criamos também, junto a artistas parceiras, o roteiro para as filmagens que foram realizadas no final de 2019. Dessa maneira, quando iniciamos a criação do espetáculo em si, no início de 2022, já havíamos produzido praticamente todos os vídeos que comporiam o trabalho.

Cabe, aqui, fazer uma observação antes de adentrarmos os meandros do processo criativo e de seus conceitos norteadores: se as primeiras etapas de criação foram feitas sem nenhum apoio financeiro, tendo sido um investimento das próprias artistas e contando com a parceria de outras/os/es artistas, a encenação do espetáculo, assinada pelas três integrantes da coletiva, foi desenvolvida em sala de ensaio a partir do momento em que fomos contempladas pelo Prêmio Zé Renato da Secretaria de Cultura da Prefeitura de São Paulo. Sala de ensaio, cachês e equipamentos custam dinheiro e tempo. E a precarização do trabalho artístico – tão comum à realidade brasileira – leva também à inviabilização de certos experimentos estéticos. Portanto, o Prêmio Zé Renato, por mais que possa parecer um detalhe irrelevante, foi essencial para a realização do projeto. Foi graças a essa subvenção que nos foi possível dedicar quatro meses – de fevereiro a junho de 2022 – ao aprofundamento de nossa linguagem.

A peça *Garotas Mortas* estreou no Teatro Cacilda Becker, em São Paulo (SP), no dia 30 de junho de 2022.

O nosso norte é o Sul

A fim de discorrer sobre as escolhas estéticas que fizemos para a encenação do espetáculo, julgamos ser necessário nos determos brevemente para apresentar o conceito que orientou nossa criação: a performatividade. Trazido pela autora Josette Féral do campo da linguística para o campo dos estudos teatrais, a performatividade é uma ferramenta importante para a análise e para a criação nas artes cênicas contemporâneas – ela nos permite pensar a cena não enquanto simulacro de um mundo ficcional, ou como suporte de um discurso, mas como um espaço que instaura um evento, um acontecimento, no tempo presente. O teatro dito performativo não se apoia, portanto, na ficção e no ilusionismo do teatro dramático e tampouco nas teorias materialistas do teatro épico brechtiano – ambos modelos teatrais criados por artistas europeus modernos a partir de uma perspectiva moderna, branca e eurocentrada –, antes, ele constitui um sistema em que as categorias binárias modernas são abolidas. Como sugere a autora Érika Fischer-Lichte (2008), a potência performativa está em obras que desafiam as oposições de categorias clássicas como: sujeito e objeto, observador e observado, significado e significante, materialidade e semioticidade, entre outras. Ou seja, em trabalhos dessa natureza, o estético se confunde com o ético.

Não é, portanto, por acaso que, dentro de um contexto contemporâneo, crítico, sobretudo a partir do Sul do mundo, vêm-se delineando novas formas de concepção cênica, que, tomando distância dos cânones europeus do teatro dramático e épico, adentram o campo do teatro performativo. Estudos como o da autora Leda Maria Martins (2021) apontam que a cultura dos povos colonizados sobreviveu e resistiu à opressão e violência dos colonizadores se apoiando na performatividade: a partir de manifestações culturais e ritos em que a corporeidade é agenciadora, articuladora e transmissora de conhecimento. Já pesquisas como a de Ileana Caballero (2011) mostram que no território latino-americano o imbricamento de linguagens é algo que vem ocorrendo com força na cena teatral desde os anos 90, garantindo a constituição de uma arte cênica latino-americana que nega as categorias clássicas da estética europeia, permitindo a fusão de diferentes linguagens, a experimentação artística em diferentes espaços, além de um cruzamento muito frequente entre práticas artísticas e atividade-resistência política.

Formadas nesse ambiente teatral contemporâneo, dentro da realidade brasileira, nós da Coletiva Palabreria somos herdeiras dessa busca incessante por novas linguagens e experimentações cênicas, nas quais corpo e conhecimento, ética e estética, política e arte não se distinguem de maneira categórica, mas, pelo contrário, se confundem. Assim, entramos no processo de encenação de *Garotas Mortas* tendo como horizonte as artes cênicas performativas. O intuito não era de representar ou narrar um universo ficcional, mas instaurar um espaço-tempo em que nossos corpos pudessem afetar e serem afetados pelos outros corpos presentes. A abordagem performativa do material de Selva Almada evitaria o perigo de contar as histórias individuais, das três meninas assassinadas, de forma dramática, como se fossem casos excepcionais e específicos, gerando no público uma interpretação do feminicídio pelas vias da individualização do crime – que tende a apontar o assassinato como o resultado de uma atitude patológica de uma pessoa doente. Nós pretendíamos, antes de tudo, apresentar os crimes de gênero como frutos da estrutura patriarcal da sociedade, e não como conduta desviante de um indivíduo, compreendendo esses atos como violências expressivas que precisam ser decifradas, como observa a antropóloga Rita Segato (2005).

Sob essa perspectiva, criamos um dispositivo cênico no qual todas as reconstituições das vidas das garotas, com traços mais realistas e dramáticos, estavam nos filmes projetados. Essas cenas, no entanto, não possuíam som, eram mudas. Quem garantia a sonorização das imagens eram as atrizes no palco e a sonoplastia ao vivo executada por Canhestro. Dessa maneira, as artistas garantiram que, por um lado, o caráter dramático cinematográfico estivesse sempre incompleto – não possibilitando a fruição inconsequente da vida e morte das garotas – e, por outro, que o atrito entre a linguagem perene do cinema e a linguagem efêmera da presença cênica criasse urgência nos corpos das atuadoras, que deveriam sempre estar disponíveis e alertas para o jogo – deixando também evidente para o espectador o caráter provisório de todo acontecimento teatral.

Tal gesto artístico possibilitou uma fratura dramatúrgica, uma fissura, por onde as artistas podiam inserir e fazer jorrar os trechos da obra de Selva Almada, mas também trechos de obras de autoras que possibilitavam a contextualização do feminicídio a partir de pontos de vista de feminismos interseccionais e anticapitalistas, a saber: Rita Segato, Angela Davis e Veronica Gago. Acreditávamos que esta era uma questão fundamental, pois não nos interessava abordar o feminicídio enquanto tematização genérica, mas sim a partir de uma perspectiva específica que refuta as leituras neoliberais, moralistas e/ou religiosas sobre o tema. Como aponta Gago (2020), ao abordar o feminicídio, devemos tomar cuidado para não reproduzir o discurso paternalista, segundo o qual a mulher deve, mais uma vez, ser protegida e cuidada, tal qual uma vítima inerte, pelo sistema patriarcal. Pelo contrário, enquanto feministas, devemos assumir a posição de guerreiras, de mulheres que assumem um lado da luta.

> Estar em guerra é um modo de assumir a existência de um diagrama de forças. Significa encontrar outro modo de viver em nossos corpos. Implica visibilizar um conjunto de violências que fazem desses corpos "terminais" um diferencial nessa trama. Estar em guerra é liberar forças contidas. É deixar de silenciar sobre a violência. Nesse sentido, é assumir que somos atacadas e que tomamos a decisão – que é força comum – de que já não ficaremos mais pacificadas diante das violências cotidianas. Tem a ver com um modo de atravessar o medo e não simplesmente de pensar que ele deixa de existir (Gago, 2020, p. 100).

Nesse sentido, interessava-nos a ideia de criar um trabalho que convocasse o público à batalha. Ou seja, se, por um lado, fugíamos do drama da individualização, por outro, também queríamos nos distanciar de uma obra friamente narrativa e generalizante. Sabíamos que tínhamos em mãos um texto literário, com traços investigativos, que poderia nos levar a um tom quase jornalístico e nós temíamos esse caminho. Nesse ponto é importante frisar, mais uma vez, como a noção da performatividade foi uma boa estrela guia. Contra uma epistemologia patriarcal e europeia – sem distinguir binariamente corpo-mente ou razão-afeto –, interessava-nos a composição de cenas que transformassem nosso estado corporal, mobilizando nossa respiração, nossa energia e nossos músculos. Ou seja, pretendíamos criar uma obra que não fosse concebida e fruída de maneira meramente discursiva, racional, mas que fosse corporalmente mobilizadora. Buscávamos instaurar um acontecimento cênico que fizesse eco ao que Gago chama de "uivo de manada" das manifestações feministas (2020). Para isso, lançamos mão de estratégias caras ao teatro performativo, como, por exemplo, cenas com movimentos intensos, repetições e alta velocidade. A nossa – visível e audível – alteração enérgico-corporal não podia deixar de ficar impressa na nossa narração. Assim, essa modificação de estado atravessava as palavras e alterava também a impressão do público sobre o que assistiam no vídeo. Mais uma vez, a presença teatral criava fissuras na superfície da tela.

Podemos concluir dizendo que a complexa relação entre cinema e teatro nos moveu ao longo de todo o processo e nos indicou caminhos possíveis para responder às também complexas relações que permeiam todo o debate sobre o feminicídio: a relação entre o micro (familiar e individual) e o macro (social), entre o íntimo e o público, entre o horror e a mobilização, entre o sensacionalismo midiático e a importância de publicizar os crimes, entre a necessidade de combate e o perigo do discurso punitivista etc. Em um certo sentido, é possível mostrar a multiplicidade das óticas pelas quais olhamos o tema descrevendo aqui a cena final do espetáculo: após acendermos velas-lâmpadas em honra às vidas das meninas assassinadas e narrarmos um relato pessoal de Selva Almada, a projeção mostra na tela diversas imagens de manifestações feministas pela América Latina enquanto Canhestro canta ao vivo a canção *Como la Cigarra*, de Mercedes Sosa: "tantas veces me mataron / tantas veces me morrí / sin embargo estoy aqui/ resucitando".

Há vidas a serem honradas, mortas a serem reivindicadas, mas cada uma delas, individualmente, de certa maneira, renasce em nosso corpo coletivo quando nos mobilizamos contra a violência da sociedade patriarcal capitalista.

Imagem 6 – Cena final do espetáculo Garotas Mortas.
Crédito: Sérgio Silva

Referências

ABREU, L. A. de. Processo Colaborativo: relato e reflexões sobre uma experiência de criação. *Cadernos da ELT*, ano I, número 0, Santo André, março de 2003.

ALMADA, S. *Garotas Mortas*. São Paulo: Todavia, 2018.

CABALLERO, I. D. *Cenário liminares*: teatralidades, performances e política, Uberlândia: EDUFU, 2011.

CABNAL, L. *Humus*: tierra fértil para sembrar la rebeldía. Capítulo 2: Lorena Cabnal el cuerpo territorio de defensa. Youtube, 2019. Documentário disponível em: https://youtu.be/jPr0pKpZ_W8. Acesso em: 2 fev. de 2023.

FÉRAL, J. *Além dos limites*: teoria e prática do teatro. São Paulo: Perspectiva, 2015.

FISCHER-LICHTE, E. *The transformative power of performance* – a new aesthetics. Taylor & Francis e-Library, 2008.

GAGO,V. *A potência feminista ou o desejo de transformar tudo*. São Paulo: Elefante, 2020.

LAROCCA, G. M. *Representação da mulher no terror*. Entrevista para Final Girl. Disponível em: http://www.finalgirl.com.br/2019/08/representacao-da-mulher-no-terror.html. Acesso em: 8 fev. 2022.

MARTINS, L. M. *Performance do tempo espiralar; poéticas do corpo-tela*. Rio de Janeiro: Cobogó, 2021.

RIDDI, N. L. *Investigando um perfil*: representações da mulher detetive na literatura policial contemporânea inglesa e norte-americana. Dissertação de Mestrado em Literatura, Universidade de Brasília, 2014.

SEGATO, R. Território, soberania e crimes de segundo Estado: a escritura nos corpos das mulheres de Ciudad Juarez. *Revista Estudos Feministas*, v. 13, n. 2, Florianópolis, 2005.

Capítulo 5

TEORIA SOCIAL INTERSECCIONAL E DECOLONIALIDADE COMO CRÍTICAS FEMINISTAS A UMA TEORIA CRÍTICA UNIFICADA

Stephanie Caroline Ferreira de Lima

Introdução

A produção das políticas de identidade e as limitações em compreender as experiências das mulheres negras com base em categorias teórico-analíticas estanques – raça e gênero – sobre a universalização do conceito de "mulher" vêm sendo amplamente discutidas, a partir dos anos 1990, quando Kimberlé Crenshaw tornou-se conhecida por utilizar o termo "interseccionalidade" para designar um entendimento mais amplo e ramificado de diversas formas de violência e desigualdade (Crenshaw, 1989; Crenshaw, 1991). Crenshaw evidencia que o abuso e o assédio sexual, bem como outras violências de gênero e expressões da precariedade do trabalho, quando experienciados por mulheres negras e imigrantes não brancas, resulta em processos legais que desconsideram as nuances simultaneamente racistas, sexistas e xenofóbicas dessas violências. Ela elabora, junto a outras autoras do pensamento negro, como Patricia Hill Collins, críticas à perspectiva hegemônica nas Ciências Humanas e Sociais de que a classe seria uma categoria-chave – ou condição primária – para o entendimento das formas de violência, opressões e movimentos sociais de grupos marginalizados (Collins, 2022). Ao longo das décadas de 2000 e 2010, Collins tem contribuído para que a interseccionalidade se torne uma teoria social consolidada, explicitando a variedade de questões e problemas sociais nas quais podemos nos debruçar, assim como nos desafios para o uso e aprofundamento das ferramentas teórico-metodológicas que a perspectiva interseccional nos oferece. Fortalecer as críticas decoloniais e anticapitalistas. Escancarar as desigualdades entre as mulheres de diferentes raças/etnias, orientações sexuais, capacidades/deficiências e classes sociais. Enfatizar a amplitude das pautas e demandas de lutas feministas da atualidade.

Por outro lado, encontramos autoras e autores estadunidenses com uma visão ainda ancorada na teoria crítica, como Nancy Fraser, que, apesar de discutirem temas próximos aos mencionados e compartilharem o posicionamento de que os movimentos feministas sejam imprescindíveis, acusam a perspectiva teórico-metodológica interseccional de ser descritiva demais, desprovida de historicização ou como se a pluralidade epistemológica fosse um problema que tivesse gerado uma confusão no entendimento sobre o capitalismo neoliberal e financeirizado.

Este capítulo teórico propõe, então, questionar os pressupostos da teoria crítica unificada de Nancy Fraser e enfatizar a teoria social interseccional como uma das ferramentas teórico-metodológicas e/ou analíticas para o estudo das violências de gênero, violências racistas institucionalizadas e a violência de Estado. Para isso, apresento uma síntese das premissas da teoria crítica unificada de Fraser, discuto os modos de teorização interseccional com base em Collins, trago algumas ideias que permanecem em aberto, como a invisibilização da relevância de Angela Davis na teoria crítica e o posicionamento da autora em entrevistas, produções teóricas e discursos ao redor do mundo, que sinalizam as contribuições e os desafios dos estudos interseccionais e das mobilizações coletivas. Em seguida, também destaco as análises críticas de Lélia Gonzalez e Sueli Carneiro como intelectuais brasileiras antecessoras da perspectiva interseccional, fazendo uma síntese de suas discussões sobre os efeitos do racismo e da colonialidade na realidade das mulheres negras brasileiras, a exemplo da pauperização, do baixo acesso ao mercado de trabalho formal e da desvalorização de sua força de trabalho, considerando que também apontam para a invisibilização das pautas e demandas de mulheres negras nos movimentos negro e feminista no Brasil.

Uma concepção ampliada de capitalismo como pano de fundo para a teoria crítica unificada de Nancy Fraser

O artigo "Da redistribuição ao reconhecimento? Dilemas da justiça numa era 'pós-socialista'" (Fraser, 2006) é a publicação mais conhecida de Nancy Fraser no Brasil. Nele, a autora questiona a ortodoxia de teóricos marxistas, os quais consideram que a única forma de assegurar os direitos à cidadania aos sujeitos vulnerabilizados seria a redistribuição de renda. Ela compara redistribuição e reconhecimento como "remédios" que potencializam a melhora se utilizados juntos e cujo efeito se enfraquece quando escolhemos apenas um para aplicar. Nesse sentido, há um entrelaçamento entre a injustiça econômica e a injustiça cultural, de modo que a restauração político-econômica e as mudanças simbólicas precisam caminhar juntas, a fim de produzir efeitos como a reorganização da divisão do trabalho, a redistribuição de renda, a valorização da identidade cultural e a transformação de padrões sociais de representação, por exemplo (Fraser, 2006, p. 232).

As injustiças culturais e socioeconômicas estão interligadas: os sujeitos e os movimentos reivindicam e negam suas especificidades, funcionando como individualidade e coletividade a um só tempo. A autora mostra gênero e raça como aspectos bivalentes dos paradigmas de coletividades, ou seja, aspectos que possuem dimensões econômicas e cultural-valorativas e que "implicam tanto redistribuição quanto reconhecimento" (Fraser, 2006, p. 233). Ela critica o posicionamento de atribuir maior importância a uma injustiça social do que a outras, assim como aponta a limitação da ideia de que as pessoas enfrentam uma única injustiça social por vez – ambas são maneiras de atribuir uma hierarquia arbitrária às demandas sociais. Eis como a autora resume tal dilema, a partir das questões de discriminação à sexualidade e do racismo, considerando que ambas ocorrem nas esferas individual e institucional:

> Uma vez que as pessoas de cor sofrem, no mínimo, de dois tipos de injustiça analiticamente distintos, elas ne-

> cessariamente precisam, no mínimo, de dois tipos de remédios analiticamente distintos: redistribuição e reconhecimento, que não são facilmente conciliáveis. Enquanto a lógica da redistribuição é acabar com esse negócio de "raça", a lógica do reconhecimento é valorizar a especificidade do grupo. Eis, então, a versão anti-racista do dilema da redistribuição-reconhecimento: como os anti-racistas podem lutar ao mesmo tempo para abolir a "raça" e para valorizar a especificidade cultural dos grupos racializados subordinados? (Fraser, 2006, p. 236).

A dificuldade de conciliação das diferentes abordagens para a correção de injustiças sociais – políticas afirmativas e políticas transformadoras – deve-se, segundo Fraser (2006), à diferença de propósitos e de horizonte de cada uma delas. As *políticas afirmativas* manejam os efeitos dos arranjos sociais desiguais sem afetar a estrutura que os causa, promovendo a diferenciação de grupos mesmo quando embasadas em uma "concepção universalista de reconhecimento, [na] igualdade do valor moral das pessoas" (Fraser, 2006, p. 238). As *políticas transformadoras* visam "corrigir efeitos desiguais precisamente por meio da remodelação da estrutura gerativa subjacente" (Fraser, 2006, p. 237), reduzindo as contradições das formas de não reconhecimento que os sujeitos enfrentam. Para ela, as políticas afirmativas tendem a causar reações negativas, no sentido de as pessoas privilegiadas pelos arranjos sociais existentes desprezarem as que estão em condições desfavoráveis, enquanto as políticas transformadoras se mostram mais efetivas a longo prazo (Fraser, 2006, p. 239).

Em "Capitalismo em Debate", Nancy Fraser e Rahel Jaeggi dialogam sobre possibilidades de conceituação, historicização e crítica às formas atuais desse sistema político-econômico. Com o intuito de explicar a tendência de crises sistêmicas e os conflitos entre o mercado, o Estado e a busca popular por participação mais democrática, Fraser sistematiza três tipos de contradições profundas de uma ordem social capitalista: a interna à economia capitalista; as exigências inter-domínios, onde ocorre a disputa entre a produção e a reprodução social; e as expectativas produzidas normativa e historicamente por meio das contradições políticas, as quais se intensificaram pelas "soluções mágicas" propostas pelo discurso neoliberal, a começar pela ideia da autorregulação dos mercados de trabalho e financeiro (Fraser; Jaeggi, 2020, p. 160-161). Ao fazê-lo, ela justifica que utiliza tais conceitos com o objetivo de elaborar uma concepção ampliada de capitalismo, conforme apresentou em publicações anteriores (Fraser, 2014). Outro ponto crucial de sua teoria mais recente tem sido a noção de "luta de fronteiras", em que ela, a partir do conceito de "fronteiras institucionais" de Polanyi, dá um passo além na reflexão sobre como redistribuição e reconhecimento caminham lado a lado em movimentos coletivos:

> [Fraser: ...] eu não recomendaria que as aprovássemos ou as desaprovássemos, tendo em vista quão radicais são. Aqui, no entanto, defendo outro ponto, o de que as lutas de fronteira são de diferentes tipos: elas podem ser defensivas ou ofensivas, afirmativas ou transformadoras. O mesmo vale, contudo, para as lutas de classe, que também são espalhadas pelo mapa [...]. Tanto lutas de fronteira quanto lutas de classe admitem uma variedade de diferentes formas e graus de radicalismo (Fraser; Jaeggi, 2020, p. 195).

A teoria crítica unificada de Nancy Fraser pode parecer uma proposta interessante à primeira vista, como uma análise integrada e plural das contradições presentes nas sociedades capitalistas, mas me parece desconsiderar um ponto: de que maneira podemos integrar as teorias críticas ao capitalismo umas às outras, sem homogeneizá-las, categorizá-las ou sistematizar demais dentro do que consideramos como Teoria Crítica, para que a práxis não fique em segundo plano?

As discussões sobre esse livro ficaram acaloradas no Paralaxe[1], quando chegamos na parte em que Fraser rechaça a perspectiva interseccional, no livro *Capitalismo em debate*:

> [Fraser:] Deixe-me dizer, para início de conversa, que rejeito enfaticamente a noção da contradição primária/secundária. [...] Todo o objetivo de meu argumento é refutar a visão de que só a classe seja estrutural. Eu defenderia a mesma coisa contra qualquer um que buscasse colocar outra instância singular naquela posição privilegiada de "contradição primária".
> Ainda assim – e este é meu segundo ponto –, também rejeito abordagens pluralistas ou aditivas, como uma teoria dos sistemas duais (ou triplos). Longe de conceber o capitalismo, o patriarcado e a supermacia branca como "sistemas" separados, que se articulam de forma misteriosa, proponho uma teoria *unificada*, na qual todos os modos de opressão (gênero, "raça", classe) estejam estruturalmente ancorados numa única formação social – no capitalismo, compreendido de modo amplo, como uma ordem social institucionalizada. Ao contrário das teorias da interseccionalidade, que tendem a ser descritivas, focadas nos modos pelos quais as posições de sujeição existentes atravessam umas as outras, minha concepção é explicativa. Olhando para trás daquelas posições de sujeição, para a ordem social que as gera, identifico os mecanismos institucionais por meio dos quais a sociedade capitalista produz gênero, raça e classe como eixos de dominação que se atravessam (Fraser; Jaeggi, 2020, p. 128-129, grifo da autora).

Aqui, vemos que Fraser acredita que a interseccionalidade seria uma retomada das noções de "contradição primária" e "contradição

---

[1] O Grupo Interdisciplinar de Estudos, Pesquisas e Intervenções em Psicologia Social Crítica (Paralaxe) é liderado pelo Prof. Dr. Aluísio Lima na Universidade Federal do Ceará (UFC), em Fortaleza, capital do estado do Ceará, no Brasil, do qual participo na condição de pesquisadora.

secundária", ou seja, uma hierarquização teórica em que raça ou outras categorias como gênero, sexualidade ou classe seriam postas em destaque, acusando também as teorias interseccionais de produzirem análises descritivas, não historicizadas e a-históricas sobre problemas como racismo e sexismo. Jaeggi, coautora do livro, parece não se opor totalmente a essa ideia, mas faz a ressalva de que "[...] esse quadro geral que você [Fraser] elaborou não parece, no entanto, historicizado; permanece mais ou menos estável ao longo de períodos históricos" (Fraser; Jaeggi, 2020, p. 129). A posição de Fraser me pareceu contradizer suas produções anteriores, cujos temas são abrangentes e parecem concordar com o intercruzamento entre gênero e raça. Levando em conta as proposições de Angela Davis e Patricia Hill Collins, autoras do pensamento feminista negro que vêm acompanhando de perto os estudos interseccionais e cujas produções acadêmicas dialogam diretamente com a teoria crítica da sociedade, apresentarei, no tópico a seguir, a interseccionalidade como uma teoria social crítica em construção.

Interseccionalidade como teoria social em construção

Compartilho o receio de Collins, de que o projeto teórico crítico da interseccionalidade poderia se perder durante o percurso, porque "poderia se tornar apenas mais uma ideia que surgiu e se foi" (Collins, 2022, p. 15), principalmente pelos obstáculos simbólicos na consolidação de uma nova perspectiva epistemológica, cujo destaque é ser decolonial, racialmente localizada e fundada pelo pensamento feminista negro estadunidense. A fim de construir uma base provisória para a interseccionalidade e nós pesquisadoras darmos continuidade em seu processo de se tornar uma teoria social crítica, Patricia Hill Collins argumenta no livro Bem mais que ideias sobre o que pode ser um diferencial da conceituação da interseccionalidade, em comparação com outras teorias sociais: o fato de não ter se originada de uma escola de pensamento. Isso tornaria constante a necessidade de explicação dos pressupostos e dos critérios analíticos utilizados pelas pessoas que trabalham com essa perspectiva, dada a pluralidade de usos possíveis.

No livro Bem mais que ideias (Collins, 2022), ela explica as diferentes formas de teorizar sobre a relacionalidade e os contextos sociais, a partir do olhar interseccional. São eles: adição, articulação e interdependência.

Com a *teorização aditiva*, faz-se uma análise que busca bases teóricas distintas para dar conta de um certo tema (Collins, 2022). Um exemplo disso é como Crenshaw (1991) apresenta a participação das mulheres negras em coletivos feministas, onde demandas relacionadas ao racismo eram silenciadas, e também em coletivos antirracistas, em que o machismo fazia com que a participação de mulheres fosse limitada e colocada em segundo plano. As teorias sobre ideais de feminilidade, opressão da sexualidade feminina e experiências de violência contra mulheres eram tidas como separadas das teorias críticas à história colonial, à violência racista e em prol da luta por direitos civis da população *of color*[2].

Em produções da mesma época ou posteriores, encontramos *teorizações por articulação* entre questões estruturais e a maneira como são produzidas (Collins, 2022), como nas de Lélia Gonzalez e bell hooks, as quais levam em conta diversos campos de produção de conhecimento e as representações nos meios de comunicação em massa (Gonzalez, 1982a; Gonzalez, 1982b) e na literatura (hooks, 2019). Essa forma de teorização nos convida a um olhar mais amplo, a partir de elementos político-culturais (Collins, 2022), com análises de elementos da cultura popular e da música *Pop* para discutir esses temas, mostrando os limites do ponto de vista acadêmico, que costu-

[2] A expressão "*people of color*" é muito utilizada em produções de teóricas e teóricos de ascendência negra, latino-americana e do leste asiático, por exemplo. Sua tradução literal seria "pessoas de cor", mas essa expressão tem conotação racista no Brasil, devido ao projeto colonialista de "embranquecimento" da população através de abusos sexuais a mulheres negras, indígenas e asiáticas, que foi denominado como "miscigenação racial" nos séculos XIX e XX. Para mais detalhes sobre isso, recomendo a coletânea de ensaios de Lélia Gonzalez, *Por um feminismo afro-latino-americano: ensaios, intervenções e diálogos*, organizada por Flávia Rios e Márcia Lima (2020).

mava cercear a legitimidade desses elementos com base no conceito de "erudição".

Na *teorização por interdependência*, as contribuições estão direcionadas para a complexidade das nossas identidades e de como isso é decisivo nos lugares sociais que ocupamos, produzidos historicamente tal como as estruturas que naturalizam esses lugares (Collins, 2022). Dessa maneira, questiona-se a percepção homogeneizada e reducionista que muitas produções sobre opressão e desigualdade propagam, principalmente quando se trata das políticas de identidade. Esse deslocamento serve para aprofundar nossa compreensão de que a multiplicidade de demandas nos feminismos contemporâneos foi elaborada por conta da necessidade de maior representatividade nos movimentos sociais em geral, como no movimento negro e no movimento LGBTQIA+, uma vez que não podemos escolher apenas uma de nossas identidades para lutar por melhores condições de vida, igualdade e respeito (Lorde, 2019). Em diferentes campos de estudos – inclusive na Literatura – encontramos exemplos desse olhar, como Audre Lorde (2020, p. 89) enfatiza em "Sou sua irmã":

> Estou constantemente definindo meus eus, pelo que sou, assim como pelo que todos somos, feitos de tantas partes diferentes. No entanto, quando essas partes guerreiam dentro de mim, fico imobilizada e, quando elas se movem em harmonia, ou em trégua, me enriqueço, me fortaleço. Mas sei que há mulheres negras que não usam minha obra em suas aulas porque sou lésbica. Há lésbicas que não me ouvem porque tenho dois filhos que amo profundamente, um deles um menino. Há mulheres, talvez nesta sala, que não conseguem lidar comigo nem com minhas ideias porque sou negra, e seu racismo se torna uma cegueira que nos separa. Digo nós me referindo a todas aquelas que realmente acreditam que podemos trabalhar por um mundo em que todas sejamos capazes de viver e nos definir.
>
> Vou lhes dizer uma coisa. Minhas amigas, sempre haverá alguém tentando usar uma parte de vocês e, ao

> mesmo tempo, as encorajando a esquecer ou destruir todas as outras. E aí vai um aviso: isso é a morte. A morte como mulher, a morte como poeta, a morte como ser humano.

Podemos dizer que as diferenças das análises interseccionais ocorrem porque é possível articular a tríade raça-gênero-classe ou até mesmo outros conceitos como nacionalidade, deficiência ou sexualidade, a depender dos temas de pesquisa e das reivindicações coletivas de quem questiona as relações de poder produzidas desde as estruturas sociais. A pluralidade de definições e usos possíveis do termo "interseccionalidade" é imprescindível para que possamos elaborar análises contextualizadas e solucionar problemas relacionados às injustiças sociais (Collins, 2022).

Além disso, Patricia Hill Collins propõe que nós, pesquisadoras e pesquisadores, concentremos nossa atenção na interseccionalidade como uma teoria social que está em construção e que se dedica à justiça social tendo como horizonte manter uma produção de conhecimento resistente (Collins, 2022, p. 347), de modo que "Colocar a interseccionalidade em diálogo com a eugenia, um discurso que não tem compromisso com a justiça social, mostra a importância dos critérios éticos na interseccionalidade como teoria social crítica. A eugenia alcançou relevo como uma ciência formal porque não havia uma prática ética de autorregulação em seu próprio discurso" (Collins, 2022, p. 348). Nós precisamos manter a atenção para não utilizar metodologias tradicionais para acessar e/ou analisar aspectos sociais de forma descuidada, a fim de manter nossos questionamentos às categorias consolidadas nos campos dos estudos sociais, sem perder de vista que há também usos estratégicos de categorias teóricas inseridas na esfera política, muitas vezes vinculadas a identidades para impulsionar ou frear os debates democráticos e as reivindicações coletivas da atualidade. Precisamos, também, fortalecer a ação social organizada em coletivos locais, regionais, nacionais e internacionais, reconhecendo a importância dessas várias frentes no enfrentamento ao racismo, ao sexismo e ao capitalismo. Por isso, a autocrítica é recomendada em todas as etapas de nossos estudos, a fim de garantir abertura à elaboração coletiva de debates e pesquisas, indo além de uma devolutiva que apenas mostra o trabalho final a uma "população-objeto".

Um dos maiores desafios da interseccionalidade é lidar com a pluralidade de perspectivas das muitas pessoas que a utilizam, nós sabemos. Outra preocupação de Collins é que a interseccionalidade não é *inerentemente* vinculada a projetos de justiça social e que podemos encontrar acadêmicos e acadêmicas contentes com um suposto enfraquecimento desse pressuposto ético, os quais "argumentam que trazer a justiça social e outras questões politicamente controversas para o âmbito da pesquisa interseccional corrói a estatura acadêmica da interseccionalidade" (Collins, 2022, p. 373), como se fosse "epistemologicamente inadequado e metodologicamente suspeito". Ela acredita ser inaceitável que a interseccionalidade se torne "apenas mais uma teoria social tradicional dentro da academia" (Collins, 2022, p. 374), ou seja, que é necessário um trabalho árduo e diário para acabar com injustiças sociais, com projetos acadêmicos que assumam um compromisso ético-político diário, ao invés de atribuir essa tarefa apenas a movimentos sociais de fora da academia.

Propor uma unificação teórica me parece a centralização de um conjunto de proposições teóricas para uma única pessoa tentar definir o que há de mais importante em cada uma delas e também me parece oferecer pouca abertura para o diálogo entre pesquisadoras e pesquisadores de áreas e campos de estudo afins. Dito isso, para instigar que esse debate tenha continuidade, eu gostaria que vocês se perguntassem: seria realmente necessário elaborar teorias que se pretendam unificadas ou universais na atualidade, ainda que elas admitam abarcar "apenas" determinado tempo histórico ou um sistema econômico-político "específico" como o capitalismo neoliberal? Com quem *escolhemos* dialogar, mesmo quando não há uma fronteira idiomática nem uma diferença teórico-epistemológica abismal? Quais autoras e autores entram no texto como menção direta e quais ficam apenas como notas de rodapé ou breve reflexão sequer endereçada diretamente?

Antecessoras da perspectiva feminista interseccional no Brasil: contribuições de Lélia Gonzalez e Sueli Carneiro para repensar a formação social brasileira

> Fundadora do Movimento Negro Unificado (MNU), Lélia Gonzalez teve uma atuação decisiva contra o racismo ao longo de sua trajetória política e intelectual. Por isso, abraçou o tema da desigualdade na educação – sem a qual a professora sabia que não haveria emancipação possível –, questão que ocupa parte de seus escritos. Lida hoje, a obra de Lélia parece pequena. São apenas dois livros completos, entre os quais se destaca *Lugar de negro*, em coautoria com Carlos Hasenbalg, e um punhado de artigos. O legado imaterial, no entanto, é imenso (Rodrigues, 2020).

O trecho acima, escrito por Carla Rodrigues no artigo "Leiam Lélia Gonzalez" para a revista *Cult* (2020), é ao mesmo tempo um elogio e um lamento. Lélia faleceu aos 59 anos, em 1994. Foi uma das pioneiras nos estudos sobre a população negra no Brasil, em termos culturais e políticos, sendo cofundadora do Instituto de Pesquisas das Culturas Negras (IPEN). Desde 1979, quando ela apresentou o ensaio "A mulher negra na sociedade brasileira" na Universidade da Califórnia, passou a ter proximidade com Angela Davis, que a menciona em eventos como o que ocorreu no Auditório do Ibirapuera em 2019 e no transmitido pela TVE Bahia em 2017. A dedicação aos protestos nas ruas e à universidade, com uma formação nas áreas de História, Filosofia, Comunicação Social e Antropologia Política, faz de Gonzalez uma autora coringa, cujas contribuições dialogam simultaneamente com a Teoria Social Crítica e com a Teoria Crítica. Ela foi uma mulher negra, antirracista e da classe trabalhadora, comprometida com a práxis.

A filósofa paulista Sueli Carneiro, por sua vez, é fundadora do Geledés – Instituto de Mulher Negra e tem uma carreira acadêmica e militante bastante premiada, por ser uma das pioneiras a inserir os debates sobre racismo e sexismo nas lutas acadêmicas e ativistas pelos direitos humanos, inclusive por meio do Portal Geledés, "um dos mais importantes e acessados do país e o mais consultado para medir a pulsação das questões raciais" (Silva, 2018, p. 258), o qual ela também fundou.

Entre as contribuições de Lélia Gonzalez e Sueli Carneiro, estão algumas possíveis respostas a algumas perguntas que surgem quando falamos sobre interseccionalidade. Como se deu a formação do movimento negro no Brasil? Qual a relação entre a luta antirracista e a luta feminista, aqui? Por que há intelectuais que ainda fazem uma divisão estanque entre cultura e política, quando analisam as condições de existência da população e a formação histórica dos movimentos sociais no Brasil? Este tópico se propõe a apresentar, em linhas gerais, as condições do surgimento do Movimento Negro Unificado contra a discriminação racial, no Rio de Janeiro, e do movimento de mulheres negras em São Paulo, apresentando-as como precursoras da articulação entre racismo e sexismo na sociedade brasileira e, portanto, como autoras que adotam uma *práxis* interseccional, pois ambas as autoras têm produções datadas desde o final da década de 1970, com enfoque na formação social brasileira, nos efeitos do colonialismo escravista até os dias de hoje e na organização de negros e negras em movimentos sociais em defesa da democracia, dos direitos humanos e da luta por emancipação.

No capítulo "Movimento Negro Unificado", Gonzalez (1982a) discutiu sobre as contradições da Ditadura Militar Brasileira, que ocorreu de 1964 a 1985. O primeiro mito que ela derruba é o de que o imperialismo – a forma contemporânea do colonialismo – teria sido responsável pelo "milagre econômico", e também questionou por que considerar um milagre se havia arrocho salarial, desemprego em massa, êxodo rural, incentivo a multinacionais e falência de inúmeras pequenas empresas brasileiras.

Naquele período, a política nacional também estava profundamente ancorada no mito da democracia racial, uma produção ideológica da elite do país que propôs a redução das identidades étnico-raciais diversas a uma suposta identidade brasileira homogênea (Gonzalez, 1982a). Um exemplo disso são as modificações nas festividades de Carnaval, no Rio de Janeiro. Em 1973, a Rede Globo transmitiu o evento que chamou de "Carnaval Colorido", em que telespectadores mais abastados puderam assistir em cores os desfiles que ocorreram na Av. Presidente Antônio Carlos, quando ainda não havia um sambódromo na cidade, até com *slow-motion* e *replay* (Castro, 2015). Gonzalez (1982a) afirmava que um dos indícios de cooptação capitalista do Carnaval carioca foi a produção crescentemente objetificada e hipersexualizada de imagens das mulheres negras, junto com os estereótipos racistas sobre a beleza, em que a pele negra clara era percebida como mais próxima dos ideais e as curvas do corpo eram atribuídas à origem africana, interpretada como alta disponibilidade sexual. O olhar eufemista sobre as violências racistas ocorridas durante e após o Período Colonial, que podemos encontrar em produções acadêmicas do século XX sobre a formação social brasileira – como as de Gilberto Freyre e de quem o utiliza como referência para falar sobre isso –, serviu para a reprodução de um conjunto de "justificativas" implícitas dos meios de comunicação para a produção desse tipo de imagens. Com esse exemplo, ela nos explica de que forma a esfera cultural foi imposta como a única possível para o debate sobre as condições de vida da população negra e, também, por que a ampla difusão do mito da democracia racial pelas representações e instituições que permanecem racistas elevou o *apagamento da negritude como categoria política, durante o período da Ditadura Militar* (Gonzalez, 1982a).

Além disso, o cenário cultural está cheio de contradições implícitas, que tentam mascarar o racismo nas relações sociais cotidianas: forte repressão policial e imposição de registro policial dos locais onde ocorriam eventos religiosos afro-brasileiros ou indígenas, assim como das rodas de capoeira, são acontecimentos que marcaram época, percebidos pelo Regime Militar como uma afronta aos ideais cristãos, à visão unitarista da "identidade brasileira" e a fortalecimento do discurso da "segurança pública" para legitimar a violência autoritária do Estado. Ainda que as políticas públicas voltadas à promoção de direitos de classe, gênero e raça apresentem uma visão bastante fragmentada sobre os problemas sociais e outras limitações, desde a implementação do Estado democrático pela Constituição Federal de 1988, a abertura para a organização formal dos movimentos sociais após a redemocratização política foi imprescindível para que, desde então, fosse debatida a discriminação dos aspectos culturais e corporais que pessoas negras, indígenas ou de ascendência asiática poderiam sofrer, classificando-a como uma infração penal individual contra alguém, denominada de *injúria racial*, passível de punição com multa ou prisão.

Para dar conta de elaborar uma análise ampla das condições materiais da população negra – em especial das mulheres – desde o estabelecimento do Estado democrático de direito no Brasil, algo a que dedicou várias de suas produções (Gonzalez, 1982b; 1988; 2020a), Lélia Gonzalez (2020b) propôs uma articulação dos conhecimentos históricos com a psicanálise, via Franz Fanon. Entre os conceitos em que as contribuições psicanalíticas aparecem no trabalho de Lélia, estão a *memória* e o *racismo por denegação*, como formas de explicar a consolidação do mito da democracia racial em um país tão racista.

A memória se trata de "[...] não saber que conhece, esse lugar de inscrições que restituem uma história que não foi escrita, o lugar da emergência da verdade, dessa verdade que se estrutura como ficção" (Gonzalez, 2020b, p. 78). São as reverberações da memória, o que já passou. O decisivo é aquilo que permanece e o nosso entendimento de que poderia ter sido ou se tornar algo diferente do que é. Para compreender o que se perde em nossa memória, é necessário saber o que não conseguimos encarar, seja no passado ou no presente. A denegação, por sua vez, pode ser entendida como a recusa em encarar um conjunto de contradições entre a nossa memória e a realidade que se apresenta a nós. É composta pelo não dito e pelas sutilezas, que costumam ser ignoradas e naturalizadas para não ocupar espaço em nossas reflexões sobre o passado e o presente (Gonzalez, 2020b).

Um exemplo muito potente que Lélia Gonzalez traz sobre isso é a figura da *mãe* na sociedade escravocrata. Ela diz:

> A única colher de chá que [Caio Prado Jr.] dá pra gente é quando fala da "figura boa da ama negra" de Gilberto Freyre, da "mãe preta", da "bá", que "cerca o berço da criança brasileira de uma atmosfera de bondade e ternura". Nessa hora a gente é vista como figura boa e vira gente. [...] O que a gente quer dizer é que ela não é esse exemplo extraordinário de amor e dedicação totais como querem os brancos e nem tampouco essa entreguista, essa traidora da raça como querem alguns negros muitos apressados em seu julgamento. Ela, simplesmente, é a mãe. É isso mesmo, é a mãe. Porque a branca, na verdade, é a outra. Se assim não é, a gente pergunta: quem é que amamenta, que dá banho, que limpa cocô, que põe pra dormir, que acorda de noite pra cuidar, que ensina a falar, que conta história e por aí vai? É a mãe, não é? Pois então (Gonzalez, 2020b, p. 87).

Vemos, assim, que até a função materna, exercida pelas mulheres negras escravizadas ao invés das genitoras brancas, no período colonial, foi eufemizada, atualizada e reproduzida na contemporaneidade sob formas próximas de exploração da força de trabalho das mulheres negras, com salários baixos e acúmulo de funções: cuidar de criança(s), lavar, passar, cozinhar, prestar serviços etc. (Gonzalez, 2020a; 2020b). Na formação socioeconômica brasileira, os processos de acumulação de capital se dão simultaneamente através da produção agricultora monopolista – de cana-de-açúcar e café, entre outras commodities – e da divisão entre trabalho produtivo (nas lavouras) e não produtivo (na prestação de serviços), que a autora nos apresenta com base em pesquisas de Décio Freitas e Carlos Hasenbalg acerca dos períodos colonial e imperial. Para ela, o sistema capitalista atual não forma apenas um exército de reserva por conta do desemprego, mas também uma massa marginalizada cada vez maior perante o mercado de trabalho hegemônico (Gonzalez, 2020a, p. 56).

Entre as reverberações de nossa formação histórica até os dias atuais está, então, o fato de que a modernização e ampliação dos setores industriais de meados do século XX levou ao aprofundamento da divisão racial e de gênero no mercado de trabalho, algo que percebemos pelas práticas discriminatórias de contratação em empregos formais, como a exigência de "boa aparência" e alto grau de escolaridade (Gonzalez, 2020a, p. 57). Desde os anos 1980, Lélia Gonzalez já demonstrava, reunindo dados estatísticos e pesquisas históricas sobre as condições de vida da população, que ocorre a pauperização das mulheres negras, pois a feminização racializada dos empregos de prestação de serviços em setores burocráticos, como nos escritórios e comércios, ocorreu de forma que beneficiou as mulheres brancas, ao passo que houve marginalização da população negra como um todo, restando oportunidades escassas de trabalho que reproduzem os lugares sociais já instituídos.

De mais a mais, ela descreve algumas das formas de resistência do povo negro contra o regime escravista, realizada dentro das possibilidades de ação individual ou coletiva: a *formação de quilombos*, aqui na região Nordeste, próximo às plantações de cana-de-açúcar, como a República Negra de Palmares (1595-1695), sociedades alternativas que foram duramente perseguidas por autoridades coloniais; os *movimentos urbanos armados*, como as reuniões secretas que levaram à Revolta dos Malês (muçulmanos) em 1835, na cidade de Salvador – BA; a *participação direta em movimentos de libertação*, em que, "apesar de sua importante contribuição, o negro jamais recebeu os benefícios obtidos pelos demais setores ("brancos") da sociedade brasileira" (Gonzalez, 2020a, p. 52); e a *resistência passiva*, que consistia em ensinar sobre as culturas africanas para as crianças brancas e a seus filhos, trabalho que constituiu a formação de crenças e valores do nosso povo, bem como a "africanização do português *falado* no Brasil (o "pretuguês", como dizem os africanos lusófonos)" (Gonzalez, 2020a, p. 54, grifos da autora).

Em meio a esse contexto, é lamentável que o movimento feminista brasileiro, enquanto movimento social que se fortaleceu a partir da participação de mulheres brancas trabalhadoras sindicalizadas e também mulheres com formação universitária, não apenas tenha reproduzido o racismo nos coletivos, como também apresentado um olhar colonial que atribuiu às mulheres negras uma posição de objeto, reforçando estereótipos de incapacidade intelectual e de miserabilidade que impossibilitavam uma elaboração de pautas e demandas de fato igualitárias entre todas elas. Nas palavras de Sueli Carneiro, uma das pensadoras brasileiras que incluiu a luta contra a violência racista entre as causas para a garantia dos direitos humanos:

> A consequência disso foi a incapacidade de reconhecer as diferenças e desigualdades presentes no universo feminino, a despeito da identidade biológica. Dessa forma, *as vozes silenciadas e os corpos estigmatizados de mulheres vítimas de outras formas de opressão além do sexismo, continuaram no silêncio e na invisibilidade.* As denúncias sobre essa dimensão da problemática da mulher na sociedade brasileira, que é o silêncio sobre outras formas de opressão que não somente o sexismo, vêm exigindo a reelaboração do discurso e práticas políticas do feminismo. E o elemento determinante nessa alteração de perspectiva é o emergente movimento de mulheres negras sobre o ideário e a prática política feminista no Brasil (Carneiro, 2011, p. 118, grifos meus).

Vozes *silenciadas*, não "silenciosas". Do silenciamento das mulheres negras, vem a necessidade de enegrecer o feminismo, como a autora assinala (Carneiro, 2003). Isso significa mostrar a diversidade de vozes e de demandas políticas que existem, para que os movimentos sociais promovam simultaneamente a igualdade de gênero e a luta antirracista, considerando que:

> Os efeitos do racismo e do sexismo são tão brutais que acabam por impulsionar reações capazes de recobrir

> todas as perdas já postas na relação de dominação. O efervescente protagonismo das mulheres negras, orientado num primeiro momento pelo desejo de liberdade, pelo resgate de humanidade negada pela escravidão e, num segundo momento, pontuado pelas emergências das organizações de mulheres negras e articulações nacionais de mulheres negras, vem desenhando novos cenários e perspectivas para as mulheres negras e recobrindo as perdas históricas (Carneiro, 2003, p. 129).

No artigo, inclusive, ela afirma que o combate à discriminação racial e ao racismo tem sido prioridade das mulheres negras, ou seja, que há uma ênfase maior nesta questão do que no sexismo comumente referido pelas feministas brancas (Carneiro, 2003). Acredito que não poderia ser diferente: se no movimento feminista da elite branca, não há espaço para falar disso, as mulheres negras foram criando outras redes de diálogo com quem tem experiências em comum e expandiram os debates nas comunidades Brasil adentro, priorizando realmente o que tem mais a ver com a experiência das pessoas que estão na periferia urbana e na área rural. A incapacidade das mulheres brancas de ouvirem e atribuírem a devida importância às pautas elaboradas pelas mulheres negras também faz parte dos ideais burgueses de libertação feminina, que estavam centrados na vontade de obter seu próprio capital e poder acumulá-lo, dando continuidade à prática colonial de utilizar o tempo e a força de trabalho de outras mulheres, muitas vezes negras, para a realização das atividades domésticas.

Quase 20 anos depois dessa publicação, Sueli Carneiro compartilhou conosco suas impressões sobre como percebe o ativismo feminista negro na atualidade, em entrevista concedida à *Revista Internacional de Direitos Humanos* (Conectas, 2019). Ela fala da importância da afirmação das mulheres negras como sujeito político, a partir da formação de organizações e coletivos liderados por elas, tanto nacional quanto regionalmente, o que a faz considerar que "*o enegrecimento do feminismo é uma agenda que foi cumprida pelo ativismo e pelo protagonismo das mulheres negras"* (Conectas, 2019, transcrição). A autora defende, também, que a liderança política desses coletivos precisa se expandir com um salto qualitativo: obter visibilidade em suas demandas e também como produtoras(es) de conhecimento e sujeitos cognoscentes, uma vez que as condições de vida das mulheres negras necessitam de transformações efetivas, para deixarem de ser o grupo sob maior vulnerabilidade social e econômica do país. Para isso, acreditamos que é urgente continuar combatendo o epistemicídio, que consiste na invisibilização e desqualificação sistemáticas, enfrentado por pensadoras(es) negras(os).

O crescente acesso à internet possibilitou ou facilitou, segundo ela (Conectas, 2019), a popularização das produções acadêmicas e literárias de pessoas negras, como caminhos potentes de expressão. Houve, nesse sentido, algumas modificações no mercado editorial brasileiro, buscando novas narrativas por conta de demandas antes silenciadas, o que tem ampliado nosso acesso a discussões sobre racismo e promoveu a compreensão sobre as dinâmicas históricas e sociais do Brasil, apesar de que *"isto será feito em concurso com, ou a despeito de, quem quer que seja"* (Conectas, 2019, transcrição).

Considerações finais

Quando tomei como ponto de partida o ponto irreconciliável entre Angela Davis e Nancy Fraser, que vem aparecendo no decorrer da minha pesquisa de doutorado, do posicionamento das autoras sobre a interseccionalidade, minha intenção foi sinalizar que algumas autoras da Teoria Crítica têm mais abertura para o diálogo com a perspectiva interseccional do que outras. Angela Davis faz várias menções ao conceito, em textos e entrevistas recentes e sinaliza que, "de muitas maneiras, temos de nos engajar em um exercício de interseccionalidade, sempre colocando em primeiro plano essas conexões para que as pessoas se lembrem de que nada acontece isoladamente" (Davis, 2018a, p. 53). No caso de Nancy Fraser, em seu diálogo com Jaeggi, fazem-se discussões breves sobre o racismo estrutural e o sexismo, como parte da proposta de teoria crítica unificada, argumentando que é possível teorizar sobre as condições de produção e reprodução social do capitalismo se considerarmos que há um "pano de fundo" onde as formas de opressão e violência ocorrem para apresentar as lutas de fronteiras, porém Fraser acusa a perspectiva interseccional de ser bastante descritiva e parece desconsiderá-la como ferramenta teórico-analítica.

Em contraste com o ponto de vista de Fraser, apresento a interseccionalidade como uma teoria social em construção, tal como proposto por Patricia Hill Collins (2022). Entre os desafios para que os estudos interseccionais se consolidem como teoria social, a autora enfatiza que o compromisso ético-político necessita de debates constantes, uma vez que não podemos supor que quaisquer formas de análise com cruzamento de categorias sociais sejam interseccionais ou supor que toda interseccionalidade é fundamentalmente crítica. Precisamos manter a justiça social como aspecto central da interseccionalidade e também manter nossa atenção para que a criticidade e a ética direcionem o nosso trabalho, questionando os modos de pesquisar, estudar e agir coletivamente e sobre quais são as possíveis reverberações das categorias sociais e análises econômico-políticas a que nos dedicamos.

A partir disso, elaborei uma síntese de algumas das contribuições de Lélia Gonzalez e Sueli Carneiro para a interseccionalidade, considerando que suas análises sociais e políticas antecedem vários aspectos que vêm sendo retomados por pesquisadoras e pesquisadores na atualidade. Gonzalez fez análises críticas acerca da memória e do racismo por denegação ligados à colonialidade racista, à violência do Estado, que são algumas das reflexões proporcionadas pela resistência negra brasileira, cuja possibilidade de se formalizar se deu apenas no contexto de redemocratização do Brasil após a Ditadura Militar, no final dos anos 1980. Carneiro discute, por sua vez, o enegrecimento do feminismo como um objetivo em prol da representatividade política e cultural das mulheres negras, ou seja, para que mais mulheres possam ter suas demandas atendidas – e deixem de ser silenciadas.

Não tenho a intenção de oferecer uma resposta definitiva para as perguntas que fiz aqui. Ao invés disso, as perguntas que elaborei são algumas, dentre tantas possibilidades. Elas têm norteado meu trabalho junto com o pessoal do Paralaxe (UFC), de modo que vale enfatizar o caráter interdisciplinar dos diálogos entre a universidade e os movimentos sociais, sinalizando também a importância de Aparecida Bento (1999) e Maria Beatriz Nascimento (2021), autoras negras brasileiras cujos estudos apresentam características interseccionais, mas não pude discutir neste capítulo, dado o limite de páginas. Acrescentei propositalmente as referências às principais produções dessas autoras, ainda que seja um tópico de finalização do capítulo.

Certamente, irei retomar tais discussões ao longo dos próximos anos, aprofundando minhas leituras a partir de autoras latino-americanas, inclusive brasileiras, visto que elas também têm um compromisso ético-político de longa data em prol da transformação social, da igualdade entre as mulheres e da crítica às contradições das sociedades capitalistas, um trabalho que elas e outras autoras nas Américas já realizam desde *antes* de Crenshaw definir as encruzilhadas do pensamento como interseccionalidade (Collins, 2022), a exemplo de Angela Davis (2016; 2018a; 2018b) e Audre Lorde (2020).

Reitero que a Teoria Crítica e outras perspectivas teóricas resistentes coexistem na contemporaneidade e, a meu ver, enfrentam desafios semelhantes, o que deveria impedir o desejo de extinguir uma teoria social em construção somente por suposições de qual será seu futuro, pois correríamos o risco de nos apressar pelo receio de encontrar limitações teóricas, epistemológicas ou de atuação política antes de discutir sobre uma teoria em formação com a devida profundidade. Isso significa, também, que não há como evitar contestações, tal como acontece com as demais perspectivas.

Referências

ANZALDÚA, Gloria. *Borderlands: the new mestiza – La frontera*. San Francisco: Aunt Lute, 1987.

BENTO, Maria Aparecida da Silva. *Cidadania em Preto e Branco*: discutindo as relações raciais. São Paulo: Ática, 1999.

CARNEIRO, Sueli. Mulheres em movimento. Estudos Avançados, v. 17, n. 49, p. 117-133, 2003.

CARNEIRO, Sueli. *Racismo e sexismo na sociedade brasileira*. São Paulo: Selo Negro, 2011.

COLLINS, Patricia Hill. *Bem mais que ideias*: a interseccionalidade como teoria social crítica. São Paulo: Boitempo, 2022.

CONECTAS – Direitos Humanos. Sur 28 | *Sueli Carneiro e o feminismo negro no Brasil*. Entrevista para a Revista Internacional de Direitos Humanos. YouTube, Conectas, 15 jan. 2019. Recuperado de: https://www.youtube.com/watch?v=dBiQCXOoW5c. Acesso em: 7 maio 2022.

CRENSHAW, Kimberlé. Demarginalizing the Intersection of Race and Sex: A Black Feminist Critique of Antidiscrimination Doctrine, Feminist Theory and Antiracist Politics" [Desmarginalizando a interseção de raça e sexo: uma crítica feminista negra da doutrina anti-discriminação, da teoria feminista e das políticas antirracistas]. The University of Chicago Legal Forum, vol. 1989, issue 1, article 8. Disponível em: https://chicagounbound.uchicago.edu/uclf/vol1989/iss1/8/. Acesso em: 13 set. 2022.

CRENSHAW, Kimberlé. Mapping the Margins: Intersectionality, Identity Politics, and Violence Against Women of Color. *Stanford Law Review*, v. 43, n. 6, p. 1241-1299, jul. 1991. Disponível em: https://www.jstor.org/stable/1229039. Acesso em: 13 set. 2022.

DAVIS, Angela. *Mulheres, raça e classe*. São Paulo: Boitempo, 2016.

DAVIS, Angela. *A liberdade é uma luta constante*. São Paulo: Boitempo, 2018a.

DAVIS, Angela. *Estarão as prisões obsoletas*? Trad. Marina Vargas. Rio de Janeiro: DIFEL, 2018b.

FRASER, Nancy. Da redistribuição ao reconhecimento? Dilemas da justiça numa era "pós-socialista". Trad.Júlio Assis Simões. *Cadernos de Campo* (USP), São Paulo, v. 15, n. 14/15, p. 231-239, 2006.

FRASER, Nancy. Behind Marx's Abode: For an Expanded Conception of Capitalism. *New Left Review*, v. 86, p. 55-72, March-April, 2014.

FRASER, Nancy; JAEGGI, Rahel. *Capitalismo em debate*: uma conversa na teoria crítica. São Paulo: Boitempo, 2020.

GONZALEZ, Lélia. O Movimento Negro na última década. In: GONZALEZ, L.; HANSELBERG, C. *Lugar de negro*. Rio de Janeiro: Marco Zero, 1982a. (p. 9-66)

GONZALEZ, Lélia. A mulher negra na sociedade brasileira. In: LUZ, Madel T. *O lugar da mulher*: estudos sobre a condição feminina na sociedade atual. Rio de Janeiro: Edições Graal, 1982b.

HOOKS, bell. *Olhares negros:* raça e representação. São Paulo: Elefante, 2019.

LORDE, Audre. *Sou sua irmã:* escritos reunidos. Organizado e apresentado por Djamila Ribeiro. Tradução de Stephanie Borges. São Paulo: Ubu Editora, 2020.

NASCIMENTO, Maria Beatriz. *Uma história feita por mãos negras:* relações raciais, quilombos e movimentos. Coletânea organizada por Alex Ratts. Rio de Janeiro: Zahar, 2021.

RIOS, Flávia; LIMA, Márcia (Orgs.). *Por um feminismo afro-latino-americano:* ensaios, intervenções e diálogos. Rio de Janeiro: Zahar, 2020.

Capítulo 6

CUANDO LAS IDEAS BRILLANTES Y LAS BUENAS INTENCIONES NO BASTAN

NOTAS PARA LA GENERACIÓN DE ENSAMBLAJES AFIRMATIVOS "POST-PAKI" EN LA PSICOLOGÍA LATINOAMERICANA

Paribanú Freitas De León

> Cuando leo algunos de los análisis textuales más salvajes de los teóricos queer o escucho sobre las identidades sexuales fragmentadas defendidas por los posmodernistas, a veces me pregunto a qué mundos estoy entrando. Con razón, plantean ideas muy desafiantes y, a menudo, me emociono cuando las leo. Pero también tengo la sensación de que están muy alejados de las experiencias cotidianas de la sexualidad que la mayoría de las personas encuentran en su vida diaria en todo el mundo (Plummer, 2003, p. 531, traducción propia).

En el texto "Una historia crítica de la psicología", el sociólogo británico Nikolas Rose (2019) plantea una tesis de relevancia a la hora de comprender las formas por las que esta disciplina, surgida a mediados del siglo XIX, se transformó en *la ciencia del siglo* XX (Rose, 2008). Para el autor, la psicología se desarrolló y expandió tan velozmente en virtud de su resonancia con el proyecto ético político de las democracias liberales – capitalistas que se consolidarán y expresarán con fuerza y vigor a lo largo del siglo pasado. Particularmente, Rose señalará cinco factores de proyecto ético – político mencionado, que la psicología *operativizará* tecnológicamente a nivel social: llamándolos "factores externos" del desarrollo de la psicología.

Dentro del listado de tales factores, se encuentran cuatro profusamente trabajados por las historiografías sociales y políticas del desarrollo de distintas profesiones; a saber: factores económicos, factores profesionales, factores políticos y factores culturales. Sin embargo, Rose señala un quinto factor escasamente abordado: los llamados "factores patriarcales". Este factor está orientado a regular – y reificar – ideas e imágenes de lo que ser hombre y mujer *psicológicamente* suponía. Esto es, legitimando y engrosando una *naturaleza humana* sexuada, binaria, heterosexual y cigénero, desde sus comienzos (Foucault, 2021) y a los largos de los primeros tres cuartos del siglo XX. Periodo en el cual, además, toda expresión humana que corriera por fuera de tales márgenes estrictos establecidos, fue minuciosamente patologizada (Ritter; Terndrup, 2002).

La transformación de este estado cosas de la disciplina comienza a revertirse lentamente sobre los años '70 del siglo XX, con movimientos específicos, y de forma más orgánicamente desarrollados en territorios anglosajones. En dicho proceso, la presentación de Dr. John Fryer, bajo el personaje del *anónimo doctor Henry*[1], en la convención anual de la Asociación Americana de Psiquiatría del año 1972 (Barry, 2022; Schneberg, 2022), así como la creación de la *Association of Lesbian and Gay Psychologists* (Morgan; Nerison, 1993) en 1973, fueron hitos fundamentales. Hitos basados en (1) la toma de la palabra y el discurso por parte de personas LGBTI+ y que, (2) además portaban una profesión psi y disputaron epistémicamente las formas en que dichas disciplinas concebían y trataban a todxs aquellxs que no se ajustaban a las *"legítimas existencias"* formuladas hasta el momento.

[1] El acontecimiento mencionado refiere al ingreso del Dr. Fryer, vestido con un traje varios números más grandes que el de su talla y una máscara con la cara de Richard Nixon interrumpió una de las jornadas de trabajo del congreso, sentándose en la mesa de los expositores y dando lugar a la lectura de una proclama que comenzaba diciendo: "Soy homosexual y soy psiquiatra". Proclama en la que expuso el problema de la gran cantidad de psiquiatras homosexuales obligados a llevar una doble vida — con las miserias que muchas veces eso conlleva —, tanto como las experiencias altamente negativas de personas homosexuales respecto de la atención psiquiátrica. Dicha intervención fue vital a los efectos de dar un primer paso en la despatologización de las identidades LGBTI+, extrayéndose finalmente la categoría de homosexualidad como enfermedad mental en el Manual Estadístico de Desórdenes Mentales (DSM) del mismo año.

Transformaciones del siglo XXI y Pensamiento *Paki*

Si miramos el estado actual de la relación entre la Psicología y el campo LGBTIQ+, podemos decir que – tanto a nivel global como latinoamericano – se verifican transformaciones importantes. Aunque también, esta consideración depende fuertemente del punto desde el cual se mire; ya que lejos de todo exitismo, deben considerarse avances iniciales, limitados e insuficientes, ya que aún persisten sesgos, limitaciones y malas prácticas basadas formas no adecuadas de apropiación y modelización de algunas subjetividades *no-mainstream*.

Desde la aparición de "El género en disputa" (Butler, 2018) – publicado en inglés en 1900, pero traducido al español casi veinte años después – o de textos como *Testo yonki* (Preciado, 2020a) o *Manifiesto contrasexual* (Preciado, 2016), la *cuestión LGBTIQ+* ingresa fuertemente en la arena académica de la Psicología latinoamericana. Si bien es cierto que a nivel latinoamericano autores como José Toro Alfonso y Ruben Ardila venían desarrollando investigación en el tema desde la década de los años '80, el aura filosófica y vanguardista de la teoría *queer* – respaldada por planteos posmodernistas / postestructuralistas y autores legitimados y hasta de vanguardia para las academias psicológicas del momento, tales como Sigmund Freud, Jacques Lacan, Michel Foucault o Jacques Derrida – permitió progresivamente el ingreso más humano de putos, maricas, marimachos, tortas y trabas (entre otrxs) a la conversación psicológica. No sin razgos de objetivación, alterización, fetichización, estandarización y exotización (Barrientos; Radi, 2021) a dichas subjetividades, cuerpos, identidades y prácticas sociales.

No fue raro por entonces – como sigue aconteciendo hoy – escuchar a una amplia gama de psicólogas y psicólogos heterosexuales, cisgénero, alonormados y binarios, explicar a personas gays, lesbianas, bisexuales, trans, asexuales – grisexuales y no conformes con el género, de género fluído o de géneros no binarios, qué y cómo se era tal cosa y cómo debía serlo, o hacer preguntas sobre por qué se definían *escencialistamente* como se definían, y no meramente se identificaban como simplemente "personas queer".

De hecho, la investigación teórica sobre el asunto – ya fuera plenamente especulativa o aquella donde una masa empírica se forzaba a entrar en las predicciones de la teoría – descolló cuantitativamente, por sobre la investigación lenta y de cercanía preocupada por escuchar y entender prácticas, identidades, subjetividades, cuerpos y erotismos *realmente existentes* (Pecheny; Zaidan; Lucaccini, 2019). Investigación, además, limitada a una muy fragmentaria biblioteca que supo sepultar moralmente densos legados de construcción situada de saberes comunitarios elaborados por académixs LGBTI+; y que aún hoy siguen en dicho estado. Y será en función de esto último que propongo la idea de la construcción de lo que llamaré *epistemologías paki* en la psicología regional.

Epistemologías *Paki*

Siguiendo a Camila Alfie (2022), el origen del término *paki* (o paqui, según la etimología a la que se refiera[2]) es difícil de rastrear históricamente, aunque a nivel geográfico puede encontrarse que su surgimiento está asociado a la ciudad de buenos Buenos Aires (Argentina), en la actualidad – con énfasis en los últimos 5 años – forma parte de la jerga rioplatense LGBTI+, incorporando con ello también al Uruguay. Hay quienes identifican su origen en referencia a la Plaza Pakistan – zona tradicional de *yire*[3] bonaeresne – hasta referencias a personas anti-LGBTI+ nominadas como "los paquidermos", de donde quedó solo la primera parte del término.

En la actualidad, el término *paki* (principalmente escrito con k entre lxs jóvenes que retomaron el término perdido en la historia), remite a un complejo estado de cosas. Por un lado, puede ser una referencia a alguien que es heterosexual / cisgénero (en términos sexuales) hasta una manera de ver el mundo, que sin ser específicamente homo-lesbo-transfóbica, expresa formas perspectivas fuerte-

[2] Dado que en la actualidad el término tiende a escribirse con "k", usaré dicha fórmula.
[3] *Cruissing.*

mente hetero-cisnormadas de ver la realidad[4]. De hecho, una de las características contemporáneas del término es que perfectamente se (auto)aplica a personas LGBTI+ que en alguna conversación o con alguna actitud expresan estas formas de observación / participación en la realidad, pudiendo escucharse con frecuencia expresiones como "Perdón, es muy *paki* lo que acabo de decir" por parte de personas de *la comunidad* (LGBTI+).

Dado esto, entonces, lo *paki* da cuenta de una epistemología – entendida como una particular perspectiva y acervo de conocimientos sobre la realidad – hetero-cisnormativa, no necesariamente odiante – similar a aquello que el psicólogo norteamericano Joe Kort (2008) especifica con el término *homoignorancia*. Es decir, un conjunto de saberes y perspectivas (epistemológicas) derivadas de experiencias precarias de socialización, culturización, costumbres y saberes específicos de las comunidades LGBTI+. En este sentido, las psicologías *paki* refieren a diversos saberes y prácticas psicológicas que abordan la cuestión LGBTI+ con recursos precarios en los dominios antes mencionados.

Psicologías *Paki*

Tal como he señalado, resulta imposible decir que la psicología latinoamericana contemporánea siga en el mismo nivel de homogeneidad patologizante de las identidades LGBTI+ que como estaba hace diez o veinte años atrás. En múltiples carreras universitarias de psicología, a lo largo y ancho del subcontinente existen líneas de investigación, núcleos, cursos de posgrado y de grado, capacitaciones y proyectos de vinculación comunitaria con perspectivas muy diferentes a las heredadas. Incluso, incorporando curricularmente temas LGBTI+ con cierta mirada afirmativa a los planes de estudio.

[4] En este sentido, podríamos decir que alguien *paki* es una persona *querible*, sobre la cual se apuesta a procesos de *despakización* (un descentramiento y complejización epistémica y cultural) en sus formas de concebir la realidad.

Sin embargo, el desarrollo contemporáneo de estos avances, sigue teniendo bases endebles y fragmentarias respecto del volumen de discusiones requeridas e implicadas en el ámbito de temáticas LGBTIQ+. Una masa informe de perspectivas contradictorias y ambiguas recorre el panorama latinoamericano de abordajes sobre dicha cuestión. Haciendo que si bien se torna difícil hablar de perspectivas abiertamente LGBTI+fóbicas – aunque persistan (e incluso abunden de determinados reductos de la disciplina) – es posible encontrar con frecuencia *miradas altamente paki* sobre el campo referido. Elemento que se puede explicar históricamente.

Contextos y dominios de desarrollo de la cuestión LGBTI+ en la psicología latinoamericana

Como ya hemos dicho, la cuestión LGBTI+ – abordada desde una perspectiva más o menos afirmativa – ingresa con énfasis a la psicología latinoamericana con el comienzo del siglo XXI y más bien transcurrida la primera mitad de su primera década. Y ello, principalmente, de la mano de transformaciones sociales, institucionales y de climas culturales "externos" a la disciplina. En este sentido, podemos decir que la cuestión LGBTI+ llega tarde a la psicología respecto de otros escenarios sociales como el mundo del activismo, el de las transformaciones institucionales, el mundo cultural y de la sociabilidad LGBTI+ a nivel urbano y el mundo de las adecuaciones normativas y legales.

En este sentido, entiendo que en términos de producción de agendas y recursos cognoscitivos (Meccia, 2016) específicos, se pueden identificar dos elementos centrales:

1. La movilización social generada por asociaciones civiles organizadas y diferentes organismos – tanto nacionales como internacionales – que fueron constituyendo lo que se conoció como *agenda de derechos*; centrada, en un inicio, en transformaciones legales de restitución de derechos alienados a las personas LGBTI+, tales como el derecho al matrimonio o a la adopción entre otros.

2. La articulación – dentro y fuera de la "agenda de derechos" – de discusiones, saberes y prácticas sobre temáticas de género, principalmente vinculados a los estudios sobre mujeres (cis) y estudios feministas, a través del cual la se fue incluyendo la consideración de las circunstancias sociales de vida de las personas LGBTI+. Primero de gays y lesbianas y luego de personas trans.

Respecto del primer domino, se destaca la labor realizada para visibilizar y fundamentar empíricamente las situaciones de desigualdad y/o injusticia vivida por las diversas poblaciones asociadas a la comunidad LGBTI+. Labor en la que se destacan las articulaciones entre sociedad civil y academia, desarrollando múltiples proyectos – tanto nacionales como regionales – de investigación empírica que dotara de materialidad y validez a tales situaciones. Particularmente en esta órbita, se destaca la labor de agencias internacionales de derechos humanos y cooperación internacional, favoreciendo alianzas estratégicas de trabajo entre los actores mencionados, así como también sosteniendo financieramente tales desarrollos.

El impacto de los emprendimientos desarrollados por tales actores se puede registrar en dos arenas principales: (1) como ya se dijo, produciendo evidencia empírica sobre situaciones de desigualdad y/o injusticia – vulneraciones de derechos en términos de estos actores y acciones – padecida diferencialmente por la población LGBTI+ y (2) desarrollando procesos de comunicación social de de los mencionados *recursos cognoscitivios* asociados a la cuestión LGBTI+. En esta segunda arena, principalmente a nivel de la definición, estandarización y popularización de terminología específica vinculada al campo.

Sobre esto último – y principalmente en los primeros años del período indicado – resultan figurativos los esfuerzos por desarrollar diferentes tipos guías, muchas de ellas muy básicas, orientadas a brindar términos lexicográficos y claves interpretativas en arenas específicas de diferentes políticas públicas, tales como los ámbitos educativos, sanitarios, de atención ciudadana, etc. Guías que como común denominador tuvo la construcción de muy sucintos glosarios en los que se definían conceptos tales como orientación sexual, identidad de género, sexo y género entre otros, siendo base de múltiples capacitaciones a funcionarios y profesionales en los ámbitos mencionados.En segundo lugar y de forma solapada, se puede identificar un dominio de producción de saberes y discursos asociados a los movimientos sociales y estudios "de género".

Partiendo de un marco conceptual fuertemente moldeado por la perspectiva del concepto desarrollada por la historiadora norteamericana Joan Scott (2002, 2011), orientado al análisis de las relaciones de poder y desigualdad en virtud de la distribución de roles sociales generizados, la agenda de abordajes sobre los asuntos LGBTI+ se desarrollará fuertemente como una nueva arista problemática de los problemas asociados al género, los pocesos de generización y la asignación de roles. En este sentido, por ejemplo, un caso paradigmático fue la concepción de las *gaycidades* como nuevas masculinidades; enfoque que entiendo enormemente desacertado, al dar por sentado que ser gay – u homosexual – es u fenómeno *reciente*.

En paralelo, y con el mencionado boom editorial de Judith Butler y los estudios queer, se observará un giro conceptual sobre la naturalidad o no de los géneros, habilitando nuevos debates, pero siempre concentrando la atención sobre las diversas dinámicas y situaciones de las personas que integramos la comunidad LGBTI+ con relación a tal categoría y circunscripto al análisis de relaciones de poder social y político.

Así entonces, los desarrollos analíticos derivados de estas dos perspectivas – enfoque de derechos y estudios de género (derivados de los estudios de mujeres y feministas) – serán la matriz de las apropiaciones que la psicología tomará para *repensar* sus prácticas y marcos de referencia. Matriz acuñada en diferentes ciencias sociales y humanas (Ciencias Políticas, Filosofía, Economía e Historia principalmente), sin incorporación sustantiva de debates producidos por la propia psicología en otras latitudes y desde hace tiempo. Con las dificultades que ello supone.

Por último, ademas, en los últimos años[5], y proveniente también de discusiones de base feminista, emergen con fuerza los análisis que incorporan y popularizan la perspectiva de interseccionalidad (Crenshaw, 2012). Perspectiva que en el caso de muchas apropiaciones locales – y lejos de las intenciones analíticas de la perspectiva señalada – más que intentar comprender las trayectorias y formas particulares de existencia de sujetos que se ven atravesados por múltiples *avenidas identitarias*, quedan encajonadas en ecuaciones lineales y simplistas que al decir de Vidarte y Llamas "... suman discriminaciones como quien suma manzanas" (Llamas; Vidarte, 1999, p. 8). Y donde "alimentada [por] una moralidad que sanciona en base a una especie de ranking del sufrimiento social" (Meccia, 2022, p. 41), se pueden obtener datos matemáticamente creíbles, pero empíricamente difíciles de sostener, como la idea actual de pensar que las mujeres trans son mayoritariamente privilegiadas ya que fueron socializadas como varón y donde *el hecho* de *"haber sido socializadas como varón"* otorga una especie de máximo de los puntajes a nivel de privilegios sociales. Cuestión de sociodemagráficamente no se sostiene y que militan activamente que los movimientos auto-identificados como *feminismos radicales*, y que desde mi perspectiva resulta más descriptivo catalogar como *feminismos radicales trans-excluyentes* (Özlen, 2020; Thomsen; Essig, 2022; Worthen, 2022) – Terf, por sus siglas en inglés –, sobre los cuales nos hemos pronunciado (Freitas De León, 2022b).

La estructura de lava. el estado actual de la cuestión LGBTI+, y más, y más y más

En función de lo expresado, me parece importante señalar que (1) una psicología que solo tome al género como categoría analítica rectora de las cuestiones LGBTI+ contemporáneas y (2) que solo intente comprender a lxs sujetxs de dicha comunidad en términos de sujetxs vulneradxs – lo cual no quiere decir que no lo seamos en muchas

[5] Con énfasis desde 2015 en adelante, dependiendo la latitud.

áreas e interacciones sociales – resulta más que insuficiente. Sobre todo, frente a la apertura de múltiples dimensiones analíticas y experienciales que al día de hoy vienen emergiendo a una velocidad imparable y que desbordan los glosarios acuñados hace algunos años.

Hablar hoy de diversidad sexual – esa diversidad de la que no parecen formar parte "exóticamente" las personas heterosexuales, cigénero, alonormadas y binarias – es mucho más que hablar de orientación sexual e identidad de género. En los últimos años, a las particulares circunstancias de existencia del ser gay, lesbiana, trans (varón o mujer) o bisexual, se incorporan nuevas identidades, expresiones y existencias (tanto subjetivas como políticas) que van adquiriendo visibilidad y palabra sin que por ello sean en sí *un fenómeno nuevo*. Tal es el caso de las personas cuyas existencias y sensibilidades entran en conflicto con normas de sobre las cuales la psicología latinoamericana más que aprenderse nuevos términos de diccionario, no ha reflexionado en profundidad, ni tomado medidas para incorporales al mundo de lo *realmente existente*. Existencias que sin quererlo ni desearlo – porque no toda nuestra existencia es una constante confrontación política, y lo disputo – tensionan los estrechos márgenes culturales y simbólicos de pensar que *la identidad* monolítica y binaria en términos de género: personas no binarias, genderqueer, de género fluído o no conformes con el género (Duarte, 2018); mucho más allá de una mera performance lúdico – política tan ensalzada por las perspectivas *queer*[6]. O aquellas que presentas modalidades particulares respecto de la "apetencia" sexual, coital o romántica que ponen en jaque la idea de que todas, todos y todes sentimos necesidad de encuentros sexuales / coitales. Personas que habitan el espectro grisexual – asexual; personas que disputan y contradicen la alonorma aún naturalizada.

---

[6] Respecto de los sesgos y equívocos que la versión voluntarista – performática proveniente de los estudios queer ha reproducido, principalmente a la hora de pensar (y romantizar) las realidades trans*, recomiendo la lectura del texto "Defundamentos y postfundaciones: Revoluciones conservadoras, tecnologías de apropiación y borramiento de cuerpos y subjetividades trans en la obra de Preciado" (Radi, 2015).

En este sentido, me importa señalar que una psicología verdaderamente comprometida con *la causa* LGBTIQ+, necesariamente debe comprometerse con la profunda y repetuosa atención procesos hermenéuticos de significación de experiencias que las penosas LGBTIANB+[7] (y más, y más, y más...) vamos creando. Lo cual supone, en primer término, renunciar a la posibilidad de un entendimiento completo y eterno de algo que se está gestando día a día – la erosión de los órdenes simbólicos monolíticos a la hora de pensar y sancionar los cuerpos, las identidades y los deseos – y que muy posiblemente, lejos de estar culminando, recién comienza.

De allí que, si se me propusiera identificar un elemento primordial de identificación de lo que llamo *psicologías paki*, las cuales se fundan en la pretensión e idea errónea – e irrespetuosa – de pensar que con tres ideas rectoras se puede ser intelectual y técnicamente operativo en este campo. Que con llevar al día los términos *identitarios* que van surgiendo y tener actualizado *el glosario* es más que suficiente. O creer ingenuamente que con leer el último texto de moda sobre el asunto[8] – o peor, sobre asuntos adyacentes pero no centrales –, sin echar la mirada también al pasado para tratar de hilvanar una serie de debates sin páginas de índice, se puede publicar algún tipo de experiencia.

O también, podría encabezar la lista con lo que considero el peor de los crímenes humanitario a nuestra especie: el *eclectisismo conservador amigable en el trato*, pero que prefiere conservar tradiciones académicas vetustas – con sus improductivas discusiones ya saldadas en otras costas – que reproducen hasta el infinito falsas polémicas y erran el foco de lo que de verdad es importante atender.

Y sobre esto, tal vez el mejor ejemplo que tengo sea la conservación de la teoría psicoanalítica de las identificaciones. La reverberación de la idea de que las orientaciones sexuales e identidades de

---

[7] En referencia a gay, lesbiana, bisexual, intersexual, asexual, no binaria.

[8] Cuyo último capítulo en Uruguay y Argentina ha sido la publicación de "Yo soy el monstruo que os habla: informe para una academia de psicoanalistas" (Preciado, 2020b); más de lo mismo pero abrazada como la última panacea vanguardista teórica de lectura obligatoria.

género no heterocisnormadas se deben a algún punto de la historia de vida (algo *diferente*, algo disruptivo, algo crítico, algo en exceso o en déficit) y a las formas en que eso impactó en la dinámica identificatoria, sigue imperando al día de hoy cuando se nos piensa. Y muy particularmente, algo ocurrido en la temprana infancia y/o en relación a situaciones que no recordamos como tales o difusamente.

Cuestiones como que *tuvimos* madres o padres superprortectores, o madres o padres distantes o abandónicos. Sea porque se nos presuma un abuso sexual o participante de gestos interpretados como eróticos, al modo del caso freudiano de Ema (Freud, 2007). O incluso, más aquí en el tiempo, porque siendo niñxs, vimos — sin querer o queriendo – una pareja de madres lesbianas, durante unos pocos segundos, en algún filme animado de Disney.

Pero sea como sea, siempre hay que buscar el origen de nuestras existencias sexo-genéricas. Recorrido que nadie emprende – ni del lado del profesional, ni del lado de lxs clientxs – cuando quien consulta da probadas cuentas de heterosexualidad y cisgeneridad.

Y dado esto – ya sea por *paki*, o por abierta homo-lebo-bi-transfóbia más que sencilla de registrar en diferentes consultorios (Freitas De León, 2022a) – reverbera. Insiste. Vuelve. No se despega de nuestros arsenales categoriales. Incluso, cuando su sustento empírico para los casos en cuestión, se ha desfondado irreparablemente hace más de una década (American Psychological Association, 2009). Y con ello, continúa interdictando nuestras existencias, tal como bien lo expresaba el filósofo español Paco Vidarte (2010, p. 55-56) cuando escribe:

> Que tú eres marica y quieres ser feliz, y que poco te importa o te importó nunca saber por qué tu deseo era diferente, es una verdad de perogrullo. Y si alguna vez logró dicha cuestión sobre los orígenes captar tu interés e incluso obsesionarte, es que han conseguido comerte ya el coco. Sólo les interesa a ellos saber por qué les han crecido estos champiñones en su jardín. La búsqueda del origen siempre ha supuesto una aplicación

útil, manipuladora, controladora, de dominio, de diferición. Hallar la receta de cómo hacer maricas o hacer heterosexuales sólo puede perjudicarnos. Amén de que es imposible, y de que el misterio de cómo surgen las maricas es una de las armas más brutales que tenemos contra ellos. Surgimos y ya está.

En este sentido, propongo que la construcción de una psicología verdaderamente afirmativa debe tener como principal compromiso la superación del actual estado *paki* de la disciplina. Es decir, una psicología crítica que no quede limitada a meramente el trato amable basado en la compasión frente a las vulnerabilidades que nos aquejan, y en cambio esté dispuesta a dejar de lado sistemas y perspectivas teóricas que no hacen más de reproducir y endurecer violencias e injusticias epistémicas (Fricker, 2017) hacia lxs integrantes de nuestra comunidad.

Revisitando a Rubin

En 1975, la antropóloga norteamericana Gayle Rubin publica "El tráfico de mujeres: notas sobre la economía política del sexo y el género" (2015 [1975]), anticipándose en década y media a muchos de los postulados de "El género en disputa" (Butler, 2018 [1990]) y creando proponiendo por primera vez el concepto de *"sistema sexo-género"*, muchas veces injustamente atribuido a Butler[9].

A partir de dicho concepto Rubin plantea un giro epistémico fundamental: disocia sexo de género, alterando la concepción tradicional según la cual dichas cateogrías no serían más que dos caras indisociables de una misma moneda. Perspectiva que no fue registrada por gran parte de los movimientos feministas hasta los albores del siglo XXI y más.

[9] Quien si bien cita a Rubin doce veces a lo largo del libro, sin hacer demasiado énfasis – al menos a mi gusto – en marcar que la base de la arquitectura argumental de su planteo tiene origen en Rubín y data de 15 años antes de su análisis.

Así entonces, el giro rubiniano, permite pasar del pensamiento unidimensional a un mundo bidimensional conformado por el cruce de ejes de abscisas y ordenadas de tales variables. Un mundo donde la feminidad cisgénero cubre parte de la superficie amplia marcada por tales ejes y donde también – tiempo después – podrán hacerlo las feminidades trans, o aún, más acá en el tiempo, las feminidades fluídas no binarias o las identidades trans no binarias.

En razón de ello, resulta conveniente señalar que la *arquitectura espacial* y *dimensional* de las existencias que podíamos considerar al día de hoy como parte de la cuestión y las comunidades LGBTI+, es mucho más compleja. A saber: a las categorías de sexo y género propuestas por Rubin como vectores dimensionales organizadores de espacios de ocupación de existencias más o menos inteligibles, hoy se agrega el eje de la identidad de género (cis – trans), el eje de la binariedad / no binariedad, así como el eje de la alosexualidad / asexualidad – grisexualidad. Y por esto mismo, resulta conveniente destacar que las psicologías *con enfoque de género* no solo no bastan, sino que imponen condiciones hermenéuticamente injustas (Fricker, 2017) y opresivas a muchas de las experiencias LGBTI+ contemporáneas.

Particularmente, la idea de que todxs tenemos una orientación innata hacia las prácticas sexuales coitales, o que – como bien ha impuesto el psicoanálisis a lo largo de casi 125 años – el coito y el orgasmo pueden tomarse como expresión paradigmática de satisfacción y placer (eso que no pasa en las personas asexuales – grisexuales), es un punto casi inabordado. Situación por la cual persisten prácticas psicológicas que interrogan sobre frecuencia sexual para diagnosticar cuadros de depresión y/o psicosis, sin que exista un parangón, un metro patrón, sobre el cual medir qué es mucho y qué es poco[10].

Ni que hablar además respecto de las intersexualidades, sobre las que tampoco hay recursos prácticos de justicia epistémica a los

[10] Sobre este asunto, siempre me ha parecido interesante la idea de hacer una encuesta a psicólogxs y psiquiatras sobre la frecuencia sexual de ellxs mismxs. Tema sobre el cual claramente no se habla y que la psicoanalítica norma de abstinencia y neutralidad blinda.

actos y derivas producidos por la observación fugáz de *los génitales* de una persona recién nacida, sobre la que se asigna sexo (monolítico y binario), negando con ello la diversidad de configuraciones sexuales de los cuerpos (Kessler, 1998; Kitzinger, 1999).

Y a ello, además, se le debe sumar el hecho de que esto recién comienza. Si Michel Foucault señalaba la profusión de discurso (higienista y regulatorio) sobre la sexualidad (Foucault, 2021), debemos señalar hoy el mismo proceso, pero en dirección inversa. De allí que la psicología contemporánea, si quiere abandonar su posición *paki*, debe comprender que estamos recién en la formación de una ola hermenéutica donde se producen y negocian nuevos sentidos respecto de quienes y como somos en términos de nuestros cuerpos, nuestros deseos y nuestras representaciones de género y demás. Una ola emancipatoria, reactiva a la regulación higienista y disciplinadora de la que la psicología eugenésica y la psicología *firendly* / *paki* han sostenido de formas distintas.

Consideraciones finales

A modo de cierre, entiendo que una psicología *post-paki* (o post-friendly), verdaderamente afirmativa (de la dignidad, de la ciudadanía epistémica de las personas LGBTI+ y de las prácticas que hemos acuñado para vivir en un mundo que nos ha querido exterminar y sin embargo hemos venido transformado) se basa en comprender que las gramáticas del sexo, el género y el deseo – eso que a los psicoanálisis *con perspectiva de género* le gusta tanto – es un problema importante, pero para nada el más importante. Por eso acuerdo con la perspectiva de Claudio Martínez, Alemka Tomicic, Constanza Gálvez, Juliana Rodríguez, Catalina Rosenbaum y Francisco Aguayo (2018) al definir a las *psicoterapias afirmativas* (Borges, 2009) como psicologías *culturalmente competentes* para el trabajo con personas pertenecientes a la comunidad LGBTI+.

Hace no mucho tiempo escuché una participación de una profesora titular en un ateneo clínico de un servicio de atención psicológica con perspectiva afirmativa. Seguramente fue invitada por su calidad jerárquica en la estructura académica y no por su experiencia ni experticia en el campo LGBTI+. El centro de la misma fue la dificultad de le presentaba una mujer trans que alternaba los artículos y el género a lo largo de una entrevista. Tal como también hacemos muchos varones gays en espacios comunitarios donde hablamos sobre nosotros a veces en masculino, a veces en femenino[11]. Una práctica social y comunitaria *tradicional*, lúdica, fuertemente enraizada en la comunidad y enormemente subversiva, que el sociólogo argentino Horacio Sívorí (2005) llamó, *el habla de la loca*.

Desconociendo esta práctica, y producto de su exterioridad radical con los ámbitos comunitarios y de sociabilidad LGBTI+, la profesora titular no dudó en preocuparse por la posibilidad de que esa mujer trans estuviera ante los prolegómenos de una esquizofrenia; ya que la consultante "*era inestable respecto de su representación* [verbal] *de género*" (sic.).

El desafío no es poco. Como cualquier área de conocimientos, el abordaje de temas y prácticas con personas LGBTI+ en psicología, requiere procesos de formación crítica de larga data. Procesos que no se agotan en lecturas fragmentadas, parciales o esporádicas sobre la cuestión, además de procesos subjetivos internos de aculturación en aquellxs que lo llevan adelante. Sin que ello quiera decir que solamente quienes somos o nos definimos como personas LGBTI+ podemos embarcarnos en la tarea. También sobran casos de psicólogxs LGBTI+ ascepticxs, discretxs, clandestinxs y hasta higientistxs, porque todavía existen prácticas políticas de la disciplina que así lo requieren explícita o implícitamente.

Para ello, algunos caminos tienen que ser recorridos, por ejemplo:

1. Identificar que la cuestión LGBTI+ forma parte de un recorrido de lucha epistémica y social con más de un siglo de antigüedad a nivel general y más demedio siglo a nivel de la psicología.

[11] Y yo la primera. Creo ser una de las *marikas* más entrenadas en el arte, preparándome para cuando el mismo sea deporte olímpico.

2. Reconocer que, dada esta antigüedad, son múltiples las bibliotecas forjadas, tanto como las polémicas y discusiones internas que ellas albergan.
3. Comprender que tales discusiones se han desarrollado *a fuego lento*, al calor de las supervivencias y los reclamos por dignidad y –sobre todo– a partir de discusiones y agendas que aún siguen dando cuenta de tensiones que no se hayan resueltas.
4. Asumir que si bien múltiples agendas y bibliotecas han sido de gran valor al campo de los estudios LGBTI+ (feminismos, estudios de género, estudios de interseccionalidad), los estudios LGBTI+ suponen enormes grados de especificidad *general* –de tales estudios respecto de los recién mencionados– como específicos vinculados a cada grupo poblacional o comunidad referida (estudios lésbicos – gays, estudios trans, estudios de intersexualidades, estudios bisexual, etc.).
5. Reconocer que –tristemente– la barrera lingüística (Freitas De León, 2012) sigue siendo una de las principales barreras de incorporarse en un debate denso y de larga data, incluso en épocas de traductores automáticos e inteligencias artificiales.
6. Internalizar que, si bien se observan mejoras oscilantes en la región respecto al tratamiento de la cuestión LGBTI+ –y la dignificación de los abordajes a nivel de la psicología latinoamericana– el tratamiento de las cuestiones LGBTI+ supone el conocimiento en profundidad de dinámicas comunitarias cambiantes y no solamente de alzas y bajas en la economía política del *mundo de las cosas dichas* (Meccia, 2006); y de allí concluir, que resulta imposible el trabajo respetuoso con personas LGBTI+ si no se conocen las dinámicas culturales variadas y específicas –y legadas– sobre las cuales tales personas nos sostenemos.

Hasta aquí estas notas, que surgen de la observación reiterada de prácticas asimilaconistas *integradoras*, *inclusivas*, de *pinkwashings*, *transwashings*, *no-binaries-washing* y demás. Observaciones que hasta ahora no formaban parte más que de foros cercanos de mesas de cantinas y cursos pequeños en la universidad; principalmente con estudiantes, y muy poco con colegas.

Queda entonces la provocación e invitación a la comunidad profesional de tomar en serio la temática, trascender los eslóganes y facilismos, y asumir la verdadera carga histórica de trabajo colectivo que supone correrse de lo amigable, lo meramente *friendly* o lo cortés, para sustituirlo por estares más basados en los procesos de sociabilidades compartidas y competencias culturales fuertes y significativas.

Referencias

ALFIE, Camila. Explorando los significados de la palabra "paqui". Em: *Suplemento SOY, Página 12*. Buenos Aires: 5 de agosto de 2022. Disponível em: https://www.pagina12.com.ar/442042-explorando-los-significados-de-la-palabra-paqui. Acesso em: 13 fev. 2023.

AMERICAN PSYCHOLOGICAL ASSOCIATION. *Report of the American Psychological Association Task Force on Appropriate Therapeutic Responses to Sexual Orientation*. Washington, DC.: American Psychological Association, 2009.

BARRIENTOS, Jaime; RADI, Blas. Evitar los sesgos hetero/cisexistas en la investigación en Psicología: un aporte desde Latinoamérica. Em: *Revista interamericana de psicología*, Vol. 55, N°. 2, e1631, 2021. Disponível em: https://doi.org/10.30849/ripijp.v55i2.1631. Acesso em: 13 fev. 2023.

BARRY, Ellen. ¿Quién fue el psiquiatra enmascarado que impulsó una revolución y luego 'desapareció'? *The New York Times*. Nova York: 6 maio 2022. Disponível em: https://www.nytimes.com/es/2022/05/05/espanol/psiquiatria-gay-fryer.html?smid=url-share. Acceso em: 13 fev. 2023.

BORGES, Klecius. *Terapia afirmativa: uma introdução à psicologia e à psicoterapia dirigida a gays, lésbicas e bissexuais*. Sao Paulo: Summus Editorial Ltda, 2009.

BUTLER, Judith. *El género en disputa: el feminismo y la subversión de la identidad*. 2a ed. en Argentina ed. Buenos Aires: Paidós, 2018.

CRENSHAW, Kimberlé Williams. Cartografiando los márgenes: Interseccionalidad, políticas identitarias, y violencia contra las mujeres de color. Em:

PLATERO, Raquel (Lucas) (Org). *Intersecciones: Cuerpos y sexualidades en la encrucijada*. Barcelona: Edicions Bellaterra. 2012. p. 87-122.

DUARTE, Mónica. *Genero no binario o genderqueer: revisión de la literatura existente*. Salto: UDELAR – Facultad de Psicología – CENUR Litoral Norte, 2018.

FOUCAULT, Michel. *Historia de la sexualidad 1: La voluntad de saber*. Buenos Aires: Siglo Veintiuno, 2021.

FREITAS DE LEÓN, P. Entre "Agrado" e "Prudência", a identidade em questão: contribuições desde e para uma Psicologia Social Crítica no campo LGBT. Em: LIMA, Aluísio Ferreira De (Org.). *Psicología Social Crítica: Paralaxes do contemporâneo*. Porto Alegre: Editora Sulina, 2012. p. 111-139.

FREITAS DE LEÓN, Paribanú. Psychology and the LGBTI+ Issue in Uruguay: The Uruguayan Psychoanalysis Journal's Discourse as a Case Study. Em: CHAPARRO, Reynel Alexander; PRADO, Marco Aurelio (Org). *Latinx Queer Psychology*. Cham: Springer. 2022a. p. 111-126.

FREITAS DE LEÓN, Paribanú. El problema de tolerar la intolerancia: ¿hasta cuando callar las violencias TERF?. Em: *Blog del GiiP*. 14 jun. 2022b. Disponível em: https://giip.hypotheses.org/814 . Acesso em: 15 fev. 2023

FREUD, Sigmund. Proyecto de psicología. Em: *Obras completas*. Vol.: I. Buenos Aires: Amorrortu, 2007. p. 323-393.

FRICKER, Miranda. *Injusticia epistémica: el poder y la ética del conocimiento*. Barcelona: Herder, 2017.

KESSLER, Suzanne. *Lessons from the intersexed*. New Brunswick, N.J.: Rutgers University Press, 1998.

KITZINGER, Celia. Intersexuality: Deconstructing the Sex/Gender Binary. *Feminism & Psychology*, v. 9, n. 4, p. 493-498, 1 nov. 1999.

KORT, Joe. *Gay affirmative therapy for the straight clinician: the essential guide*. New York: W.W. Norton & Co., 2008.

LLAMAS, Ricardo.; VIDARTE, Francisco. *Homografías*. Madrid: Espasa Calape, 1999.

MARTÍNEZ, Claudio. et al. *Psicoterapia culturalmente competente para el trabajo con pacientes LGBT+: una guía para psicoterapeutas y profesionales de la salud mental*. Santiago de Chile: l. Centro de Estudios en Psicología Clínica & Psicoterapia, Universidad Diego Portales (CEPPS-UDP), 2018.

MECCIA, Ernesto. La cuestión gay. Buenos Aires: Gran Aldea Editores, 2006

MECCIA, Ernesto. *El tiempo no para: los últimos homosexuales cuentan su historia*. Buenos Aires / Santa Fé : Ediciones Eudeba / UNL, 2016.

MECCIA, Ernesto. Los nuevos extraños. Crítica de la Sociología buchona. 7 *ensayos. Revista Latinoamericana de Sociología, Política y Cultura*, n. 4, p. 38-51, 4 jul. 2022.

MORGAN, Kris; NERISON, Rebecca. Homosexuality and psychopolitics: An historical overview. *Psychotherapy: Theory, Research, Practice, Training*, v. 30, n. 1, p. 133-140, 1993.

ÖZLEN, Lara. "No TERFs On Our TURF:" Building Alliances Through Fractions on Social Media in İstanbul. Kohl: A Journal for Body and Gender Research, v. 6, n. Winter, p. 369-386, 21 dez. 2020.

PECHENY, Mario; ZAIDAN, Luca; LUCACCINI, Mirna. Sexual activism and 'actually existing eroticism': The politics of victimization and 'lynching' in Argentina. *International Sociology*, v. 34, n. 4, p. 455-470, 1 jul. 2019.

PLUMMER, Ken. Queers, Bodies and Postmodern Sexualities: A Note on Revisiting the "Sexual" in Symbolic Interactionism. *Qualitative Sociology*, v. 26, n. 4, p. 515-530, 1 dez. 2003.

PRECIADO, Paul B. *Manifiesto Contrasexual*. Barcelona: Anagrama. 2016.

PRECIADO, Paul. B. *Testo yonqui*. Barcelona: Anagrama, 2020a.

PRECIADO, Paul. B. *Yo soy el monstruo que os habla: informe para una academia de psicoanalistas*. Barcelona: Anagrama, 2020b.

RADI, Blas. Defundamentos y postfundaciones: Revoluciones conservadoras, tecnologías de apropiación y borramiento de cuerpos y subjetividades trans en la obra de Preciado. *Sexualidades-Serie monográfica sobre sexualidades latinoamericanas y caribeñas*, v. 12, p. 1-27, 2015.

RITTER, Kathleen; TERNDRUP, Anthony. *Handbook of affirmative psychotherapy with lesbians and gay men*. New York: Guilford Press, 2002.

ROSE, Nikolas. Psicologia como uma ciência social. *Psicologia & Sociedade*, v. 20, p. 155-164, ago. 2008.

ROSE, Nikolas. Una historia crítica de la psicología. Em: *La invención del sí mismo*: poder, ética y subjetivación. Ciencias Sociales. Santiago de Chile: Pólvora, 2019.

RUBIN, Gayle. *El tráfico de mujeres: notas sobre la economía política del sexo*. p. 35-91, 2015.

SCHNEBERG, Willa. Dr. Henry Anonymous Speaks at the 1972 APA Convention. *The Radical Teacher*, n. 124, p. 78-80, 2022.

SCOTT, Joan. Género: ¿Todavía una categoría útil para el análisis? *La Manzana de la Discordia*, v. 6, n. 1, p. 95-101, 2011.

SCOTT, J. El género: una categoría útil para el análisis. *Revista del Centro de Investigaciones Históricas*, n. 14, p. 9-45, 1 dez. 2002.

SÍVORI, Horacio. La interacción verbal en el ambiente. Em: *Locas, chongos y gays*: sociabilidad homosexual masculina durante la década de 1990. Buenos Aires: Editorial Antropofagia, 2005.

THOMSEN, Carly.; ESSIG, Laurie. Lesbian, feminist, TERF: a queer attack on feminist studies. *Journal of Lesbian Studies*, v. 26, n. 1, p. 27-44, 2 jan. 2022.

WORTHEN, Meredith. This is my TERF! Lesbian Feminists and the Stigmatization of Trans Women. *Sexuality & Culture*, 26 abr. 2022.

Capítulo 7

TORNAR-SE COMPOSITORA

NARRATIVAS DE RESISTÊNCIA DE MULHERES NEGRAS NA CENA MUSICAL DE ALAGOAS

Jaileila de Araújo Menezes
Maria Natália Matias Rodrigues

Voltei pra terra, eu aplantei
Aplantei pra nascer semente.
(Determinei, 1998)

Introdução

O presente capítulo discute experiências de resistência de mulheres negras compositoras alagoanas a partir da música. As discussões aqui apresentadas foram construídas em tese de doutoramento em Psicologia, na Universidade Federal de Pernambuco. Partimos da premissa de que a arte é constitutiva da cultura de qualquer grupo social e compõe o campo de produção de conhecimento. Nesse sentido, o diálogo da academia com a arte pode ser fundamental para acessar outras formas de produção de conhecimento que têm sido comumente invisibilizadas pelos saberes hegemônicos e eurocentrados, como, por exemplo, as constantes tentativas de silenciamento dos saberes de povos afro-diaspóricos, nos quais se incluem as produções de mulheres negras.

Inicialmente, faz-se importante dizer que, embora estejamos utilizando, ao longo deste trabalho, a categoria "mulheres negras", não o consideramos como monolítico. Como afirma Jurema Werneck (2010, p. 10), "as mulheres negras não existem", ou seja, há uma diversidade de temporalidades, experiências, formas de representação dentro desse grupo identificado como "mulheres negras", as quais, enquanto sujeitas identitárias e políticas, resultam de articulações heterogêneas.

Entendendo o papel significativo da música na cultura, compreendemos que as questões envolvidas no processo de criação musical, atuação, composição, produção artística e cultural possibilitam visibilizar os atravessamentos e interseccionalidades presentes nas vivências das mulheres negras, abordando dimensões coletivas e individuais, e que para o campo da pesquisa em Psicologia se apresenta como uma interessante estratégia de acesso a questões subjetivas, especificamente àquelas ligadas às experiências de ser mulher negra e aos enfrentamentos das desigualdades de gênero e de raça.

No cenário musical, as mulheres negras têm atuado como protagonistas, especialmente porque, como nos lembra Patrícia Hill Collins (2019), o pensamento de mulheres negras em instituições tradicionalmente controladas por homens brancos, como as universidades, tem sido subjugado, o que as levou a edificar outros espaços de formação de uma consciência feminista negra, utilizando a arte, incluindo a música, como campo importante dessa construção.

As autoras com as quais dialogamos trazem suas questões a partir de diferentes contextos culturais e territoriais e também fazemos a escolha por um cenário específico, que é o território alagoano. Alagoas é um pequeno estado do Nordeste brasileiro, cercado por muitas águas (mar, rios e lagoas) que dão origem ao seu nome. Na formação desse território vamos encontrar fortes marcas da colonização que se fazem presentes na formação da identidade cultural alagoana (Lessa, 2007) em contraste com a resistência negra presentificada no Quilombo dos Palmares (1595-1695), que foi o primeiro Estado Livre do continente americano no Brasil colonial (Gonzalez, 2020), com sede atualmente localizada na cidade de União dos Palmares-AL. Esses contrastes atravessam a história de Alagoa, sua cultura e, portanto, sua produção musical.

Entende-se que o estudo sobre a vida dessas compositoras, considerando a intersecção raça e gênero pela qual elas são atravessadas com a produção musical, atuação e participação no cenário musical, pode trazer importantes reflexões sobre as experiências de protagonismos e resistências. Objetivamos, portanto, entender as experiências de resistência de mulheres negras compositoras alagoanas através da produção musical.

Considera-se, ainda, a partir de uma perspectiva decolonial, a importância de adotar o *locus* de enunciação, entendendo que este é marcado por localização geopolítica, por hierarquias raciais, de classe, gênero, sexuais, entre outras, que incidem sobre o corpo dentro do sistema mundial moderno/colonial (Bernardino-Costa; Grosfoguel, 2016). Assim, destacar o *locus* de enunciação da pesquisa, Alagoas, está alinhado com o compromisso ético-político de investigações decoloniais em problematizar aspectos geopolíticos que colaboram para o estabelecimento de hierarquias (raciais, de classe, gênero, sexuais, entre outras) e desigualdades entre grupos sociais.

Nesse sentido, articulam-se as discussões de gênero com as de raça, essas são entendidas a partir de construções sociais e históricas relacionadas à identidade que produzem e reproduzem diferenças e informam sobre dificuldades e privilégios que sustentam desigualdades sociais. No presente trabalho não se indica raça como traço biológico, mas como categoria social importante nas estruturas sociais (Schucman, 2010). O conceito de raça vincula-se à hierarquização, à injustiça e à desigualdade, implicando uma conexão com o conceito de racismo e com os processos de dominação e inferiorização dele resultantes, que em nossa sociedade têm produzido desigualdades e inferiorização social (Werneck, 2007).

Lembramos também das discussões levantadas pelo Feminismo Negro, que busca atender às especificidades das vivências das mulheres negras e suas bandeiras de lutas específicas contra as imagens de controle que lhes são impostas. Lélia Gonzalez (1984) discute sobre essas imagens da mulher negra brasileira considerando a estigmatização e objetificação. A mãe preta, a mulata tipo exportação e a doméstica podem ser pensadas como imagens de controle que escancaram o duplo fenômeno do racismo e do sexismo na cultura brasileira, produzindo efeitos violentos sobre a vida das mulheres negras. De acordo com Sueli Carneiro (2001), o Feminismo Negro construído no contexto de sociedades multirraciais, como são as sociedades latino-americanas, tem como principal eixo articulador o racismo e seu impacto sobre as relações de gênero, uma vez que ele determina a hierarquia de gênero em nossa sociedade.

Muitas mulheres negras tornam-se protagonistas sociais e seus processos de sociabilidade envolvem relações que são permeadas por identificações, pertencimentos, afastamentos e conflitos. Assim, estudar sobre as experiências de mulheres negras compositoras nos trouxe importantes discussões no que diz respeito à vida dessas mulheres e as possibilidades de resistência.

Caminhos metodológicos

Nosso percurso metodológico foi atravessado por experiências dentro e fora da academia, pelo momento pandêmico e seus impactos na produção científica e nossas escolhas teóricas e metodológicas (não aleatórias) relacionadas com o projeto político-acadêmico que estamos trabalhando. Nossa abordagem metodológica de pesquisa intencionou construir uma pesquisa dentro da perspectiva decolonial de produzir conhecimento. Isso requer, entre outras questões, uma desobediência metodológica conforme preconizam Ocaña e López (2019). Para os autores, não existe uma metodologia decolonial, mas sim o fazer decolonial, que não surge como uma "outra" forma de conhecer, pensar, ser, fazer e viver.

> Por isso propomos fazer decolonial, que se consubstancia em ações/traços decoloniais (não em etapas de pesquisa, nem em métodos, nem técnicas, sem instrumentos). Essas ações decoloniais são contemplação comum, conversa alternativa e reflexão configurativa (Ocaña; López, 2019, p. 155, tradução nossa).

Tentamos, assim, no caminho metodológico construído na presente pesquisa, produzir um processo de construção de conhecimento posicionado, reflexivo e ético, que pudesse ser entendido como uma prática decolonizadora (Ocaña; López, 2019), considerando os saberes das nossas interlocutoras e o compartilhamento de nossas experiências. De forma a construir uma pesquisa que levasse em conta essas ações decoloniais e fosse uma investigação cuidadosa (Marques; Genro, 2016), que reafirmasse o lugar de produtoras de conhecimento das nossas interlocutoras, com um olhar alternativo aos modelos científicos hegemônicos, dando espaço às nossas afetações, à escuta atenta e à ética do cuidado. Esse exercício ético, compartilhado e afetivo possibilitou que a pesquisa fosse orientada a partir da união de diferentes vozes não hierarquizadas.

Mulheres negras compositoras das Alagoas

Nossas interlocutoras foram oito mulheres cis negras alagoanas (Alice Goreti, Linete Matias, Manu Preta, May Honorato, Mel Nascimento, Natalhinha Marinho, Rafaela Quintino e a Interlocutora I[1]) que têm suas vidas atravessadas pelo campo da música. A identificação delas como compositoras negras alagoanas (para além de suas atuações como cantoras e musicistas) surgiu durante o convite para essas mulheres participarem da pesquisa, à medida que cada uma delas ia indicando uma outra mulher negra compositora para participar também.

Essas mulheres têm entre 21 e 38 anos, quatro delas nasceram em cidades do interior de Alagoas e quatro na capital, em Maceió, mas atualmente só uma delas mora no interior do estado. Todas se identificaram como negras. No que se refere à formação acadêmica e profissional, essas mulheres são formadas em Música (2), Teatro (1), Medicina (1), Técnico em Enfermagem (1). Uma delas está cursando Graduação em Música e outra Psicologia, e outras duas concluíram o

1 Apesar de garantirmos o anonimato através do Termo de Consentimento Livre e Esclarecido (TCLE), em função da temática da pesquisa foi perguntado para as interlocutoras se elas gostariam que seu nome fosse divulgado na pesquisa ou fosse resguardado o anonimato. Entre as participantes, apenas uma delas solicitou o anonimato, a essa estamos chamando de Interlocutora I.

Ensino Médio. Sobre terem atualmente alguma religião apenas duas responderam que sim, uma Umbandista e outra do Candomblé.

No campo da música elas se posicionam como artistas independentes, não são vinculadas a produtoras e realizam seu trabalho autoral na maioria das vezes a partir de recursos próprios. No que se refere ao estilo musical, elas ocupam espaços diversos: samba, MPB, rap, música instrumental, chorinho, coco alagoano, forró.

Como caminho metodológico para acessá-las, entramos em contato com uma delas, realizando o convite para participar da pesquisa e solicitando que indicasse outra mulher negra compositora para participar do estudo, considerando sua própria rede de contatos, e assim sucessivamente. Nossa pesquisa não teve caráter quantitativo, nem pretendeu abarcar a totalidade das mulheres negras compositoras em Alagoas e todas as questões que possam envolvê-las. Assim, as mulheres interlocutoras da nossa pesquisa não correspondem, obviamente, à totalidade de mulheres negras compositoras do estado de Alagoas, são sim aquelas que chegaram até nós, com suas singularidades e atravessamentos também coletivos, trouxeram questões fundamentais para pensar a intersecção entre raça, gênero e música em Alagoas.

A seguir trazemos como ocorreu o processo de construção das informações com as interlocutoras, desde o contato inicial até a análise das informações que elas nos trouxeram.

Percurso de construção de informações

Primeiramente, evidenciamos que a etapa de construção das informações ocorreu toda em período pandêmico, o que exigiu a elaboração de rotas alternativas para que a pesquisa ocorresse em meio ao distanciamento físico. Vale ressaltar que pesquisar uma expressão artística como a música em um momento social e sanitário de proliferação de "lives" trouxe também um olhar muito especial para as resistências da classe artística em tempos de luto, morte e dor coletiva.

Assim, foram realizadas conversas via internet com as oito interlocutoras. Utilizamos o termo "conversa" por dois motivos: esse foi o termo utilizado ao abordá-las e para explicar a pesquisa com o intuito de deixá-las o mais à vontade possível; e também porque, ainda que os eixos temáticos música, gênero e raça sejam centrais nessas conversas em função dos nossos objetivos de pesquisa, não houve um roteiro preestabelecido de perguntas, e sim as perguntas seguiram um fluxo de diálogo a partir do que as interlocutoras iam falando.

Argumentando sobre a importância da conversação, bell hooks (2020) diz que as conversas são democráticas, em que ideias, humor e sabedoria podem ser compartilhados. "Conversa sempre envolve doação. A conversa genuína é compartilhamento de poder e conhecimento; é uma iniciativa de cooperação" (bell hooks, 2020, p. 83). Foi a partir dessa inspiração que considera doação, compartilhamento de conhecimento e cooperação que nossas conversas aconteceram. Advogamos pela construção do conhecimento científico a partir de uma perspectiva horizontalizada, em que as interlocutoras, de fato, são detentoras de saberes socialmente relevantes e o encontro entre nós resultou em aprendizagem mútua.

Foram realizados dois momentos de conversas com as interlocutoras. Durante a primeira conversa, de modo geral, observamos o seguinte roteiro: inicialmente eu[2] me apresentava, explicava um pouco sobre a pesquisa e pedia autorização para iniciar a gravação; após, eu solicitava que cada uma se apresentasse, mas que para isso escolhessem uma música autoral (cantada, tocada, declamada ou no improviso conforme cada uma preferiu) e que falassem sobre si, como foi a entrada e história no campo da música e acerca do processo de composição; a partir dessa primeira rodada de respostas, considerando o que elas traziam, eu fazia novas perguntas: sobre seus trabalhos, a relação com a família, como se percebem como mulheres

[2] Ao longo deste texto, temos utilizado a conjugação no plural por entendermos que múltiplas vozes contribuíram para a construção deste trabalho. No entanto, no que se refere aos procedimentos metodológicos de coleta de informações com as interlocutoras, utilizamos a conjugação no singular para melhor descrever a interação direta da pesquisadora Maria Natália Matias Rodrigues com as compositoras.

negras artistas, indagações ligadas à produção musical em Alagoas, entre outras questões que foram surgindo.

No segundo momento de conversa, iniciei perguntando se todas se conheciam e se elas não gostariam de falar do seu trabalho para as demais (algumas das mulheres que participaram desse segundo encontro em grupo não estavam no primeiro, portanto havia a possibilidade delas não se conhecerem). Após essa apresentação inicial, pedi que elas compartilhassem os desafios de ser uma mulher negra compositora em Alagoas, e as respostas de cada uma eram complementadas pela outra. Em seguida solicitamos que comentassem especificamente sobre os impactos da pandemia de Covid-19 no seu trabalho.

Após os momentos de conversas com as interlocutoras e realização das transcrições desses momentos, seguimos para o processo de análise na esperança de que a arte nos apontasse os caminhos para construção do trabalho.

Nesse processo de análise utilizamos a perspectiva interseccional, por entender que esse constructo oferece ferramentas analíticas para apreender essa articulação de múltiplas diferenças e desigualdades de que as interlocutoras fazem parte, sendo as diferenças pensadas em sentido amplo, destacando as interações entre categorias em contextos específicos.

A interseccionalidade pode ser pensada como conceito, método e ferramenta analítica, e indica que atravessadores não podem ser vistos isoladamente, uma vez que representam processos individuais e coletivos. Segundo Collins (2019), no processo de investigação do conhecimento de grupos constantemente subjugados, como as mulheres negras, são necessárias outras ferramentas de análise diferentes daquelas utilizadas por grupos dominantes. Assim, o processo interpretativo a partir da interseccionalidade utilizado para explicar fenômenos sociais se torna uma importante ferramenta para pensar as opressões intersecionais de raça, gênero, classe, sexualidade que atravessam a vida de nossas interlocutoras. Os discursos universalizantes sobre as características das mulheres passam a ser questionados, a interseccionalidade permite visibilizar múltiplas formas de "ser mulher negra", evitando cair nos reducionismos e articulando gênero, raça, classe, geração, música, religião e demais atravessamentos que sejam relevantes.

No processo de análise das informações construídas com as interlocutoras, estivemos atentas ao modo como as mulheres negras compositoras falam de si, de suas experiências e de suas composições, aos discursos sobre sua história de vida e sobre a construção de sua própria identidade, o contexto de produção e atuação musical/cultural em Alagoas, tendo como foco a produção musical. Além disso, o processo de análise também enfatiza como os discursos das interlocutoras têm relação com outros discursos presentes na sociedade, tentando perceber as questões relacionadas aos eixos que estruturam as relações de poder e o sistema das desigualdades sociais, indicando as desigualdades de gênero e de raça vivenciadas pelas mulheres.

Narrativas de resistência: histórias cruzadas de mulheres negras compositoras

Ao longo deste trabalho, compreendemos as experiências de mulheres negras, assim como a sua escrita, através da música, como um movimento de resistência. Nesse sentido, um ponto inicial a ser levantado é o fato de que a própria metodologia de pesquisa para acionar essas interlocutoras tenha sido através da indicação realizada por elas; cada interlocutora foi indicada por outra mulher negra, incluindo a interlocutora inicial que foi acionada pela pesquisadora (uma mulher negra). Isso nos mostrou a importância de cada uma como referência e inspiração para as demais. Em diversos momentos das nossas conversas elas falaram como admiram e se inspiram nos trabalhos umas das outras, como é importante a construção de parcerias entre mulheres e trouxeram também uma noção de compartilhamento de cuidado, no sentido de reconhecerem que as parcerias entre elas as fortalecem para enfrentarem o machismo presente no cenário musical, como nos diz Mel:

> [...] a gente precisa tomar cuidado, se cuidar, uma na outra, assim, uma se agarra ali outra aqui, porque se não for assim a gente não consegue, a gente é engolida pelo machismo, o machismo da produção musical, da produção cultural, da gravação em estúdio, da direção nos ensaios (Nascimento, 2022, informação oral).

Esse machismo indicado pela interlocutora pode estar relacionado à presença predominante de homens no cenário musical, nas atividades que envolvem a produção cultural, nos estúdios onde ocorrem as gravações das músicas, na direção de eventos musicais. Acontece que, ainda que a música esteja presente na nossa vida cotidiana, enquanto trabalho é uma atividade realizada na rua, nos espaços públicos e muitas vezes noturnos, espaços esses que são socialmente destinados aos homens. As mulheres que têm a música como profissão saem do espaço privado da casa e passam a frequentar mais o espaço público da rua, rompendo com a dicotomia público (masculino)/ privado (feminino) e, portanto, deparando-se com o machismo em seus espaços de trabalho. O campo de trabalho musical envolve shows em casas noturnas, festas, eventos, onde as mulheres, devido a cultura machista, ficam expostas ao assédio e, se é negra, conforme Lélia Gonzalez (2020), a imagem de disponibilidade do corpo negro para o sexo torna-se um agravamento de vulnerabilidade e violência. Além disso, podemos pensar também que o fato de ser cantora no espaço de lazer e diversão traz mais uma camada, pois a exposição natural da profissão, em função do patriarcado colonizador, transfigura-se em disponibilidade sexual.

Para enfrentar esse machismo, nossa interlocutora aponta a união como estratégia. Essa união entre mulheres negras também pode ser baseada no reconhecimento das dores em comum. Nesse sentido, Vilma Piedade (2017) propõe o conceito de Dororidade, que vem de dor, "palavra-sofrimento". Essa discussão é iniciada a partir da utilização do termo "sororidade" dentro do Feminismo, questionando se essa noção de união e irmandade incluiria mulheres pretas. Para a autora, o termo "sororidade" não basta, pois todas nós sofremos dores causadas pelo machismo, mas nós, mulheres pretas, temos essa dor agravada pelo racismo.

Ainda que formem um grupo heterogêneo e tenham histórias de vida e entrada na música diferentes, elas compartilham algumas experiências semelhantes como: ser a única aluna negra da turma, ser a única mulher da banda, por ser mulher duvidar da sua capacidade de realizar determinada função ou ter que provar constantemente ser boa o suficiente. Como exemplifica essa fala de Rafaela:

> Foi difícil, porque, diferente das pessoas que me rodeavam na faculdade, eu era a única mulher na turma, acho que eram 14 vagas e a única mulher era eu na turma, eram todos homens e todo mundo já tocava na noite, e eu tava ali bem perdidinha da galera (Quintino, 2022, informação oral).

Assim como em outros cenários sociais, o campo da música (seja na formação ou na atuação) tem tido uma presença masculina predominante (ou pelo menos mais visibilizada) e muitas mulheres, como é o caso das nossas interlocutoras, acabam por serem as únicas nesses espaços. Uma experiência de timidez e/ou solidão é também relatada por elas já na infância ou adolescência, e, nesse contexto, a companhia passou a ser a música e o processo de escrita. Como nos diz Manu:

> E a minha primeira poesia foi justamente por isso um buraco que eu tinha na minha infância, sempre fui sozinha, era filha única, até os nove anos de idade, sempre até a minha adolescência. [...] E eu sentia falta né? De um amigo pessoa, mesmo na escola e tal, questão de bullying, que eu sempre fui a mais alta da turma, geralmente eu era a única preta, então eu sempre fui preterida e aquilo me causava feridas, que antes eu não entendia, hoje eu entendo. E o que eu ia escrever era sobre isso, justamente sobre um amigo, uma coisa que eu desejava ter (Preta, 2022, informação oral).

Manu Preta fala de uma infância atravessada pela solidão; era filha única e vivenciava também a experiência de ser a única aluna negra da sua turma na escola, e foi através da escrita de poesia aos oito anos que ela conseguiu expressar seus sentimentos e ressignificar essa solidão, só adulta ela entendeu que o "bullying" que sofria na escola era racismo, bem como a importância da escrita enquanto estratégia de sobrevivência. O relato da interlocutora nos faz pensar como a experiência de timidez/solidão pode estar relacionada aos efeitos psicossociais do racismo e suas repercussões para a solidão das mulheres negras.

Nossas interlocutoras indicam que as primeiras experiências de racismo e sexismo acontecem na infância, no espaço familiar e na escola, no entanto, a partir da adolescência, com a inserção na arte, especialmente na música, elas passam a identificar essas situações, entender as questões sociais de desigualdade que as atravessam e passam também a construir estratégias de enfrentamento através da música.

Gloria Anzaldúa (2000), em sua carta para as mulheres do terceiro mundo, vai indicar que muitas vezes, apesar de não termos condições de produzirmos, nossa escrita é política e de resistência. Conceição Evaristo (2007) localiza como um dos lugares de nascimento da sua escrita a grafia-desenho de sua mãe. Assim como nossa interlocutora Manu, já na infância a autora descobre a função da escrita a partir de um comprometimento com a vida, ligada à urgência, à dor e à esperança. Carolina Maria de Jesus em sua obra *Quarto de Despejo* (1960) também nos apresenta uma escrita política ao denunciar o racismo e a desigualdade social vivenciada por ela e pela população negra e de periferia no Brasil.

Entendemos que, assim como essas autoras negras mencionadas, nossas interlocutoras ao colocarem suas experiências em forma de poesia e/ou de música nos demonstram o papel político da escrita na vida das mulheres negras, questionando a indicação social de que a escrita, a música, a rua, os espaços de poder não são lugares de mulher.

Na experiência de Linete e de outras interlocutoras, o envolvimento com a arte e com a música que aconteceu na infância e adolescência contribuiu para o desenvolvimento da consciência crítica para os problemas sociais que atravessam o mundo e atravessam as suas experiências.

> Então, a arte, ela foi muito importante, foi, ainda é, né? Mas assim, foi de extrema importância pra uma criação, pra minha formação, né? Pra minha formação, pra despertar, né? Pra entender o que eu sou, de onde eu venho, né? Como, o que é que eu quero transformar, o que que eu quero, que mundo que eu quero formar? De que forma que eu quero passar, né? Ou deixar rastros ou não, né? Nessa vida. Então, ela é muito importante (Matias, 2022, informação oral).

May Honorato fala também da sua relação com a composição e seu lugar de mulher, para ela, compor suas músicas foi uma forma de se colocar enquanto mulher e dizer que existia, já que na cidade onde ela morava todos os compositores era homens.

> Então foi outra barreira que eu tive que transpor, porque lá... no tempo, tinha muito compositor, homens, tinha muito cara compondo e tinha cantoras cantando as músicas desses caras e eu achava ousado da minha parte querer me colocar no mesmo lugar, querer ter uma relação de horizontalidade, com aqueles músicos, né? [...] Aí passou por essa fase de me ver compositora, de ter vontade e coragem de cantar o que tava compondo e superar a não permissão, sabe? [...] Ai, acho que também foi uma forma de me colocar enquanto mulher, enquanto eu, indivídua... enfim, sabe? Um jeito de dizer oi, eu tô aqui, eu existo, é compondo (Honorato, 2022, informação oral).

No trecho anterior, May fala da composição/escrita como uma forma de existir e resistir no mundo, pois, como aponta Conceição

Evaristo (2007), escrever é uma forma de autoinscrição do sujeito e "em se tratando de um ato empreendido por mulheres negras, que historicamente transitam por espaços culturais diferenciados dos lugares ocupados pela cultura das elites, escrever adquire um sentido de insubordinação" (Evaristo, 2007, p. 16). Nesse sentido, erguer a voz (hooks, 2019a) através da escrita via composição é um ato de coragem e resistência, desafiando políticas de dominação que nos querem mudas e anônimas. Podemos pensar, portanto, que nossas interlocutoras desafiam as políticas de silenciamentos, reivindicam o direito à fala, querem ser ouvidas, entendem a voz e a escrita como um direito que não pode ser negado.

Como um movimento de resistência e enfrentamento ao machismo presente nos espaços de produção musical, essas mulheres percebem a força que surge coletivamente quando constroem espaços em que podem trabalhar produzindo músicas com outras mulheres. Uma das interlocutoras tem hoje uma equipe formada por três mulheres negras e quatro interlocutoras participam de bandas ou projetos formados só por mulheres.

> Eu achei o movimento assim fantástico, quando me chamaram assim, de cara, nossa só mulher trabalhando, era o que eu queria mesmo, infelizmente a gente não tem ainda, poder fazer tudo só com mulher, gravação, isso é uma coisa que me dói também, né, é uma coisa que eu também penso no futuro, ter estúdio só pra ter mulher trabalhando com tudo mesmo, mulher produzir mulher, fortalecer mesmo (Quintino, 2022, informação oral).

Nossas interlocutoras sinalizam também que outras mulheres foram referências ao longo de suas vidas e como a convivência entre mulheres é importante para que elas construam caminhos de resistência. bell hooks (2017) aborda a importância de mulheres negras aprenderem umas com as outras, uma vez que o racismo, o sexismo e a exploração de classe têm feito com que outros grupos não se interessem pelas questões que atravessam a vida de mulheres negras, assim "a pedagogia crítica, o compartilhamento de informações e conhecimento entre mulheres negras são cruciais para o desenvolvimento da subjetividade radical da mulher negra" (bell hooks, 2017, p. 121).

Natalhinha nos ajuda a entender como essa vivência na infância rodeada de mulheres parece ser crucial para escolhas futuras, inclusive aquelas ligadas ao processo de escrita. bell hooks (2019) indica a importância do diálogo entre mulheres negras e como essa fala compartilhada de reconhecimento possibilitou em sua experiência o direito à voz.

> Então essa relação também foi construída porque eu morava numa casa e convivi só com mulheres então é diferente de você ter outras pessoas que gostam de dar ordens, eu percebo isso porque eu tenho tios homens e eles sempre querem interferir nessa maneira, tipo, ah o que você tá fazendo? (Marinnho, 2022, informação oral),

Consideramos também que esse compartilhamento de diálogos entre mulheres negras acontece, inclusive, no nosso próprio processo de pesquisa, quando nos reunimos em grupo de mulheres para conversar sobre nossas experiências. Nos encontros elas falam como é bom escutar umas às outras, como se reconhecem nas diferentes e semelhantes experiências, e como também podem aprender nesses diálogos construídos através da pesquisa.

> É muito massa escutar essa fala de Mel, né? Porque eu me vejo agora no comecinho desse processo que ela falou, assim sabe? (Interlocutora, 2022, informação oral).

Os atravessamentos de raça e gênero trazidos por essas mulheres negras durante nossos diálogos nos ajudaram a reconhecer e reafirmar quem somos a partir desse nós, e esse tem sido um movimento constante durante a construção desse trabalho. Essas mulheres trazem individualidades e coletividades que dizem sobre problemas estruturais da nossa sociedade, mas também apontam caminhos de resistência e suas potencialidades através da música.

Compor (escrever) tem sido um ato de resistência e produção de conhecimento para essas mulheres. Para a maioria delas a composição surge após já estarem envolvidas na música, cantando ou tocando instrumentos, a partir de uma necessidade de colocar em versos sentimentos e vivências e poder cantar suas próprias composições. Elas sinalizam a composição como um lugar para falar sobre suas questões, seus sentimentos, suas dores, mas que resvalam em tantas outras mulheres negras.

Nossas interlocutoras, que já lidavam com tantos desafios no cenário artístico-cultural, em tempos de pandemia se depararam com incertezas financeiras, falta de perspectiva de trabalho, necessidade de reorganização de projetos de trabalho. Muitos desses projetos ficaram suspensos ou foram readaptados e essas mudanças trouxeram, além das dificuldades financeiras, também a necessidade de entender o mundo virtual como um espaço de trabalho.

De modo geral, a vivência da pandemia é relatada por elas considerando dois momentos: um inicial, de incertezas, angústias, saúde mental abalada, dificuldades financeiras por estarem sem trabalhar; e outro de construção de novos projetos, reorganização do modo de trabalhar agora via internet, de reinvenção enquanto artistas.

> No final do ano consegui aprovação do espetáculo pela lei emergencial, que me ajudou muito nos primeiros meses desse ano e que estou na produção até então... e assim eu fui seguindo na pandemia. Gravei vinheta de podcast, que foi contemplado pela Aldir Blanc. E vez ou outra aparecia uma tocada on-line. [...] No começo foi assim, eu consegui me manter com o lance de lives pagas, porque também tinham as que não rendiam grana. Depois eu consegui o auxílio emergencial e um auxí-

> lio de três cestas básicas do Projeto Arte que Te Quero Viva[3] (Marinho, 2022, informação oral).

Apesar das dificuldades, as interlocutoras sinalizam que no enfrentamento dessas dificuldades é a arte que aponta uma resposta, e elas se sentem felizes por ocuparem esse lugar de artistas. Viver de arte/música não é fácil, mas é o próprio fazer artístico que direciona os caminhos para enfrentar os desafios encontrados. Como nos diz Natalhinha:

> Agradeço demais por ser artista, porque uma coisa que a pandemia me provou é que a música nunca me abandonou, ela sempre dava um jeitinho de resolver algo quando eu achava que não tinha mais solução (Marinho, 2022, informação oral).

Entendemos, assim, que esse modo de perceber a arte e a música é muito importante para que essas mulheres continuem o seu caminhar artístico, apesar dos desafios cotidianos que elas têm enfrentado.

Considerações finais

O diálogo da arte com a academia e as experiências de mulheres negras nos levaram a caminhar teórica e metodologicamente a partir da perspectiva Decolonial e do Feminismo Negro, uma vez que esses constructos surgem da crítica ao modelo hegemônico de produção de conhecimento e propõem a visibilização das experiências e saberes de povos subalternizados, reafirmando a importância

[3] Nossa Interlocutora faz referência a dois auxílios que foram disponibilizados para artistas em função das restrições de trabalho devido à pandemia. No plano municipal, o Projeto Arte que Te Quero Viva foi uma ação emergencial da Associação Cultural Joana Gajuru, acolhido posteriormente pela Prefeitura de Maceió por meio de um Termo de Fomento para auxiliar artistas maceioenses que tiveram seus trabalhos interrompidos pela crise do Covid-19. No plano nacional, a Lei de Emergência Cultural Aldir Blanc (nº 14.017/2020), sancionada no dia 29 de junho, foi uma das medidas emergenciais que o setor cultural tomou para minorar os efeitos da pandemia na classe artística.

de outras formas de produção de conhecimento, como, por exemplo, a música.

Nós buscamos entender as experiências de resistência de mulheres negras compositoras alagoanas através da produção musical, identificando aspectos da intersecção entre gênero e raça que se presentificam nas experiências e nas músicas produzidas por essas mulheres, analisando os pontos de aproximação e distanciamento entre as vivências de resistência e tentando descrever as estratégias de enfrentamento às desigualdades de gênero e raça pelas quais elas são atravessadas e como a música tem se configurado como trabalho e modo de viver.

Durante o caminho metodológico construído na presente pesquisa intencionamos produzir um processo de construção de conhecimento que pudesse ser entendido como uma prática decolonizadora. Nesse sentido, entendemos que as conversas realizadas se tornam momentos de partilha de experiências e afetações, de modo horizontalizado.

Nossas interlocutoras sabem dos desafios que enfrentam por serem mulheres, negras e artistas. Suas memórias trazem relatos de vivências de racismo e sexismo já na infância e adolescência, experiências essas que continuam a ser vivenciadas após a inserção delas no contexto da música. Essas mulheres negras também nos indicam que a música tem sido um espaço de resistência, pois, muitas vezes, é a partir da inserção no mundo da arte que elas passam a ter uma maior consciência social e a perceber de modo mais evidente o racismo e o sexismo dentro do contexto musical e na sociedade. Nesse sentido, suas composições se configuram em modos de falar sobre essas opressões, suas lutas e desafios, um modo de erguerem suas vozes e resistirem.

Viver de música tem sido um grande desafio da vida dessas mulheres negras, desafio esse que se intensificou durante os últimos dois anos com os impactos da pandemia de Covid-19 nas vivências pessoais delas e no setor cultural. Além do risco à saúde em função do vírus, o isolamento social e o cancelamento de eventos públicos foram vividos de modo especialmente doloroso, impactando a saúde mental dessas mulheres porque elas estão acostumadas a estarem sempre em contato com muitas pessoas em espaços públicos e também em função da drástica redução de suas receitas, que dependem desses eventos. Como estratégias para enfrentar esse momento, elas se reinventaram enquanto artistas, passando a utilizar ainda mais a internet como plataforma de trabalho e contaram também com a aprovação de projetos submetidos a editais ligados a medidas emergenciais de enfrentamento à pandemia para o setor cultural.

De modo geral, consideramos que as conversas com as mulheres negras compositoras de Alagoas foram momentos de compartilhamento de experiências, afetações, dores, alegrias e desejos para o futuro. Esses momentos, para além da pesquisa em si, ajudaram-me a refletir sobre quantos desafios nós, mulheres negras, temos enfrentado e quanto conseguimos construir formas de resistir. Isso não significa essencializar e enaltecer a força da mulher negra, pelo contrário, reconhecemos nossas fraquezas e dores como também fazendo parte da vida. Essas mulheres compõem um grupo heterogêneo, mas suas experiências singulares refletem dinamismos do plano coletivo que podem representar experiências de protagonismos ao construírem em suas vivências, através da música, modos de resistência.

Referências

ANZALDÚA, Gloria. "Falando em línguas": uma carta para as mulheres escritoras do Terceiro Mundo. Tradução de Édina de Marco. *Revista Estudos Feministas*, v. 8, n. 1, p. 229-236, 2000.

BERNARDINO-COSTA, Joaze; GROSFOGUEL. Ramón. Decolonialidade e perspectiva negra. *Revista Sociedade e Estado*, v. 31, n.1, p. 15-24, jan./abr. 2016.

BRASIL. *Lei nº 14.017, de 29 de junho 2020*. Dispõe sobre ações emergenciais destinadas ao setor cultural a serem adotadas durante o estado de calamidade pública reconhecido pelo Decreto Legislativo nº 6, de 20 de março de 2020. Brasília: Congresso Nacional, 2020. Disponível em: http://www.planalto.gov.br/ccivil_03/_ato2019-2022/2020/lei/L14017.html. Acesso em: 14 abr. 2022.

CARNEIRO, Sueli. Enegrecer o feminismo: a situação da mulher Negra na América latina a partir de uma Perspectiva de gênero. In: Seminário Internacional sobre Racismo, Xenofobia e Gênero, Durban. *Anais*... Durban, 2001. Disponível em: http://www.unifem.org.br/sites/700/710/00000690.pdf. Acesso em: 18 maio 2021.

COLLINS, Patricia Hill. Epistemologia Feminista Negra. In: BERNARDINO-COSTA, Joaze; MALDONADO-TORRES, Nelson; GROSFOGUEL. Ramón. *Decolonialidade e pensamento afro-diaspórico*. 2. ed. Belo Horizonte: Autêntica Editora, 2019. p. 139-170.

DETERMINEI. Intérprete: Monica Salmaso. Compositora: Mestra Virgínia. In: Trampolim. Intérprete: Monica Salmaso. Gravadora: Pau Brasil. 1998. CD faixa 9.

EVARISTO, Conceição. Da grafia-desenho de minha mãe um dos lugares de nascimento de minha escrita. In: ALEXANDRE, Marcos A. (org.). *Representações Performáticas Brasileiras: teorias, práticas e suas interfaces*. Belo Horizonte: Mazza Edições, 2007. p 16-21.

GONZALEZ, Lélia. *Por um feminismo afro-latino-americano: ensaios, intervenções e diálogos*. Org. Flávia Rios e Márcia Lima. Rio de Janeiro: Zahar, 2020.

GONZALEZ, Lélia. Racismo e sexismo na cultura brasileira. *Revista Ciências Sociais Hoje*, Anpocs, p. 223-244, 1984.

GORETI, Alice. [fevereiro.2021]. Entrevistadora: Natália Rodrigues. Maceió, 2022. 1 arquivo.mp3 (50min).

HONORATO, May. [fevereiro.2021]. Entrevistadora: Natália Rodrigues. Maceió, 2022. 1 arquivo.mp3 (50min).

HOOKS, bell. *Ensinando pensamento crítico:* sabedoria prática. Tradução de Bhuvi Libanio. São Paulo: Elefante, 2020. 288 p.

HOOKS, bell. *Erguer a voz: pensar como feminista, pensar como negra*. Tradução de Cátia Bocaiuva Maringolo. São Paulo: Elefante, 2019. 380 p.

HOOKS, bell. *Olhares negros:* raça e representação. Tradução de Stephanie Borges. São Paulo: Elefante, 2019. 356 p.

HOOKS, bell. *Ensinando a transgredir*: a educação como prática da liberdade. Tradução de Marcelo Brandão Cipolla. São Paulo: Martins Fontes, 2017. 283p.

INTERLOCUTORA I [março.2021]. Entrevistadora: Natália Rodrigues. Maceió, 2022. 1 arquivo.mp3 (1h.01min).

LESSA, Golbery. Outra Alagoanidade. *Novo Íris Alagoense*, 14 mar. 2007. Disponível em: http://novoirisalagoense.blogspot.com/. Acesso em: 23 abr. 2022.

MARINHO, Natalhinha. [fevereiro.2021]. Entrevistadora: Natália Rodrigues. Maceió, 2022. 1 arquivo.mp3 (46min).

MARQUES, Pâmela Marconatto; GENRO, Maria Elly Herz. Por uma ética do cuidado: em busca de caminhos descoloniais para a pesquisa social com grupos subalternizados. *Estud. Social*, Araraquara, v. 21, n. 41, p. 323-339, dez. 2016.

MATIAS, Linete. [março.2021]. Entrevistadora: Natália Rodrigues. Maceió, 2022. 1 arquivo.mp3 (52min).

NASCIMENTO, Mel. [fevereiro.2021]. Entrevistadora: Natália Rodrigues. Maceió, 2022. 1 arquivo.mp3 (50min).

PIEDADE, Vilma. *Dororidade*. São Paulo: Nós, 2017.

PRETA, Manu. [maio.2021]. Entrevistadora: Natália Rodrigues. Maceió, 2022. 1 arquivo.mp3 (40min).

QUINTINO, Rafaela. [fevereiro.2021]. Entrevistadora: Natália Rodrigues. Maceió, 2022. 1 arquivo.mp3 (50min).

SCHUCMAN, Lia Vainer. Racismo e antirracismo: a categoria raça em questão. *Revista Psicologia Política*, São Paulo, v. 10, n. 19, jan. 2010.

WERNECK, Jurema. Nossos passos vêm de longe! Movimentos de mulheres negras e estratégias políticas contra o sexismo e o racismo. *Revista da ABPN*, v. 1, n. 1, p. 8-17, 2010.

WERNECK, Jurema. *O samba segundo as Ialodês:* mulheres negras e a cultura midiática. 2007. Tese (Doutorado) — Universidade Federal do Rio de Janeiro, Faculdade de Comunicação, Rio de Janeiro, 2007.

Capítulo 8

EL ABORDAJE CRÍTICO-FEMINISTA EN LOS ESTUDIOS DE FAMILIAS DIVERSAS Y DISIDENTES DE LA HETERONORMATIVIDAD

COMPROMISO CON UNA INVESTIGACIÓN EMANCIPATORIA Y TRANSGRESORA

Tania Esmeralda Rocha Sánchez

El proceso de investigar desde otro lugar posible

Cuando elegimos una temática de investigación como en este caso fueron las *familias diversas y disidentes* en términos de las lógicas del género, la heterosexualidad y la cisheteronormatividad[1], nos enfrentamos a la tarea de explorar qué es lo que se ha estudiado y dicho al respecto hasta ahora. Si bien existe un reconocimiento de las transformaciones en los arreglos familiares tanto en términos de su estructura, composición y personas que pueden integrarlos, tanto en la psicología como en otras disciplinas subyace una perspectiva de la familia nuclear cisheteronormada como el modelo "natural". Un modelo que se traduce en parámetro de "normalidad" en gran parte de la producción científica y de la cosmovisión de la sociedad, lo que abona a la invalidación de la existencia de *arreglos familiares diversos*, y de manera particular de aquellos gestados por personas LGBTIQ+.

[1] La concepción tradicional de la familia es heteronormativa, es decir, la heterosexualidad se constituye en la norma desde la cual se regulan las barreras morales y legales, de tal suerte que sólo las familias integradas con parejas heterosexuales constituyen un arreglo afectivo posible de ser reconocido por el Estado y la sociedad, dejando en los márgenes a las familias de personas LGBTIQ+ (Vaggione, 2008). Aunado a ello y bajo esta concepción se hace presente otro paradigma que tiene que ver con la cisgeneridad, en el sentido de considerar que sólo las personas cuya identidad de género es coincidente con el género asignado al nacer entran en el parámetro de normalidad, de tal suerte que no sólo se espera que quienes integran una familia sean personas heterosexuales, sino también cisgénero.

Lo anterior representa un ejercicio de *violencia epistémica*[2] sobre todas a aquellas familias que no entran en los parámetros convencionales y normativos. Así, la *legitimidad* de las personas y los vínculos de personas LGBTIQ+ no son una cuestión ajena a las discusiones en torno al género, la sexualidad, la igualdad y la inclusión. Cómo se define el concepto de familia, rebasa un asunto de nomenclatura, y se traduce más bien en una discusión *ética y política*, en la medida en la que socialmente solo determinados vínculos y personas tienen derecho a ser reconocidas, a servicios y beneficios, o, dicho de otra forma, a *ser sujetos de derecho*.

En ese sentido, el primer reto investigativo en el abordaje de familias que para fines prácticos de este escrito acortaré como *familias diversas y disidentes*[3] supone aproximarse *desde un lugar otro*, en el que se problematice la mirada predominante en la investigación hegemónica, particularmente en la disciplina psicológica, cuyos planteamientos y preguntas de interés reproducen en sí mismos una serie de preconcepciones, prejuicios y estereotipos ligados tanto al orden de género como al eje de la cisheteronormatividad (Aristegui, 2014; Bárcenas-Barajas, 2013; Frías-Navarro, 2006; Roldán Y Velásquez, 2021). Como sugiere Bárcenas-Barajas (2013) es indispensable reconocer el cuestionamiento que desde la diversidad sexual y de género se hace a los criterios y ejes que han acotado la noción hegemónica de familia. Reconocer también, que las posibilidades de

[2] "La idea de violencia epistémica tiene que ver con la negación de la agencia epistémica de ciertos sujetos, la explotación no reconocida de sus recursos epistémicos, así como su objetificación, y en tanto fenómeno estructural, es un soporte clave en los sistemas de privilegio tales como el racismo, el sexismo y el cisexismo (Pérez, 2019). Una forma de materialización es precisamente en la construcción de "la otredad" desde las lógicas hegemónicas.

[3] Consciente del cuestionamiento que existe ante los conceptos de homoparentalidad y familias homoparentales, en tanto no resulta útil para describir todas las posibilidades que pueden incluir los vínculos familiares de la diversidad sexual y bajo la apuesta de desnaturalizar la familia heterosexual e impulsar la inclusión de otros arreglos familiares que puedan ser incorporados al universo simbólico (ver Laguna-Maqueda, 2016) me parece importante apelar a la *diversidad* en tanto es un término cuya amplitud permite la cabida de diferentes formas de vínculos familiares en personas LGBTIQ+, pero también apelo a *disidentes* por la necesidad de situar y politizar que no aludo a cualquier clase de pluralidad sino aquella que es en torno a los ejes hegemónicos que han acotado la noción histórica de "la familia" en tanto institución, fundamentalmente la dimensión de género como de las cisheteronorma.

configuración familiar no tienen como eje satelital a la maternidad y a la paternidad necesariamente. Y que en la medida en la que la familia como institución está transversalizada por la diversidad sexual y de género, se requiere de acciones desde el Estado, la academia, la ciencia, etc., que promuevan y fortalezcan la igualdad y la *legitimidad de todas las familias*.

Fue en el marco de estas reflexiones que tuvo cabida el proyecto de investigación financiado por la UNAM a través del Programa de Apoyos (PAPIIT), intitulado *"Familiasxigual"*[4] cuyo objetivo era dar cuenta del papel de las familias ante su diversidad contemporánea en la construcción de prácticas sociales, discursos, dinámicas de crianza y educación que construyen, promueven y refuercen la igualdad de género y la cultura de inclusión y respeto ante la diversidad. Cabe aclarar que, como ejes transversales para comprender la diversidad familiar, se hizo énfasis en *la* quiénes la integran y la naturaleza de los vínculos, las identidades de género de sus integrantes, la orientación sexual, y en el caso de familias heterosexuales, la puesta en práctica de arreglos y roles disidentes a los estereotipos y cánones de género). Bajo el firme propósito de *reivindicar la agenda empírica* la investigación no buscaba generar un análisis comparativo entre un "tipo" de familia y "otro", ni reproducir lógicas que encubrieran el paradigma *heteronormado y sexista*, o la mirada *deficitaria y patologizante*. Nos planteamos hacer preguntas desde la curiosidad y el interés genuino por conocer y comprender las posibilidades de transformación en las familias en toda su diversidad.

Cuando nos dimos a la tarea de explorar la literatura en torno al tema de familias y diversidad sexual, nos percatamos del predominio de investigaciones en las que se han priorizado como punto de partida y forma de aproximación, el conocer el efecto que tiene en el desarrollo infantil, en el funcionamiento emocional, en la

---

[4] Proyecto PAPIIT IN305916: "Socializando en la igualdad de género y una cultura de inclusión: exploración de prácticas de crianza, discursos y dinámicas en el entorno de la diversidad familiar en el contexto mexicano" (FamiliasxIgual).

adaptación psicológica e incluso en el desarrollo cognitivo de niños y niñas, el que tengan dos padres, dos madres o modelos familiares no heterosexuales y convencionales (ver Arranz, Olabarrieta y Antolín, 2010; Golombok et al., 2018; Golombok et al., 2014; Golombok y Badger, 2010; González et al., 2004; Martínez, Sáenz y Echeverry, 2019, Mcconnachie et al., 2021), y aunque estas investigaciones han dado cuenta de que no hay diferencias significativas o evidencia que demuestre que los niños y niñas en familias no heterosexuales presentan más dificultades emocionales que quienes están en familias heterosexuales, el problema es que desde la cosmovisión imperante se sigue colocando a las *familias diversas y disidentes* bajo la lente *de la sospecha y el cuestionamiento*, es decir, la investigación se torna por sí misma en una *dispositivo de poder y de regulación de la sexualidad y de la familia como institución heteropatriarcal*. ¿Por qué son las familias diversas y disidentes las que se colocan bajo el cuestionamiento del efecto que tendrán en el desarrollo infantil? ¿Por qué no hay investigaciones que problematicen o cuestionen el efecto que tendrán tener una familia heterosexual en el desarrollo infantil? ¿O investigaciones que problematicen el efecto que puede tener en el desarrollo infantil la convivencia con personas cisheteronormadas como parte de su familia? Como refiere Ochy Curiel (2014) sería indispensable trabajar en una *antropología de la dominación*, que suponga develar las formas, maneras, estrategias y discursos que van definiendo a ciertos grupos sociales como "otros" "otras" desde lugares de poder y dominación.

Así, fue indispensable posicionarse *desde otro lugar*, problematizando por principio esta mirada hegemónica, y seguidamente reconociendo y cuestionando las estructuras de poder que se hacen presentes al ser *esa la aproximación* predominante. Como refiere Sandra Harding (2012) apostar por un posicionamiento feminista en la investigación requiere de un ejercicio metodológico diferente al hegemónico que posibilite cambiar el paradigma de estudiar "*desde arriba*" (es decir, centrándose en la cosmovisión de las instituciones sociales dominantes y las ideologías predominantes que buscan "explicar" la vida de los grupos marginados), para poner atención en la voz de los grupos marginados, silenciados e invisibilizados, de tal suerte que la apuesta sea estudiar "*hacia arriba*", esto es, dando cuenta de cómo funcionan las estructuras sociales de una sociedad y sostienen prácticas y discursos de exclusión, opresión y violencia hacia estos grupos.

Vale la pena reiterar que la posibilidad de generar una transformación radical en cuanto a la concepción implícita y explícita que se tiene sobre la diversidad sexual y las familias que encarnan esta diversidad, empieza por el tipo de planteamientos que siguen siendo objeto de nuestro interés investigativo, y resulta indispensable frente a ello, tener un posicionamiento crítico que permita reconocer las formas en las cuáles nuestros saberes, conocimientos, discursos, procedimientos, las temáticas que elegimos investigar, las formas de investigar, las formas de analizar y las conclusiones a las que arribamos constituyen *dispositivos de poder* que enmarcan no sólo la producción de un conocimiento específico, sino finalmente parámetros de valoración desde los cuáles abonamos en la *patologización, invisibilización y marginación* de las experiencias humanas diversas y disidentes. En congruencia a lo anterior, buscamos partir de una mirada *no normativa*, pensando y reconociendo que *las familias*, y no *la familia* en tanto institución, también es el espacio que posibilita la construcción de relaciones con "los otros", crea las bases para la convivencia, para reconocer la diferencia, la pluralidad y la diversidad (Franco-Patiño y Sánchez-Vinasco, 2008). Y desde ahí, resultó de sumo interés conocer las formas en las que esto se busca y se genera de manera propositiva en las *familias diversas y disidentes*.

El siguiente reto y aprendizaje en el marco de esta experiencia investigativa tuvo que ver con la forma de *plantearnos* en la investigación, los cuestionamientos que nos hicimos respecto a nuestra mirada frente al tema; reconocer *la ventaja y desventaja epistémica* que suponía acercarnos a la temática en función de si formábamos parte o no de esta población, el revisitar la postura metodológica de la cual partíamos y hasta dónde hacía sentido y posibilitaba socavar las relaciones *extractivistas, utilitarias y exotizadoras*[5] que suelen caracterizar a muchas investigaciones de corte positivista, sobre todo en el contexto de la Psicología. De qué manera evitar colocar a las *familias diversas y disidentes* en un lugar que no reiterara esa posición de *extrañeza y otredad.* Lo anterior nos implicó muchos retos tanto personales como de carácter metodológico. El más importante es reconocer que como señala Donna Haraway (1995) los conocimientos son situados, esto es, *el conocer, no es un acto neutral* y por lo tanto es indispensable abrir espacio durante el proceso de investigación para revisitar y reconocer nuestra parcialidad, o sea, nuestras posiciones de partida. Yo reconozco que al inicio de la investigación sostenía una mirada *"romantizada"* de las *familias diversas y disidentes*, en el sentido de partir de la idea de que ante los retos que enfrentan y las transformaciones que habitan desde sus disidencias, sí o sí "encontraríamos" prácticas de crianza y socialización no hegemónicas y que apostarían hacia la igualdad de género y la inclusión. No digo que no haya sido así lo que las familias nos fueron compartiendo, pero conforme la investigación avanzó, me percaté de las múltiples violencias que enfrentan y de lo importante que era abrir espacio para dialogarlo, así como que, al margen de las orientaciones sexuales e identidades de género de sus integrantes, en cada familia había retos y problemáticas particulares, siempre *situadas*, a la luz de sus historias, genealogías y formas en las que se habitaban.

Mi reto y el del equipo fue tener presente todo el tiempo *nuestras miradas parciales*, haciendo un ejercicio propositivo y consciente por *no colocarnos* en lugar de "interpretes" y "jueces" de sus experiencias, y por el contrario reconocer y legitimar los saberes subalternizados *otros*, que como bien señala Ochy Curiel (2014) no tiene que ver con un insumo para limpiar culpas epistemológicas, sino más bien para aproximarnos desde un lugar crítico a la investigación y reconocer

[5] La *exotización* puede entenderse como una forma de representación que focaliza y sobredimensiona las diferencias y reduce al Otro a algunos rasgos (físicos, psíquicos, culturales) socialmente definidos como característicos o naturales y concebidos como una esencia. (Morales, 2017)

la producción de un conocimiento colectivo que surgen de las experiencias subalternizadas y que dadas las relaciones hegemónicas de poder "no tienen lugar" para ser escuchadas y comunicadas, lo que sin duda nos coloca bajo un posicionamiento *ético transgresor.*

Sobre las formas de investigar: haciendo transparente lo que pasa en la cocina

Bajo un posicionamiento feminista es fundamental dar cuenta de lo que pasa en la cocina de la investigación (Biglia, 2014; Osorio--Cabrera, Gandarias y Fulladosa, 2021; Martínez et al., 2014), pues como refieren Amezcua y Gálvez-Toro (2002), los recetarios se quedan cortos ante la "alquimia de los numerosos ingredientes que se acumulan en la alacena" (p. 451). Dicho de otra manera, nos enfrentamos a una verdadera culinaria en donde intentamos seleccionar los mejores ingredientes, mezclarlos y transformarlos en el fogón, en nuevos sabores, haciendo pruebas para añadir aquello que le dé una mejor sazón. Considero que esta metáfora es la que mejor puede dar cuenta de la manera en la que como equipo hemos trabajado, haciendo un proceso colectivo en la cocina, intentando ver la manera de enriquecer el platillo, y reconociendo por supuesto que siempre pueden existir otras posibilidades y formas de prepararlo. En términos de la investigación *per se*, reconocimos que era vital que pudiéramos conocer y escuchar las experiencias de las *familias diversas y disidentes* desde su propia voz, evitando hablar por o de ellas como un objeto. Metodológicamente nos planteamos diferentes acciones para poder acércanos desde un lugar *otro*. Ha sido resultado de la misma necesidad de tener una mejor comprensión de los temas que abordamos, lo que nos ha llevado a recurrir cada vez más a un enfoque cualitativo en la investigación. La metodología cualitativa aporta una gran riqueza en la producción y generación de conocimiento. En principio porque nos enfrentamos cada vez más con la necesidad de buscar y comprender el significado y la experiencia de los fenómenos sociales, los cuales al estar atravesados por una dimensión social y cultural; se vuelve casi imposible poder capturar su complejidad, heterogeneidad y dinamismo a través de métodos y análisis estadísticos estrechos. En el marco de la investigación que aquí expongo, y los retos y aprendizajes que de ello derivaron, cabe señalar que el abordaje cualitativo, resulta todo menos sencillo.

Lo primero que planeamos durante un año fue una serie de charlas mensuales en donde invitamos a *familias diversas y disidentes* que estuvieran interesadas en asistir a pláticas sobre temas de interés y que en el marco de ese intercambio nos compartieran parte de sus experiencias y retos vinculados a los objetivos de la investigación. La realidad es que fue difícil sostener esta jornada que implicaba trabajar los fines de semana, siendo el espacio que gran parte de las familias tenían libre, tanto por cuestiones de logística, espacio, complejidad para coincidir en tiempo, recursos humanos y económicos. Sobre todo, se hizo evidente que las necesidades de las familias no eran las que como equipo de investigación queríamos considerar, sino lo que cada familia estaba viviendo. Esto nos hizo darnos de los pocos referentes que las familias tenían en torno a espacios de encuentro, de escucha y también de validación. Aunado a ello, tanto por la forma de convocar como por el formato elegido de charlas, considero que estaba pesando la relación asimétrica entre quienes éramos "las y los investigadores" y las familias, en tanto éramos vistas como las y los psicólogos que "podían ayudar", lo que conducía la conversación-con reiterada frecuencia-hacia los procesos particulares que cada familia estaba viviendo.

Poniendo el cuerpo en la investigación: recolección de la información

Esto nos llevó a un siguiente ejercicio que fue participar en la marcha del orgullo LGBTIQ+ de Ciudad de México durante el 2017, y además de convocar ahí a familias que quisieran contarnos sus historias y experiencias, hicimos una suerte de intervención colectiva, en donde el grupo de investigación se colocó unos carteles para que las personas que estaban participando en la marcha y que así lo quisieran, pudieran externar sus ideas frente a ciertas preguntas detonadoras respecto a lo que para les participantes significaba ser familia y los valores que eran importantes en sus familias (Figura 1). Esta posibilidad de poner el cuerpo en la acción e involucrarnos desde otro lugar con las personas LGBTIQ+ nos permitió platicarles del proyecto y darles una invitación para que participarán si era de su interés, compartiendo nuestros datos. Para entonces ya habíamos creado una página de Facebook (Familiasxigual) a través de la cual no sólo hacíamos convocatoria a la participación de familias, sino que compartíamos información vinculada con el tema LGBTIQ+, familias, socialización, crianza, que pudiera ser de utilidad para las familias y personas que siguieran la página.

Figura 1. Foto del equipo de estudiantes que en ese momento participaron haciendo un verano de investigación científica en el 2017 (foto de la izquierda) y estudiantes que estaban realizando sus tesis de licenciatura en el marco del proyecto (foto de la derecha).

Nuestra intención era que la página fuese una forma de conectar familias entre sí. Entre otras cosas porque un *aprendizaje radical* durante este proyecto, fue dar cuenta de la posibilidad *transformado-*

ra y de emancipación que tuvo para las familias que participaron de alguna forma en el proyecto, sobre todo en los talleres-laboratorio, en términos de reconocer *el potencial de su voz*, los efectos que tenía ser escuchadas y compartir con otras familias sus experiencias, *reconocerse y reconocer* a otras familias que en medio de sus diversidades compartían preocupaciones y agobios por la crianza de sus hijas, hijos e hijes, por los procesos de violencia y rechazo a los cuáles se enfrentaban, por la falta de representación y reconocimiento de sus familias en diferentes contextos, y a su vez, dar cuenta de la forma en la que resisten a ello. Como ejemplo, *la familia* de L, un chico trans de 15 años compartió lo siguiente al cierre de uno de los talleres:

> T, mamá de L, indicó: *me gustó convivir con familias porque el acompañamiento nos hace fuertes, la narrativa es una experiencia que ayudó a explicar la experiencia. Estar participando en actividades como ésta, hace que siga aprendiendo. Es bueno conocer más personas, y como familias estar trabajando y esforzándose, y me encanta saber que hay aliadxs.* En tanto S, papá de L, compartió: *que ir conociendo a otras familias y personas, ayuda a saber "que no eres el único, todos tenemos problemas como familias, pero se puede crecer como persona al escuchar sobre su forma de vivir.* F, hermana de L, comenta: *me gustó escuchar las historias de las familias*. Y L, cierra diciendo: *escuchar más historias es reconfortante*. (Extracto de la relatoría realizada por una de las investigadoras durante uno de los talleres-laboratorio)

En la medida en la que fuimos sintiendo un mayor compromiso por hacer de esta investigación un *trabajo colaborativo con las familias*, nos fuimos acercando mucho más a *métodos narrativos* como estrategia metodológica. Diseñamos un *álbum* con actividades, tareas y espacio para colocar dibujos, fotos, canciones, y en general cualquier producción narrativa que las familias quisieran plasmar respecto a sus experiencias, aprendizajes, retos, historias, momentos difíciles y momentos alegres en su vida familiar. El álbum se editó y se entregó a cada familia participante de forma impresa. Nuestra intención era que este álbum les perteneciera y posibilitara a las familias *pensarse en colectivo*, reconociendo sus experiencias, recursos y posibilidades, y que en el marco de los talleres-laboratorio y las entrevistas realizadas, las familias nos compartieran a través de una foto o fotocopias una parte de su producción, sobre todo bajo la idea de *dar cuenta de sus historias*.

Viéndolo en retrospectiva, considero que esta intención de hacer del álbum una herramienta reflexiva y no un medio para obtener información, obedeció al deseo de abonar en la posibilidad de que las familias pudieran *verse desde otras miradas* no patologizantes y limitadoras, sobre todo cuando en el marco de los conversatorios previos y los hallazgos recuperados hasta ese momento, se hizo evidente el maltrato recibido por las familias desde personas profesionales de la salud, incluyendo profesionales de la psicología, situación que no es desconocida en el marco de otras investigaciones (ver Angulo, Granados y González, 2014).

El álbum se tradujo en una herramienta que no sería evaluada, analizada o revisada para responder a una demanda concreta de la investigación, sino en una opción para producir *posibilidades otras de pensarse y reconocerse*. Sobre todo, para las infancias fue muy emotivo tener un libro en el que iban a contar y hablar junto con sus mamás, papás o personas cuidadoras, sus historias, anécdotas, y compartir dibujos, fotos y otras experiencias íntimas de su cotidianidad. A su vez, el álbum también contenía actividades encaminadas a conocer cómo es que concebían su familia, los valores que eran importantes para su familia y las formas en las que intentaban educar en igualdad y diversidad. En la Figura 2 se pueden observar algunas de las actividades que integraron el álbum.

Figura 2. Ejemplo de las actividades diseñadas *exprofeso* para el álbum que se entregó a las familias.

Conforme avanzó el trabajo investigativo, seguimos encontrándonos con retos, mismos que me hacen pensar en la complejidad de la vida que "vivimos", caracterizada por la prisa, la falta de tiempo, el exceso de trabajo, la dificultad -sostenida estructuralmente- para poder pasar tiempo o compartir más espacios y actividades en el día a día con nuestras familias o personas importantes, y quizá fundamental, a propósito del objetivo de esta investigación, con poco tiempo o posibilidad *para pensar (nos) en colectivo*, respecto a nuestras vidas, afectos y vínculos, respecto a las dinámicas y principios bajo las cuáles educamos a otras, otros y otres, y respecto al tiempo para dar espacio y cabida a este tipo de ejercicio reflexivos y dialógicos sin que quizá sintamos que son una pérdida de tiempo, o algo no relevante ante la urgencia de la vida. Así, muchos álbumes quedaron en la intimidad de algunas familias, como una tarea pendiente, como un ejercicio lindo que esperaban tener tiempo para poder hacerlo más adelante. En términos prácticos, no fue posible recuperar información de todas las familias bajo esta estrategia, y aunque sigo pensado que puede ser una herramienta muy útil, requeriría de tiempo, recursos económicos y humanos para poder ir sosteniendo de *forma acompañada* que no invasiva o guiada, el desarrollo del álbum con todas las familias, siendo no una fuente de información, sino un espacio *justamente de encuentro, convivencia y aprendizaje de quienes integran cada familia*[6].

Por tanto, tuvimos que recurrir también a la realización de algunas entrevistas con las familias que aceptaron colaborar en esta fase, experiencia investigativa que prefiero llamar *conversaciones íntimas*, porque de nueva cuenta, si bien teníamos un guion que orientaba las temáticas de relevancia para el proyecto, todo el tiempo nuestro acercamiento a las familias fue desde un lugar crítico, *descolocándonos* de la postura de quien investiga e interroga, para más bien hacer transparente nuestro deseo de conocer sobre su cotidianidad, experiencias y sentires, haciendo siempre manifiesto a las familias el que no queríamos reproducir esa relación y dinámica de poder que les coloca como *lo otro a investigar*.

Lo que rescato de dicho ejercicio, es el hecho de apostar porque las conversaciones fueran con todas las personas que integraban las familias, lo que resultó retador sobre todo cuando existían

[6] En el marco de estas producciones compartidas, pudimos dar cuenta de la riqueza y complejidad con la que *las familias diversas y disidentes* se habitan y habitan los contextos hostiles hacia ellas. Pero también fue posible percatarse de la cosmovisión con la que se viven, los valores que resaltan y comparten entre sí, las experiencias de aprendizaje y resistencia en su día a día, así como *las formas otras* en la que *hacen familia*, procurando espacios más igualitarios, incluyentes y respetuosos de la diversidad. Nuestra expectativa es poder acompañar las historias de las familias con las producciones que nos compartan a través de un texto dirigido a ellas mismas.

integrantes pequeños y adolescentes, pues se buscaba generar una conversación en la que pudieran involucrarse todas las personas presentes. Dependiendo del espacio y momento, las niñas, niños o niñes podían ausentarse, o realizar alguna actividad que les entretuviera, lo que no necesariamente significó que estuvieran al margen de la conversación. En ese sentido, la apuesta de hacer las entrevistas en colectividad y el buscar descolocarnos de la postura de *persona investigadora que interroga y hace preguntas*, tuvo un efecto muy particular y valioso, ya que se generaban conversaciones entre las, los y les integrantes de la familia, evidenciando su interés por escucharse y plantearse preguntas respecto alguna anécdota o situación narrada, ante alguna de las actividades elaboradas en el álbum, así como por el hecho de dejarse sorprender por las respuestas y reflexiones compartidas, ya que "nunca habían hablado de esto antes", o "no sabían lo que su hija/ hijas pensaba respecto al tema", "era bueno saber que estaban haciendo un buen trabajo".

En un siguiente intento por abonar a *formas otras de conocer*, en donde además pudiéramos socavar esa relación de poder y colonialista que se puede reproducir al *estar situadas* como las personas investigadoras que hacen preguntas y quieren saber cosas, en relación con una población que ha sido sistemáticamente excluida y colocada en el lugar de *la otredad, de eso por descubrir*, apostamos por un giro más en el abordaje narrativo que fue convocar a las familias a contarnos y compartirnos sus historias, desde sus términos y bajo su experiencia y voz *por escrito*, sin imponer un guion. Para lograr tal objetivo llevamos a cabo tres *talleres-laboratorio*, en donde convocamos a las familias que quisieran participar para compartir sus historias como *familia*. La invitación para participar hizo transparente cuál era el objetivo de la reunión, aspecto que metodológicamente me parece fundamental rescatar, ya que contrario a un abordaje positivista, la mirada feminista nos invita a *hacer transparente nuestro objetivo* y también a *buscar mayor horizontalidad* entre quienes participan y quienes somos las personas investigadoras.

Como forma de iniciar el taller-laboratorio empezamos generando una reflexión colectiva sobre las experiencias que han enfrentado como *familias diversas y disidentes* y los actos de resistencia que han tenido frente a ello. Además, las familias llevaron fotos que les pedimos previamente que seleccionaran para compartir una anécdota en el grupo conformado. La actividad principal versó en torno al uso de *la metáfora del río* a partir de la cual trabajaron en el dibujo de un río que a veces es estrecho, y otras tantas no, que puede correr a caudales y a veces disminuir su fuerza por la presencia de obstáculos, lo anterior con la finalidad de identificar situaciones clave en su historia, retos y recursos, contextos hostiles y de apoyo, así como la posibilidad de historiar temporalmente esas experiencias, reconociendo los aspectos que querían compartir y escribir en su historia como familia.

A través de este ejercicio, que las familias iniciaron en los talleres, pero decidieron llevárselo para revisitarlo y concluirlo de manera conjunta en casa, fue posible por una parte conocer más sobre las familias, los retos que viven y las estrategias de resistencia y transgresión ante las violencias y procesos de invisibilización a los que se enfrentan. Es decir, obtuvimos información que era de nuestro interés, pero sí o sí, la investigación terminó transformándose en un escenario de posibilidades *otras*, tanto en términos metodológicos como en términos prácticos, convocándonos a reconocer que en toda investigación que se parta de un posicionamiento feminista hay una dimensión ética y política a considerar y que en el caso de esta investigación respondió a la necesidad no sólo de colocarnos desde *un lugar otro*, sino también a la inminente dimensión transformadora de su ejecución y lo que posibilitó para las familias.

Sobre el carácter emancipador y transgresor desde el que se puede habitar el proceso de investigar.

Quizá este escrito y mi narrativa en el mismo no alcanza a hacer transparente la forma en la que la investigación y los objetivos de la "investigadora" y su equipo de colaboración se vieron trastocados y transformados a la luz del intercambio con las familias. Si bien es cierto, que partíamos de un posicionamiento crítico-feminista y teníamos claridad de los aspectos que no deseábamos reproducir a través de la investigación, la teoría siempre se quedará corta ante la realidad y las experiencias que conlleva intentar un proyecto de esta naturaleza. En particular como investigadora principal, puedo reflexionar ahora que a la par de tener que moverme del lugar "cómodo" que supone la forma de investigar convencional y a la cual estaba acostumbrada, un reto menos visible es dar cuenta de lo que implicó para mis estudiantes "agarrar" ritmo, iniciar estos procesos de reflexividad crítica tan indispensable en la investigación feminista para poder pensarnos a la luz de lo que investigamos, preguntándonos no sólo en torno a qué prejuicios podemos tener y cómo estos pueden afectar a las personas que participan en la investigación, sino también bajo ese mismo plano crítico preguntándonos *¿y cómo puede afectarnos a nosotros la investigación?* Como refiere Sandra Harding (1995) reconocer nuestra subjetividad en el proceso de desarrollar la investigación y llevar a cabo el análisis, incrementa nuestra objetividad y decrementa el "objetivisimo". Así es, que se apuesta a la reflexividad, una *reflexividad fuerte* (Harding, 1995), en donde los sujetos cognoscentes (o quienes investigan) se examinan en los mismos términos que los sujetos de conocimiento.

En términos prácticos al hacer investigación, lo que esto ha representado es asumir la necesidad de *pensarnos y estarnos pensando en y a través de la investigación*, entendiendo que no es un mero ejercicio de reflexión, sino el análisis e identificación de las investiduras subjetivas que nos acompañan en nuestro diario hacer y que dan cuentan también de las redes de poder que nos constriñen (Rocha-Sánchez, 2017) y desde las cuáles nos relacionamos con quienes participan en nuestra investigación. Este ejercicio de reflexividad invita a *desenmascarar* las agendas ideológicas y políticas que están insertas en nuestro hacer. Si bien implica un ejercicio introspectivo, este no es el fin, lo que buscamos es reconocer las relaciones de poder asimétricas, a la luz de nuestra propia interseccionalidad, identificando las múltiples posiciones y dinámicas que se juegan entre quien investiga y quien es sujeto de investigación y asumiendo una responsabilidad frente a ello.

Soy muy consciente que nos tomó más de un año hallar una forma de *encontrarnos* con las *familias diversas y disidentes*, además de por las dificultades técnicas y de temporalidad a las que ya aludí antes, también por el hecho de que ni yo misma en ese momento estaba tan posicionada e involucrada con el tema de la disidencia sexual, al margen de vivirlo así. Nuestro campo de conocimiento de *familias diversas y disidentes* era limitado, y mucho más para mis estudiantes. Y si eso no fuese suficiente, la investigación empezó a la par de un movimiento ultraconservador en México que, entre otras cosas, popularizó una serie de slogans lgbtq+fóbicos, plasmados en autobuses que circulaban por las calles (p.e. "Los niños tienen pene, las niñas tienen vulva, que no te engañen", "X tiene derecho a un papá y una mamá, – Estado + Familia"). Con justa razón las *familias diversas y disidentes* estaban viviéndose con particular recelo ante cualquier propuesta (en este caso de investigación) que pudiera ser espacio de violencia y discriminación, y que les coloca en ese lugar de *otredad*.

Cabe señalar que la objetividad a la que apela el modelo de ciencia tradicional supone justamente que es posible acercarse a los fenómenos de estudio, de manera independiente a nuestra propia subjetividad. Sin embargo, quiero reiterar que la objetividad no sólo recae en la figura del investigador o investigadora, sino en la comunidad científica como tal. Ni quienes investigamos, ni lo que se investiga es ahistórico, carente de un contexto social, político, ideológico y cultural. Sea en función de nuestra condición sexuada, de nuestra identidad de género, de nuestra edad, de nuestra orientación sexual, de nuestro origen étnico, de alguna práctica y creencia religiosa, de la pertenencia a un grupo social particular, y por supuesto de las prácticas institucionales privilegiadas en los espacios donde laboramos, nos colocamos en coordenadas específicas desde las cuales nos pensamos y pensamos el mundo (Rocha-Sánchez, 2017). Así, reconocernos en la misma línea de sujetos sociales y situados como con quienes participan en la investigación, más que suponer un sesgo o una suerte de relativismo, invita a *responsabilizarnos y comprometernos con nuestro hacer*. A la par, lo anterior vuelve a colocar en el centro la dimensión ética, *una ética situada* que implique recuperar al otro concreto, tomando distancia de formulaciones abstractas y del universalismo vacío, una lectura que lo aborde desde las diferencias y entramados de poder que se juegan en las relaciones (Herrera 1992 en Osorio-Cabrera; Gandarias; Fulladosa, 2021).

En el marco de estos *talleres-laboratorios*, teníamos inquietud de si viniese bien que estuvieran familias que compartieran por así decirlo, un mismo eje de diversidad sexual o disidencia, o que simplemente quedará abierto a la participación de cualquier familia "objetivo" que aceptara la invitación. La decisión fue la segunda opción, y resultó una apuesta muy fructífera, pues en el marco de las reflexiones colectivas durante estos talleres se hizo evidente como el ejercicio de compartir entre *familias diversas* sin etiquetarlas (p.e. lesbomaternales, lesbomaternales reconstituidas, lesbomaternales con une hije con discapacidad, familias con une hije trans e incluso familias heterosexuales no heteronormadas) posibilitó *aprendizajes y sensibilizaciones colectivas* (ver Figura 3). Y de manera muy importante en los casos en los que participaron familias heterosexuales no heteronormadas, abonó a este ejercicio de *descolocar* a las familias no heterosexuales y con integrantes trans *del lugar de la otredad*, pues todas sin importar quienes les integraran dieron cuenta de los estereotipos y violencias que se viven cuando se transgreden las lógicas de la cisheteronormatividad y los roles y estereotipos de género, así como de las preocupaciones y retos que comparten en el día a día, en donde existe la coincidencia de buscar un mundo mejor y querer lo mejor para sus hijas, hijos e hijes. Aquí algunas de las reflexiones recuperadas:

> **Mamá de un adolescente trans**: *Me voy contenta de saber que tienen una visión distinta, abonar en contra de la desinformación, y por la necesidad de que otras personas entiendan y se informen sobre la experiencia propia. Nuestra meta es informar, las infancias trans son más que un número, hay que cambiar los estereotipos.*
>
> **Mamá lesbomaternal**: *me doy cuenta de que familia pue-*

de ser cualquiera. Que nuestra hija sea independiente, libre, defienda sus derechos y no se deje por nada. Le hemos dicho que, si algo no le gusta, diga que no le gusta. Me gusta tener mi familia biológica, pero también está mi familia gay por elección.

Papá de una niña trans de 5 años: *Empezamos esta situación sintiéndonos solos, llegamos a distintos grupos y la narrativa que encontramos era de mucha desgracia.* Y para él era importante no verlo como una desgracia o lamento: *Es importante cooperar, dar conocimiento, opiniones, es necesario que llegue a más gente....*

Hija heterosexual de familia heterosexual no heteronormada: *Aunque todos tenemos cosas que nos hacen diferentes, algo nos une, independiente de la orientación sexual. Hoy aprendí del tema trans y la lesbomaternidad.*

Figura 3. Fotografías tomadas con el consentimiento de las familias durante los talleres laboratorio en los que trabajamos en la construcción de sus historias.

Sobre el pensar, analizar y escribir *con y no de*

¿Qué se hace con la información que vamos recopilando, qué lugar tiene, a dónde va? Esta es quizá de uno de los aspectos más retadores en la posibilidad de *investigar desde otro lugar*. Cuando pensé el proyecto mis ambiciones eran muchas, sobre todo bajo la idea de lograr una investigación *diferente* en la que participara un gran número de familias, y que, al término de ésta, sus historias y producciones narrativas dieran lugar a una exposición abierta al público, con lo cual esperaba poder contribuir a cambiar las narrativas *deficitarias, patologizantes y exotizadoras* respecto a las *familias diversas y disidentes*. La realidad es que regresando a la complejidad de la vida, y en un símil de lo que referí antes con respecto a las familias sobre no tener quizá el tiempo y oportunidad de hacer espacio para compartir *ante la urgencia de la vida*, así también es la vida académica, una vida urgida por la productividad, por las entregas, por los plazos que cierran, y porque difícilmente un proyecto financiado para 3 años con un presupuesto reducido y condicionado alcanza para sostener todo lo que este proyecto ha implicado. Iniciamos en 2015, como dije nos tomó más de un año encontrarnos con la familia, hacia el 2019 aún estábamos haciendo entrevistas y lo más complejo es y sigue siendo poder poner por escrito todo lo generado.

Por una parte y aludiendo nuevamente tanto a los retos metodológicos como con la dimensión ética y política de una investigación, e intentando poner sobre la mesa las preguntas *¿para qué investigamos? ¿a quién va a beneficiar esta investigación? ¿de qué manera puede esta investigación contribuir a generar un panorama diferente para las familias diversas y disidentes?*, resulta complicado conciliar la tensión entre *escribir para el sistema* y *escribir para las familias*. A nivel metodológico, el análisis de la información generada con este tipo de aproximaciones es un proceso dinámico y que requiere de una enorme creatividad y tiempo. Como refieren Amezcua y Galvéz Toro, (2002) en la investigación cualitativa, los datos son a menudo muy heterogéneos no sólo por la diversidad en las experiencias de quienes participan en la investigación o de la información recolectada, sino por la diversidad también de métodos que pueden ser empleados, y que ofrecen formas y expresiones muy diversas de esa misma información, de manera que uno de los retos que emerge es justamente *buscar una suerte de coherencia y comprensión global de lo que tenemos frente a nosotras y nosotros.*

Sin duda y bajo un posicionamiento feminista en la forma de investigar, la responsabilidad en torno a lo que escribimos y cómo lo escribimos, e incluso dónde o a través de que medios divulgamos la información es una *decisión política*, que se desprende de este ejercicio propositivo de descolocarnos de la forma hegemónica de hacer ciencia. Más allá de ocuparnos por hacer alguna suerte de devolución a quienes participan en nuestras investigaciones, en esta investigación pretendimos *co-construir con las familias*, y hacer espacio para que fuesen ellas quienes compartieran sus historias bajo la idea de compilar todo en un texto, sin embargo, no todas las familias pudieron al final tener ese espacio, tiempo y posibilidad de escribirlas, regresándonos a la encrucijada de llevar a cabo entrevistas que nos permitieran con las transcripciones hacer un poco de ese proceso.

Lo anterior es retador, porque en la búsqueda de movernos del paradigma hegemónico, queremos evitar el ser las investigadoras quienes terminar hablando *por ellos y ellas*, y es difícil, porque al menos nos ocurrió en esta investigación, que las familias "confían" en que podemos ser "nosotras" (o el equipo de investigación) *las contadoras de sus historias*. Aún mantenemos el anhelo de poder convocar a las familias que participaron en las diferentes actividades y que no escribieron su historia, a hacerlo. En tanto, y con las historias que sí tenemos y la información que recuperamos tenemos muy presente la importancia de reconocer y hacer evidente *la polifonía de voces* que se articularon durante toda la investigación.

A la par de lo anterior, es inevitable desconocer – como lo he plasmado antes- la importancia que tiene la forma de aproximarnos desde un lugar más horizontal y que apuesta por una investigación no extractivista y utilitaria. Desde nuestra mirada y posicionamiento crítico-feminista, estamos situades como grupo de investigación en *un paradigma crítico que convoca necesariamente a la acción.* En ese sentido, este llamado a la acción y a una investigación emancipadora, empieza justamente en la elección misma del tema, en el reconocimiento de la dimensión política que atraviesa la investigación, en el reconocimiento de la investigación como una forma de intervención por sí misma que genera y promueve reflexiones, cambios y movimientos pues trabajamos con personas que sienten, piensan y elaboran en el proceso mismo de la investigación, pero además también se hace evidente en el ejercicio de posicionarnos, situarnos y adoptar esta estrategia de reflexividad, lo que se traduce finalmente en una manera de estar y habitar los procesos de investigación y las relaciones que sostenemos con las personas. Finalmente, recuperar todos estos elementos y encarnar la objetividad feminista (objetividad fuerte) permite situar lo político en la base de la producción del conocimiento, y que como bien sugieren Cruz, Reyes y Cornejo (2012) lejos de invalidarlo como ideología o de conducirnos a un relativismo de "todo-vale", nos convoca y conduce a *una producción de conocimiento socialmente comprometida y responsable.*[7]

Referencias

AMEZCUA, Manuel; GÁLVEZ-TORO, Alberto. Los modos de análisis en investigación cualitativa en salud: perspectiva crítica y reflexiones en voz alta. *Española de Salud Pública*, 76 (5), p. 423-436. 2002.

ANGULO M., Andrea; GRANADOS C., José Arturo y GONZÁLEZ R., Mar. Experiencias de familias homoparentales con profesionales de la psicología en México, Distrito Federal: Una aproximación cualitativa. *Cuicuilco*, 21(59), 211-236. 2014.

[7] **Agradecimientos**
A cada una de las familias que participaron a lo largo del proyecto, al grupo de estudiantes de verano científico del 2017, y al equipo de estudiantes que se han ido consolidando como investigadoras e investigadores en el marco de los últimos 7 años (o están en el proceso) y forman parte del grupo de investigación UIGS-UNAM (María Jaritzy Camacho Serrano, Sagrario Amparo Yobal Jiménez, Omar González Martínez, Aldo Iván Orozco Galván y Lenin Adolfo Zamorano Martínez) así como estudiantes que llevaron a cabo su servicio social y prácticas dentro del proyecto (Lorena Meneses Nieto, Hugo del Ángel Francisco, Natalia Reyes, Diana Cohen Salgado, Marlene León, Verónica Medina).

A la Dirección General de Asuntos del Personal Académico (DGAPA-UNAM) por el financiamiento otorgado a través del proyecto PAPIIT IN305916: "Socializando en la igualdad de género y una cultura de inclusión: exploración de prácticas de crianza, discursos y dinámicas en el entorno de la diversidad familiar en el contexto mexicano" (FamiliasxIgual).

ANDERSSEN, Norman; AMLIE, Christine e YTTERØY, Erling A. Outcomes for children with lesbian or gay parents. A review of studies from 1978 to 2000. *Scandinavian journal of psychology*, 43 (4), 335-351. 2002.

ARRANZ, Enrique, OLIVA, Alfredo, OLABARRIETA, Fernando y ANTOLÍN, Lucía. Análisis comparativo de las nuevas estructuras familiares como contextos potenciadores del desarrollo psicológico infantil. *Infancia y aprendizaje*, 33(4), 503-513. 2010

ARISTEGUI, Inés. "Parentalidad gay/lésbica: funcionamiento emocional y adaptación psicológica de los hijos de parejas del mismo sexo." *Perspectivas en Psicología: Revista de Psicología y Ciencias Afines*, 11 (1),78-85. 2014.

BARAJAS-BÁRCENAS, Karina B. Las familias mexicanas: de la institución al movimiento. Trayectorias, significados e imaginarios en la configuración de la diversidad familiar. *Sociedade e Cultura*, 15 (2), 263-274. 2012.

BIGLIA, Bárbara. Avances, dilemas y retos de las epistemologías feministas en la investigación social. En Mendia-Azkue, M. Luxán; M. Legarreta, G. Guzmán, I. Zirion, J. Azpiazu (Eds.) *Otras formas de (re) conocer. Reflexiones, herramientas y aplicaciones desde la investigación feminista* (p. 21-44). Donosti-San Sebastian: Universidad del País Vasco. 2014.

CASTAÑO, S. Marisol., SÁNCHEZ, T., Marcela y VIVEROS, C. Edison. Familia homoparental, dinámicas familiares y prácticas parentales. *Revista Latinoamericana de Estudios de Familia*, 10(2), 51-70. 2018.

CRUZ, Angélica, REYES, María y CORNEJO, Marcela. Conocimiento Situado y el Problema de la Subjetividad del Investigador/a. *Cinta de Moebio*, (45), 253-274. 2012. https://dx.doi.org/10.4067/S0717-554X2012000300005

FRANCO-PATIÑO, Sandra y SÁNCHEZ-VINASCO, Gloria. Las familias: ¿un asunto de políticas públicas? *Sociedad y Economía*, (14), 82-105. 2008.

FRÍAS NAVARRO, María Dolores, PASCUAL LLOBELL, Juan, MONTERDE I BORT, Héctor, y MONTEJANO SÁNCHEZ, Silvia. Creencias sobre la parentalidad de parejas del mismo sexo: causas de la homosexualidad. In Comunicación presentada en el VII Congreso Internacional de psiquiatría. *Interpsiquis*, 1-19. 2006.

GOLOMBOK, Susan y BADGER, Shirlene. Children raised in mother-headed families from infancy: a follow-up of children of lesbian and single heterosexual mothers, at early adulthood. *Human Reproduction*, 25 (1), 150-157. 2010.

GOLOMBOK, Susan, MELLISH, Laura, JENNINGS, Sarah, CASEY, Polly, TASKER, Fiona y LAMB, Michael. Adoptive gay father families: Parent–child relationships and children's psychological adjustment. *Child Development*, 85 (2), 456-468. 2014.

GOLOMBOK, Susan, ZADEH, Sophie, IMRIE, Susan, SMITH, Venessa., & FREEMAN, Tabitha. Single mothers by choice: Mother–child relationships and children's psychological adjustment. *Journal of Family Psychology*, 30(4), 409-418. 2018. https://doi.org/10.1037/fam0000188

GONZÁLEZ, Mar, MORCILLO, Ester, SÁNCHEZ, Ángeles, CHACÓN, Fernando y GÓMEZ, Ana. Ajuste psicológico e integración social en hijos e hijas de familias homoparentales. *Infancia y Aprendizaje*, 27(3), 327-343. 2004.

HARAWAY, Donna. *Ciencia, cyborgs y mujeres: la reinvención de la naturaleza*. España: Universität de Valencia, 1995.

HARDING, Sandra. "Strong objectivity": A response to the new objectivity question. *Synthese* 104, 331-349. 1995. https://doi.org/10.1007/BF01064504

HARDING, Sandra. ¿Una filosofía de la ciencia socialmente relevante? Argumentos en torno a la controversia sobre el Punto de vista feminista. En: Norma Blazquez- Graf, Fátima, Flores-Palacios y Maribel Ríos-Everardo (coord.), *Investigación feminista: epistemología, metodología y representaciones sociales* (p. 39-66). México: CEIICH/CRIM-UNAM. 2012.

LAGUNA-MAQUEDA, Óscar. Crítica a los conceptos homoparentalidad y familia homoparental: alcances y límites desde el enfoque de las relaciones y vínculos parentales de las personas de diversidad sexual. *La ventana. Revista de Estudios De Género*, 5 (43), 7-49. 2016.

MARTÍNEZ, Juan, SÁENZ, María y ECHEVERRY Jairo. Efectos de adopción y crianza homoparental. *Archivos de Medicina (Manizales)*, 19(2), 396-406. 2019. https://doi.org/10.30554/archmed.19.2.3321.2019

MARTÍNEZ- MARTÍNEZ, Luz María, BIGLIA, Bárbara, LUXÁN, Marta, FERNÁNDEZ, Cristina, AZPIAZU-CARBALLO, Jokin Y BONET I MARTÍ, Jordi. (2014). Experiencias de investigación feminista: propuestas y reflexiones metodológicas. *Athenea Digital: Revista de pensamiento e investigación social*, 14(4), 003-16.

MCCONNACHIE, Anja, AYED, Nadia, FOLEY, Sarah, LAMB, Michael, JADVA, Vasanti, TASKER, Fiona y GOLOMBOK, Susan. (2021), Adoptive Gay Father

Families: A Longitudinal Study of Children's Adjustment at Early Adolescence. *Child Development*, 92, 425-443. https://doi.org/10.1111/cdev.13442

MORALES, Orlando. Desconocimiento social, exotismo y Discriminación racial: representaciones y prácticas hacia migran-tes africanos en la sociedad argentina. *Antropologías del Sur*, 8 (4), 65-80. 2017.

OCHY Curiel. Construyendo metodologías feministas desde el feminismo decolonial. En Mendia-Azkue, M., Luxán; M. Legarreta, G., Guzmán, I., Zirion, J., Azpiazu (Eds.) *Otras formas de (re) conocer. Reflexiones, herramientas y aplicaciones desde la investigación feminista* (p. 21-44). Donosti-San Sebastian: Universidad del País Vasco. 2014.

OSORIO-CABRERA, Daniela; GANDARIAS, Itziar; FULLADOSA, Karina. Consideraciones ético-político-afectivas en investigaciones feministas: articulaciones situadas entre academia y activismo. *EMPIRIA. Revista de Metodología de las Ciencias Sociales*, 50, 43-66. 2021.

PÉREZ, Moira. Violencia epistémica: reflexiones entre lo invisible y lo ignorable. *El lugar sin límites. Revista de Estudios y Políticas de Género*, 1(1), 81-98. 2019.

ROLDÁN-ALVAREZ, Luz Ayda y VELÁSQUEZ-VIVEROS, Ana María. *Representaciones sociales sobre las familias homoparentales y la presencia de los elementos discriminatorios implícitos en los estudiantes de psicología, enfermería y medicina de la Universidad CES*. Universidad CES, Facultad de Psicología, Medellín. 2021.

ROCHA-SÁNCHEZ, Tania. Investigar en psicología, más allá del método y la técnica: algunas reflexiones y experiencias en el ejercicio de una psicología crítica. *Annual Review of Critical Psychology*, 13. 2017.

VAGGIONE, Juan Marco. "Las familias más allá de la heteronor-matividad". En: Cristina MOTTA y Macarena SÁEZ (Comp.). *La mirada de los jueces: sexualidades diversas en la jurisprudencia Latinoamericana* (p.13-87). Bogotá: Siglo del Hombre Editores. 2008.

Capítulo 9

Investigar desde nuestra ciudadanía académica

La auto entrevista como estrategia de investigación feminista

Yarimar Rosa-Rodríguez & Valerie Asencio Torres

Las narrativas son tanto el producto como
el proceso de entender la experiencia vivida
(Fivush y Grysman, 2016; p. 114)

Explorando el concepto de ciudadanía

La ciudadanía es un concepto que podemos definir como un acto de reconocer a las personas como parte de una sociedad constituida por normas, leyes y acuerdos que buscan garantizar el bienestar colectivo. En la Antigua Roma, por ejemplo, representaba una amplia distinción entre las personas reconocidas por el Estado como seres libres, autónomos/as/es y dignos/as/es de ser parte del conglomerado social a diferencia de las personas esclavizadas (G.M., 2022). Este rasgo descriptivo ha mantenido su valor de forma persistente en la historia de diversas sociedades donde va resaltando los derechos y obligaciones que la persona tiene al formar parte dé (Veugelers; De Groote, 2019). Por lo que, la búsqueda de una persona para obtener y ser reconocida con todos los niveles de la ciudadanía requiere un espacio donde afirme y reafirme su pertenencia, aquello que aporta y la responsabilidad a la que responde.

La búsqueda histórica para obtener en todos los niveles la ciudadanía persiste en la actualidad. Contienda liderada por los diversos grupos que por siglos han sido minimizados, exiliados y oprimidos por el propio Estado que le niega su pertenencia y reconocimiento en todos los niveles. Ruth Lister en (2003, p. 15) indicó "entender la ciudadanía en términos de membresía e identidad, subraya que lo que está envuelto, no es simplemente un conjunto de reglas legales gobernando las relaciones entre los individuos y el estado, si no también las relaciones entre los individuos". Como explican Brenda Espiñeira y Anahí Mastache (2023) el entendimiento y práctica de la ciudadanía suele permanecer en un estatus homogéneo que deja a un lado a las mujeres y comunidades minoritarias en poder ejercerla. Estas luchas resaltan las voces silenciadas y exceptuadas en el reconocimiento y del ejercer como ciudadana (Muñoz-Cabrera; Duarte--Rangel, 2018).

No obstante, si bien es un concepto que concurrentemente se utiliza y se asocia en escenarios de la sociedad enlazado al Estado y el estatus o nivel de legalización de la persona no se limita a estos espacios. Toda organización, agrupación o colectivo incorpora este proceso de reconocer a una persona como parte de ella. Eventualmente, como en los escenarios más tradicionales, se espera que esa relación, entre el colectivo y la persona, se dé una exaltación mutua que fortalezca esa membresía.

El feminismo, ha cuestionado el concepto de la ciudadanía reconociendo que esta puede estar mediada por el género. En la década del '90 Sylvia Walby (1994) así lo preguntaba y Ruth Lister respondía que la relación que tenemos las personas con el sentido de ciudadanía responde a dos miradas: la relación histórica del término, y la posición teórica-política que asumimos del mismo (Lister, 2012).

Ciudadanía y académica: el contexto de la Universidad de Puerto Rico

En Puerto Rico la cultura académica es joven en comparación con otras instituciones alrededor del mundo. El primer centro docente del archipiélago surgió en 1913 en Río Piedras, convirtiéndose en un sistema compuesto por once recintos edificados en varios municipios ofreciendo una plantilla diversa en programas disciplinarios. Creciendo así el sistema universitario del Estado y creando un espacio de enseñanza e identitario para cada persona que decidió formarse en ella (Rivera-Caballero, 2017). En su historia habitan luchas y protestas lideradas por diversos sectores que activa y firmemente buscaban proteger la universidad del pueblo, como históricamente le hemos llamado.

Esta historia une de manera especial a las personas que acuden día a día a estos espacios, ya sean estudiantes, docentes o trabajadores. Por un lado, por el legado que ha dejado al ser el primer centro docente de un país que, bajo su estatus colonial por más de quinientos años, ha luchado por generar y proteger la potencialidad como habilidades de su pueblo (Seale-Collazo, 2019). La promesa que significó tener la opción de continuar los estudios universitarios convirtió a las personas habitantes del archipiélago en seres con la oportunidad de cuestionar y crear visiones de mundo más allá de las aprendidas por la opresión colonial.

Por otro lado, el sistema de la Universidad de Puerto Rico ha sido estandarte de resistencia y oposición hacia actos opresivos y dictatoriales ejercidos por el mismo Estado (Brusi, 2022). Donde actualmente luchamos debido a los recortes fiscales impuestos por la Junta de Control Fiscal ante la deuda –no auditada– que Puerto Rico y el estado de recesión económica en que se encuentra desde el 2016. Mostrando de forma concisa y sin reparos el estatus colonial al encadenar el futuro de todo un país a manos del colonizador (Zambrana; Salas-Rovera, 2022). La imposición de la Junta de Supervisión Fiscal, quien controla las decisiones financieras, generó una lucha por la supervivencia en todo Puerto Rico. Siendo la universidad uno de los recursos que se encuentra constantemente abogando por su existencia.

Para poder explorar cómo vivimos la ciudadanía académica es necesario rescatar el contexto puertorriqueño colonial en el cual nos encontramos. Rocío Zambrana (2021) destaca cómo la deuda fiscal y los recortes a los servicios básicos son actos violentos que empoderan la colonialidad, al mismo tiempo que deshumaniza a sus habitantes y minimiza el espacio geográfico. Ante esto, los esfuerzos feministas a partir de la descolonialidad, tanto dentro como fuera de la academia, critica y expone activamente las opresiones e injusticias sociales que laceran a la academia y al país entero.

Ante este panorama, decidimos explorar qué es la ciudadanía académica teniendo presente la constante lucha que se dan al interior y al exterior del campus académico. Donde, a pesar de los obstáculos a través de la historia y del presente, las luchas reflejan la movilización de estudiantes, la docencia y personas empleadas no docentes sin el apoyo ni atención o urgencia por la administración. Encontrando así una academia fragmentada por la política y su deber como institución educativa. Creando un espacio austero para las personas que desean trabajar en ella desde miradas y posicionamientos diferentes. Ya que, más allá de no encontrarse preparada a nivel financiero se ve limitada por los roles que ejecutan personajes que responden a intereses ajenos a sus docentes y estudiantes.

¿Qué es ciudadanía académica?

Sevil Sumer, Pat O´Connor y Nicky Le Feuvre (2020) ubican la ciudadanía dentro del contexto académico, donde resaltan una relación entre la academia y las personas que la componen. Donde docentes y estudiantes se encuentran en relación con una academia de la cual se sienten parte y donde se comparte saberes, se genera conocimiento y donde se espera un crecimiento profesional que es legitimado. Las autoras resaltan que la ciudadanía académica tradicionalmente se ha definido como el deber y responsabilidades que la persona docente o investigadora tiene sobre la comunidad académica a la cual pertenece, al igual que a la sociedad. A la cual se tiene el compromiso de transferir el conocimiento que se genera y así apoyar los cambios o situaciones sociales que en el momento se encuentran tangentes (Tagliaventi; Giacomo; Cutolo, 2020).

Al reconocer la existencia de la ciudadanía académica abrimos paso a analizar cómo se forma y de qué manera se ejecuta en contextos caribeños. El cómo se vive y experimenta la academia ofrecerá narraciones que, bajo sus particularidades, puntualizarán cuán accesible es obtener dicha ciudadanía al mismo tiempo que se reconoce quién soy y somos dentro de ese espacio. En especial cuando observamos una disminución en el interés y esfuerzos en rememorar y nombrar la diversidad de mujeres que luchan por transformar la manera en que se genera conocimiento y el modo en cómo debe producirse el trabajo investigativo (Taylor; Lahad, 2018).

La amenaza hacia la identidad de la mujer va aumentado a medida que se aleja de las prácticas tradicionales heredadas por la colonialidad y de la cual se construye el perfil que dicta el cómo se debe ser (Curiel, 2021). Simplificando esfuerzos y silenciando voces que acuñan narrativas y experiencias particulares que rescatan las luchas contra el patriarcado. Peace Kiguwa (2023) hace énfasis en la necesidad de rescatar las realidades sociales de las mujeres y cómo el enfoque feminista abre las puertas en el campo de investigación para impulsar los cambios necesarios que resalten la diversidad que existe en estos espacios. Donde se reconozca la pertenencia y producción de investigaciones de manera equitativa por mujeres sin subyugarse a identidades y prácticas blancas (Fordham, 2008) y eurocentrista

Por qué y para qué investigar la ciudadanía académica: necesidad de un enfoque feminista descolonial

Reconocer el género dentro de las discusiones de la academia y en todos sus escenarios representa visibilizar narrativas, experiencias, trabajos y esfuerzos de personas que han formado parte de la comunidad. Encontramos que los espacios que provee la universidad presentan cierta resistencia a cambiar políticas, procedimientos, y una cultura que pueda beneficiar a las mujeres y otras personas tradicionalmente oprimidas que forman parte del espacio (Taylor & Lahab, 2018). Sarah Aiston y Chee Kent-Fo (2020) resaltan la tendencia de microagresiones hacia las mujeres docentes y señala la transformación en el comportamiento que se ejecuta sobre las mujeres donde buscan controlar su profesión, producción, activación y validación en actividades cónsonas con la vida académica, docente y estudiantil. Esto nos indica que la lucha contra el patriarcado no ha culminado solo por la cantidad de mujeres que forman parte de la universidad. No es suficiente con traer más mujeres al espacio académico, es necesario crear las condiciones para que sean ciudadanas académicas completas, desde su concepción de la ciudadanía.

Por otro lado, Azeezat Jonhson (2019) profundiza aún más al presentar cómo la academia no ofrece un espacio que visibilice las cuerpas negras y su producción de conocimiento. Por lo que, la implementación de enfoques emergentes que permitan conocer la situación de las mujeres en la academia representa la oportunidad de atender justamente sus experiencias (Curiel, 2021). Explorando así el estatus de sus trabajos, las opresiones que vivencian y las microagresiones que enfrentan en su vida profesional que pasan desapercibidas.

Victoria Clarke y Virginia Braun (2019) presentan que una propuesta feminista, como metodología investigativa, es una herramienta para la reflexión y reconocimiento de nuestras posiciones e identidades dentro del espacio académico. Mariana Alvarado y María Hermida (2022) invitan a romper con las fórmulas tradicionales de la colonización norteña-europea, bajo las cuales se han creado la manera en que se constituye qué debe ser la academia y las relaciones que se desarrollan dentro de ella. Ante esto, profundizar este análisis sobre cómo se puede tener acceso a una ciudadanía académica que identifique soluciones que ofrezca una equidad de género es esencial.

Tomando en consideración estas voces, Ochy Curiel (2021) propone el enfoque feminista descolonial como método que rescata y refuerza las narraciones de las luchas realizadas por mujeres indígenas, negras, caribeñas y latinoamericanas. A partir de esta perspectiva podemos sustentar la necesidad de trabajar la ciudadanía académica a partir de una reflexión de nuestras propias experiencias sin minimizarlas. Lo contrario, impulsa el reconocimiento de la creación de estudios y críticas feministas por una diversidad de mujeres que bajo el proceso de investigación, docencia o estudiantil compartan su estatus y nivel de reconocimiento, como de pertenencia, rompiendo con la invisibilización de nuestro trabajo (Curiel, 2021).

Igualmente, al sustentarse este feminismo desde una posición descolonial buscamos romper con las prácticas tradicionales de medir, producir y evaluarse bajo lentes blancos del norte. Este distanciamiento del modelo tradicional eleva la generación de conocimiento por profesionales de Latinoamérica y el Caribe atado a nuestras realidades y contextos de manera activa dirigidos a un cambio en la manera en cómo vemos ese yo sujeta (Maldonado-Torres, 2020). Requerimos reconocer, reafirmar y resaltar las particularidades, y la diversidad,que yace en la comunidad latinoamericana y caribeña y como transitamos los espacios de la academia, desarrollar nuestras historias. Esta será una pauta importante para validar los esfuerzos que hacemos para gestar y la producción académica e investigativa desde una postura de equidad e igualdad de género.

¿Qué se necesita para abarcar los niveles más amplios de esta ciudadanía?

El análisis que ofrece el feminismo descolonial y que impulsamos para estudiar la ciudadanía académica apoya una mirada a la producción y liberación sobre el proceso de cómo la obtenemos, la afianzamos y la vivimos. En especial al delinear el impacto que el género tiene al anclarnos al contexto de América Latina y el Caribe. Yuderkys Espinosa y Rosario Castelli (2011) exponen esta labor debe mantenerse bajo una investigación activa que mantenga la crítica hacia los límites que podemos enfrentar, al mismo tiempo que validamos la producción de saberes que no responden a los estándares del norte. Donde aún el poder y los privilegios yacen todavía en prácticas que amenazan y ponen en riesgo tanto a docentes e investigadores como estudiantes a violencias institucionales (Taylor & Lahab, 2018). En este sentido sumamos la definición de ciudadanía académica de Sümer, O'Connor y Le Fauvre (2020) "concierne a la distribución del poder, el reconocimiento y los recursos a través de los escenarios institucionales, las categorías del trabajo y la experiencia" (p.8). Este concepto nos permite un punto de partida, un marco de análisis que es congruente con nuestro posicionamiento feminista.

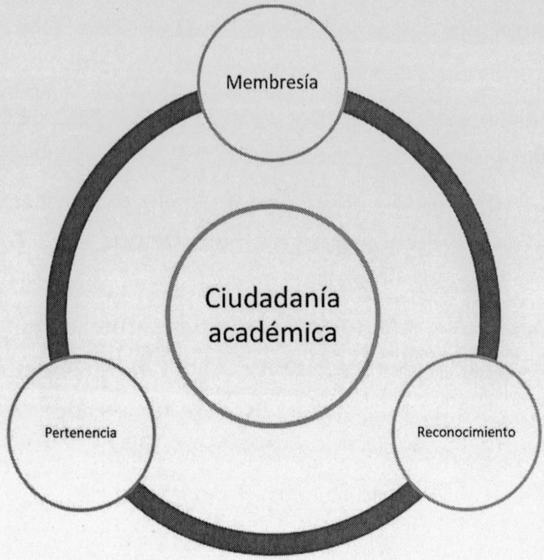

Figura 1: Componentes principales de la ciudadanía académica (basado en Sümer, et al., 2020)

La lucha por aceptación e inclusión de la producción de estudios e investigaciones por mujeres dentro de la academia aún enfrenta sesgos de género donde se minimiza y cuestiona con tenacidad (Chaparro-Martínez, 2020). Causando que la desigualdad hacia mujeres y personas feminizadas crea una concepción diferente sobre el sentirse miembra a una comunidad que decide no reconocerte. En este sentido la membresía a un grupo incluye derehos y responsabilidades de las cuales, en la mayoría de las oportunidades, las mujeres llevamos la carga de las responsabilidades, sin disfrutar de los derechos. Realizar este trabajo transformador y de cambio, tanto al interior como al exterior, debemos recordar acompañar nuestros actos con la empatía y solidaridad hacia nuestras compañeras legimizando sus trabajos y esfuerzos y por ende se les reconozca. El reconocimiento pretende dar voz y poder desde los lugares que habitamos y no desde donde otras personas deciden que debemos gestar. De ese modo, cada una tendrá la posibilidad de desarrollar sentido de pertenencia dentro de la identidad(es) con las que transitamos el espacio. Donde empapemos las prácticas en las diversas vertientes laborales, creativas, sociales, culturales dentro de la academia para obtener una ciudadanía académica completa y sustentada en la justicia y equidad. Por ejemplo, como se definen conceptos como el principio de mérito o la excelencia académica que históricamente ha sido desde perspectivas patriarcales son utilizados para evaluarnos o *medirnos* y continuan reproduciendo inequidades. En este sentido, este trabajo es un paso a reconocer que investigar comienza con una misma y el reconocimiento de nuestras conceptiones, nuestro lugar, que es espacio y es contexto.

El estudio. Ciudadanía Académica: experiencias de estudiantes y docentes

Con temor de caer en la trampa de la separación de sujeta/participante – investigadora/académica, fue necesario en el proceso reflexivo regresar al punto cero y cuestionar el medio por el cual accedemos a las historias de las mujeres en la academia: la entrevista semi estructurada. Siendo que nos posicionamos desde esa identidad, y que nuestras historias habían cambiado debido a la pandemia, cambios laborables, transiciones universitarias, ese proyecto de investigación se había transformado a sí mismo y fue necesario pausar. Pausar para mirar la entrevista, pausar para escucharnos

Para ello, en el tercer año del estudio (que tiene una fase cuantitativa previa) decidimos regresar a las entrevistas como instrumento de investigación y ponernos en el lugar de participantes asumiendo nuestra membresía como docente y estudiante. Tomando como punto de partida el concepto de auto etnografía, nos embarcamos en la auto entrevista con dos objetivos 1) revisar nuestras experiencias como ciudadanas académicas en la Universidad de Puerto Rico, 2) remirar la construcción de la entrevista semi estructurada. En las siguientes secciones nos dedicamos a narrar la experiencia de auto--entrevistarnos y nuestra mirada crítica a como nos hacemos y concebimos como ciudadanas académicas.

En sus comienzos, el equipo de trabajo contó con tres estudiantes y dos docentes que fuimos elaborando las dos fases de la investigación, la primera cuantitativa y la segunda cualitativa. Las preguntas de la segunda fase las redactamos en procesos colaborativos, reuniones de grupo y discusiones sobre nuestras experiencias desde el grupo al que pertenecemos. Igualmente intercambiamos las guías para tener las miradas de las estudiantes para la guía de entrevista a docentes y viceversa. Cada entrevista esta segmentada en ejes conceptuales que permiten recoger las historias de las mujeres. Este ejercicio requiere como nos alertan Beiras, Cantera y Casasanta (2017) una "reflexión crítica feminista con base teórica relevante e importante para el cambio social" (p.56). Siguiendo la recomendación de Lidia Marte (2020) para una etnografía crítica feminista, la mayoría de las preguntas cuestionan el *qué* y *cómo*.

La auto entrevista como práctica reflexiva para pensarnos ciudadanas

Para el ejercicio de auto entrevistarnos partimos de la conceptualización de la auto etnografía de Lidia Marte (Marte, 2020), como una práctica que "enfatiza el análisis cultural y la interpretación de la investigadora de las conductas pensamientos, y experiencias en relación de otras" (p.37). Para este ejercicio, hemos recurrido a la auto-entrevista como una de las herramientas que nos proporciona la metodología para acercarnos a nuestras experiencias habitando la universidad. Tomamos la misma entrevista que realizamos a estudiantes y docentes y nos embarcamos en el proceso de responder en voz alta a nuestras propias preguntas cada una por separado

Una vez completamos el proceso de grabar la auto-entrevista, procedimos a hacer transcripción automatizada mediante un programa, y re-escuchar el audio mientras cada una revisaba su transcripción a modo de asegurar tener el texto lo más completo posible. Cada una hizo la revisión de su audio y transcripción. Hasta el momento no hemos decidido compartir la auto-entrevista con la otra, si no establecer un diálogo de la experiencia.

La experiencia de auto entrevistarse: docente[1]

Auto entrevistarse es reconstruir y narrar la historia propia, y, por lo tanto, escuchar como una la cuenta, la relata, pone los tonos, las inflexiones de la voz, las pausas, los silencios, en fin, conversar con una misma. Re- escuchar el propio relato de esa historia evoca a su vez, continuar contando y, por lo tanto, narrar lo que no se dijo en la primera ocasión y a su vez evocar las imágenes que acompañan las memorias. Invitación a reflexionar directamente en como las personas responden al proceso de investigación y a la persona que investiga (Linabary; Hamel, 2017) – entonces remiramos el proceso, las preguntas y el contenido y las historias recogidas. Se convierte en un ejercicio poderoso al escucharse una misma cuando se lleva tanto tiempo silenciada y escuchando a otras mujeres. Me permitió nombrarme, hablar en primera persona y ser sujeta social de mi propia investigación más allá del proceso de haber diseñado el proyecto.

La narrativa permite construir la identidad del yo desde la subjetividad. Y la identidad ya forjada me permite regresar a la historia, especialmente a esos momentos poco contados, poco compartidos, tal vez silenciados. Si la pretensión es recoger las historias subjetivas de las personas que conforman un grupo identitario con el que nos identificamos, con el que compartimos membresía, entonces es necesario narrar mi propia historia como docente: quién soy como docente, como llegué hasta aquí. En este caso, con las preguntas que formulo a las participantes, para ponerme en ese lugar de mujer investigada sabiendo que comparto membresía desde varias de nuestras intersecciones: me identifico como mujer, habitando y transitando un contexto universitario, aceptando que mis roles institucionales, así como las responsabilidades han cambiado desde que inició el proyecto.

El efecto en mí de realizar la primera entrevista con una colega docente planteada desde la horizontalidad entre ambas, desde nues-

[1] En las secciones de la experiencia de auto-entrevistarse todas las citas son directas de las autoras.

tra relación docente a docente, me permitió revisar mi sentido de membresía a un grupo en común: docente. Me dio trabajo comenzar con la primera pregunta de la entrevista. Sentí que comenzaba en un vacío, que necesitaba ir un poco más atrás en mi propia historia para conectar con la pregunta.

> ¿Cuáles han sido sus experiencias como mujer docente e investigadora en la academia? siento que no puedo contestar esa pregunta. Si no me contesto a mí misma, en este caso de dónde vengo, ¿**cómo** llegué aquí? ¿Quién soy yo? Un poco del contexto en el que me encuentro ahora [...] siento que no hay un punto de partida real y que de cierta manera me estoy tratando de llevar, a un punto en específico sin hacer el recorrido, como como si tuviera que teletransportarme dé un lugar físico, de uno a otro sin considerar lo que hay que caminar. Así que voy a hablar un poco de cómo llegué hasta aquí.

bell hooks (2022, p. 57) afirma que "El acto de convertirnos en sujetos es aún otra manera de hablar del proceso de recuperación del yo". Por ello, siento que re-leer el principio de la entrevista me abrió los ojos de como remitimos a pedazos de nuestra historia en segmentos sin dar paso a la *historia* y como asumir el reto de auto-entrevistarme me llevó precisamente a desear contar la historia completa al menos para mí misma. Asumirme dentro del grupo/categoría docente es asumir una membresía que ciertamente está anclada en quien soy y como llegué a determinado lugar. Intentar hablar de experiencias específicas sin la *historia detrás* fue un ejercicio fútil que requirió remirar la pregunta.

Intentando mirar mis experiencias de membresía, reconocimiento y pertenencia di cuenta de mis relaciones con otros docentes en el proceso de ser profesora de nuevo reclutamiento (primeros cinco años) y la transformación luego de ser docente con plaza permanente[2]. Ese recorrido de un estado al otro, en muchas ocasiones es percibido en la universidad como el punto culminante para *hacerte ciudadana completa*, con todas las responsabilidades, pero también con todos los derechos. Y en efecto, me ubica en una posición de privilegio frente a otras colegas en posiciones docentes precarizadas. No obstante, el proceso de casi 15 años de docencia universitaria ha estado mediado por la experiencia atravesada del género en espacios específicos.

Decidí hacer el ejercicio de encontrar en mi historia, instancias que me permitieran reconocer alguno de los tres elementos de la ciudadanía académica. De la escucha y una profunda lectura encontré puntos en donde interseccionan la **membresía** y el sentido de **pertenencia**. En este sentido encontré como mi membresía estaba condicionada a cumplir con responsabilidades, pero mi derecho a decidir fue debatido. Escuchar como lo apalabro en este momento fue profundamente revelador.

> En un espacio en que momentos de mi carrera docente fueron determinados o decididos por hombres, escucharme recapitular pedazos de esa historia, contar, reflexionar sobre mi experiencia fue *impactante* [ ][3] el género ha atravesado mi experiencia y como la siento y la veo ahora.

Transitar diversos espacios físicos en la universidad si me ha permitido asumir mi proyecto ético-político no sin rebasar las resistencias de decidir investigar y gestar desde el feminismo desde un contexto profundamente patriarcal: "Pero en [...] espacio empiezo a recibir muchas resistencias en términos de cuál era mi proyecto académico personal y, que era lo que [...] quería que yo hiciera [...]". Ciertamente navegar los espacios institucionales de maneras diversas y permitirme conectar con hombres y mujeres que creen en el

[2] En otros paises docente o professor titular

[3] Omitimos texto que pudiera indentificar a terceras personas.

sentido del **reconocimiento** como motor para incentivar la creación y la producción. Esa relación entre el reconocimiento abierto y de pares, permitiró otras conecciones y relaciones que promovieron otras escuchas.

> Donde empecé a sentir otra escucha. Mucha más apertura y mucha más validación de lo que yo quería hacer de mí carrera, y entonces en una relación mucho más horizontal. Pero siempre mirando cuál era mí, mi proyecto académico profesional, pero de ahí y dar esa vuelta a mi proyecto y que por fin yo fuera la dueña de mi proyecto y que yo tomara decisiones, tomó mucho tiempo.

En mi voz me di cuenta de que en el momento en que dejé de batallar contra la institucionalidad y decidí resistir desde adentro, con mi modelo de trabajo, con mi posicionamiento ético-político fue lo que me permitió adueñarme.

> No es hasta [...] que yo puedo adueñarme del proceso y del espacio y del trabajo para dedicarme nuevamente a mi proyecto académico que era y es un trabajo más enfocado a las mujeres la violencia.

Mientras intenté acomodarme a las demandas de otros y a lo que otros entendían debía ser mi proyecto académico-profesional no me encontraba a mí misma dentro del espacio, lo que incidía en mi sentido de pertenencia. Ahora siento que pertenezco y me hago escuchar.

La experiencia de auto entrevistarse: estudiante

El proceso de preparación e inicio de auto-entrevistarme requirió de pequeñas reflexiones que me permitan recordar mi propio proceso de entrevistar participantes al usar las mismas preguntas como también rescatar mi propia experiencia. Repasaba el ritmo, los temas que se abordaban y, en especial, pensaba cómo iba a contestarlas. Ya que, para mi sorpresa, necesitaba recordar aspectos de mi vida académica que usualmente acostumbro a invisibilizar. Esta práctica refleja la opinión reducida que he tenido naturalmente sobre mí misma, en especial al reconocer lo que he hecho y logrado. Por lo que, divido este recuento en lo que fue escuchar(me), el rescatar esa reflexión de tener mujeres en la academia y cómo he vivido mis años universitarios distanciados de mi vida personal.

Auto-entrevistarse representa el acto de encontrarse consigo misma, liberando toda recolección que forma parte de tu vida anclada a las experiencias y contextos sociales que acentúan esas vivencias (Rivera-Clemente, 2022). Por lo que, comenzar auto-entrevistarme significó aceptar que por un tiempo alargado estaría en una habitación conmigo misma, escuchando solo el sonido de mi voz, recordando con mayor detalle mis experiencias y atada a la sinceridad que el espacio ofrecía. Enfrentándome quién he sido desde que comencé mis estudios universitarios, el cómo he permanecido, cómo he cambiado y cómo me siento ante ello. Abriendo y reconociendo mi realidad, a través de un proceso que ofrece la oportunidad de reconectar con una versión de mí que pocas veces visito, que escucho y valido en mi diario vivir.

Para mi sorpresa, encontré que esa versión de mí estaba abierta y deseosa de ser escuchada en voz activa, pero en algunas preguntas encontré dificultoso de poder articular lo que sentía al no sentirme segura de su pertinencia de lo que respondía a niveles más personales. No obstante, puedo confirmar que el simple acto de apalabrar mis vivencias encontré el poder de liberarme y reflexionar en mi identidad. Primeramente, encontré este proceso liberador porque me desgarré del miedo en expresar sentimientos y opiniones que suelo ocultar y minimizar. Miedo que se alimenta de inseguridad, que se ata a invalidación automática y que termina sucumbiendo a dudar constantemente quién soy, cómo pienso y por qué lo soy. Ahí entra la identidad, que muy de cerca a la liberación, es atacada tanto consciente como inconsciente por mí misma al alimentar el miedo que percibo del exterior.

Por eso, el primer segmento de las preguntas que se enfoca en conocer las experiencias individuales acerca de lo vivido en la academia se convirtió en un momento de reconocer a esa estudiante mujer que constantemente acallo. El diálogo conmigo misma, la introspección, el seguir escarbando recuerdos y emociones permitió que validara los últimos cuatro años, pero también los que prescindieron de ellos. Reconecté con la figura adolescente pasiva que entró hace más de ocho años a la universidad sostenida por pequeñas ilusiones de lo que lograría. Pequeñas porque simplemente nunca fui soñadora de grandes proyectos y, de alguna forma u otra, encontraba placer y satisfacción en los detalles, en lo diario. En cómo la percepción de mí misma se ha moldeado a una más esperanzadora a medida que he conocido los diversos esfuerzos de las mujeres dentro de la academia.

En un segmento comento: *"Tú tienes la oportunidad de poder romper cualquier tipo de estereotipo que hayas creado en tu mente... Y en mi caso, cuando una tiene esos tipos de perfiles, te sigues minimizándote".* Al reencontrarme con esta respuesta mientras elaborada sobre la influencia de tener mujeres en roles de mentoría mi mente no dejaba de expandir las interacciones que he tenido con las mujeres dentro de la academia con carreras y experiencias diferentes, con visiones de mundo particulares. Esos rostros, sus técnicas de trabajo y cómo va generando una práctica reflexiva y crítica alimenta por qué seguimos cuestionando la limitación en la diversidad académica y la cual se sigue luchando.

En ese proceso de recordar pude afirmar mi conformidad en esos años rodeada de agradecimiento y satisfacción. Mentiría si niego que ese sentimiento no se extendió en mis años de escuela graduada. En este sendero de auto-entrevistarme, moviéndome entre el pasado y el presente, no dejaba de sentirme satisfecha. Recordar y legitimar mi experiencia me llevó a darme cuenta de lo afortunada que fui, aún con mi presencia impasible e inmóvil en las aulas de clases. Rodeada de mujeres desde el inicio y con la suerte de encontrarme con profesores que nunca convirtieron mi experiencia como estudiante en una pesadilla. Mi trayecto se constituye con una presencia alta de mujeres, ya sea en espacios profesionales como personales. Donde fui guiada, no limitada. Y por ello debo, humildemente, agradecer que cada una de ellas fueron parte de mi caminar con enseñanzas de vida que impactaron mi ser.

Por ello, la gratitud que emergió durante mi narrativa se dio de manera automática y me hizo cuestionarme el por qué. Mientras me escuchaba me cuestionaba la razón por la cuál decidí esa emoción y no profundizar en otros aspectos de mi experiencia, incluso en cuestionarme. Pero a medida que pasaban los minutos me percaté que respondía a mi contexto sociohistórico y necesitaba reconocer el privilegio que tuve, que aún tengo, en formar parte de la academia. Poco comparto de mi vida personal, y realmente no hay un espacio en la secuencia de preguntas donde se dirijan para conocer esos aspectos personales como tampoco conocer el trayecto. No obstante, aún sin decirlo cada respuesta estaba acompañada por mi pasado y mi vida personal. En ese proceso de responder comparto: "Así que, va a depender mucho de lo que estás viviendo fuera de la academia, que muchas veces se invisibiliza, que es algo muy triste. Que la academia no quiera reconocer que los estudiantes tienen que recurrir a buscar trabajo, a atender, eh, otras cosas más allá de la academia".

Es como si la propia estructura institucional fomentara esa división, el sacar de nuestra realidad elementos que nos forman y que poseen valor en nuestras vidas. Lo que me llevó a cuestionar, cómo es posible hablar de ciudadanía académica si mantenemos ambos mundos separados. Cómo medirla justamente si se minimizan los aspectos personales que impactan de manera distinta a las personas. Entramos, entonces, a una conversación que se complejiza y que requiere cuestionarnos no solo cómo se entiende esa ciudadanía, sino cómo cambiar la manera en que se realiza la conversación para resaltar esas diferencias y no minimizar el trabajo, el esfuerzo, el sacrificio que se hace para responder a la academia. Al respecto menciono: "Y yo siento que, pues realmente estamos todavía batallando con la forma en que se estructura la propia Universidad. La academia aún... todavía no visibilizada estos diversos roles, estas diversas responsabilidades". Esta mirada tradicional sobre cómo se evalúa el trabajo dentro de la academia simplifica y reduce el trabajo, pero en especial el reconocer las habilidades y capacidades de las mujeres que desde un posicionamiento no tradicional buscan crear una comunidad académica equitativa e inclusiva.

Sumergida en esta reflexión encontré y acepté que mi vida como estudiante no puede ser contada sin reconocer el espacio que ocupo, los obstáculos que pude enfrentar gracias al apoyo que he tenido y cómo cada uno de esos elementos forman parte de mí. Donde el cómo llegué y me mantuve puede reflejar el por qué permanecer en la academia. Usualmente la vida universitaria es presentada como la tierra prometida para cada estudiante que culmina su cuarto añopero al final es una realidad para pocos/as. Detalle que recuento durante mi reflexión sobre cómo veo un espacio inclusivo:

> Así que una promoción, una búsqueda de estudiantes de Puerto Rico, no, es necesaria, específicamente los de escuela pública. Yo no recuerdo en ningún momento ver la Universidad de Puerto Rico estár promocionándose, buscando estudiantes, visitando escuelas y a mí eso me impactaba. Recuerdo que para aquel entonces yo decía, no, es que todos solicitan a la UPR por eso no le hace falta promocionarse y es al revés, no. Uno la buscaba, buscaba a la Universidad, pero la Universidad no te buscaba a ti. Y tú te sentías más chiquitita.

Por lo que, los/as/es que llegamos a formar parte de ella encontramos intercambios de pensares que enmarcan cuán afortunados/as/es somos. No por el simple hecho de estar, sino porque pareciera un milagro el simple hecho de habitar. Provenir del sistema de educación pública me ha mantenido anclada al suelo, al no dar nada por garantizado, al no generalizar y, lamentablemente, a no esperar mucho de mí. a. Por ello, no dejo en mi narrativa activa el resaltar el privilegio que he tenido con el simple hecho de habitar. Describiendo el paso por la universidad como uno fructífero, porque lo ha sido, hago eco también a los elementos sociales y personas que apoyaron ese caminar.

Pero, sin dejar presente cuánto puede mejorar ese espacio que supone uno de apertura, de oportunidades y crecimiento. Por mucho esa promesa de lo que significa la universidad ha ido cayendo, por varios factores sociales, políticos y económicos. No obstante, aún en estos momentos de precariedad e incertidumbre no debemos llegar al conformismo, a brazos caídos y desesperanza. Con la existencia de una movilización encaminada a luchar por esa equidad no debe finalizar el compromiso de apoyar y acompañar para lograrla. Es momento de repensar la fórmula mediante la cual se ha constituido la academia y que esta se vuelva en recurso social, no en simple privilegio. Como estudiante mujer de escuela pública, que aclama esas características como parte de mi identidad y guía para mi práctica profesional. Reconociendo que aún existen máscaras que intentan proyectar una realidad académica que apenas existe y, para lograr el cambio justo que deseamos, debemos alzar nuestras voces e historias para resaltar que sin nuestra diversidad no existe universidad de país.

Consideraciones finales: Sentir, pensar la investigación para sentirpensarse una misma

Al momento de redactar este capítulo no hemos compartido la transcripción de las auto-entrevistas. Sin embargo, hemos hilado en conjunto cada segmento de este pensando en nosotras y nuestras membresías. Ciertamente leer a cada una, y su experiencia desde el ejercicio, ha permitido reconocernos más, después de tres años trabajando juntas como docente-estudiante, investigadora-asistente. Ciertamente compartir el poder de escucharse, leerse y escribir es profundamente transformador. Como nos dijera bell hooks (2022) el feminismo es profundamente relacional y es en esas relaciones que construimos gran parte de nuestras identidades, y posibilitamos la recuperación de nuestro yo. Ambas encontramos en el ejercicio de entrevistarnos, leernos y escucharnos como nos relacionamos con nosotras mismas y con nuestra historia.

La propuesta y decisión de realizar una auto-entrevista como método investigativo representó apostar por un proceso que permitiera reflexionar a niveles profundos que humanizara el trabajo que se ha realizado en el pasado año. En especial cuando podemos perdernos en el propio proceso de someter y aprobación de la propuesta. Por lo que, optamos por un método que capturara el deseo de humanizar la investigación al compartir narrativas que capturen las experiencias dentro de la academia. Ampliando así las estrategias investigativas que no reduzcan ni restrinjan el sentir y pensar activo (Winfield, 2022).

Igualmente, encontramos que la alternativa de poder recurrir a métodos alternativos como la auto-entrevista permite sujetarnos a nuestra propia autonomía sin limitarnos a la estructuración tradicional de la propia academia y sobre los lentes fijos que benefician métodos más tradicionales (Tagliaventi; Carli; Cutolo, 2020), resistimos desde adentro. Abriendo un camino más justo y leal a las narrativas que compartimos y forman parte de este análisis. Maricruz Rivera-Clemente (2022) resalta que procesos que recurran al acto de auto-investigarse ofrecen libertad personal como colectiva, al mismo tiempo que se presenta valorativamente el contexto sociohistórico y cultural del cual se parte. Ahora nos sentimos más intelectuales orgánicas, esa clasificación hermosa que nos regaló Aurora Levins Morales (2004) cuando hablaba de la necesidad de conocer más mujeres que habitan los espacios cotidianos. Nos encontramos nombrando la verdad de nuestra experiencia personal desde la historia, la memoria, nuestros afectos y nuestras ideas: nos sentipensamos en el proceso.

Referencias

ÅHÄLL, Linda. *Affect as methodology: feminism and the politics of emotion*. International political Sociology, vol. 12, p. 36-52, 2018. https://doi.org/10.1093/ips/olx024.

AISTON, Sarag; KENT FO, Chee. *The silence/ing of academic women*. Gender and Education, vol. 33, p. 138-155, Dec. 2020. https://doi:10.1080/09540253.2020.1716955.

ALVARADO, Mariana; HERMIDA, Maria. *Feminismos del Sur: nudos epis-teológicos para articular una investigacion otra.* Pacha. Revista de Estudios Contemporaneos del Sur Global, vol. 3, no. 9, 2022. https://doi.org/10.46652/paca.v3i9.121.

BEIRAS, Adriano; CANTERA ESPINOSA, Leonor M; CASASANTA GARCIA, Ana L. La construcción de una metodología feminista cualitativa de enfoque narrativo-crítico. *Psicoperspectivas*, vol. 16, no. 2, p. 54–65, 2017. https://doi.org/10.5027/psicoperspectivas-vol16-issue2-fulltext-1012.

BRUSI, Rima; FUENTES-RAMÍREZ, Ricardo; BETANCES-LACOURT, Vibeke. *Universidad y país: reformulando la conversación parte 1.* 180 Grados, Puerto Rico. [S. *I; s.n*]. 21 Mar. 2022. https://www.80grados.net/universidad-y-pais--reformulando-la-conversacion-parte-1/

CHAPARRO-MARTINEZ, Amneris. *Feminismo, género e injusticias epis-témicas*. Debate Feminista, vol. 62, 2020. https://doi.org/10.22201/cieg.2594066xe.2021.62.2269.

CLARKE, Victoria; BRAUN, Virginia. *Feminist qualitive methods and meth-odologies in psychology: a review and reflection*. Psychology of Women and Equalities Section Review, vol. 2, no. 1, p. 13-28, 2019.

CURIEL, Ochy. Constructing feminist methodologies from the perspective of decolonial feminism. *In*: ESPINOSA-MIÑOSO, Yuderkys; LUGONES, Ma-ria; MALDONADO-TORRES, Nelson (eds.). *Decolonial Feminism in Abya Yala*. [S. *l*.]: Rowman & Littlefield, 2021. p. 43-59.

ESPIÑEIRA, Breda; MASTACH, Anahí. *Formación de ciudadanía con perspec-tiva de género en el nivel secundario: reflexiones en torno a la práctica docente.* Revista de la Escuela de Ciencias de la Educación. vol. 1, no. 18, p. 57-73, 2023.

ESPINOSA-MIÑOSO, Yuderkys. La crítica descolonial a la epistemología feminista crítica. *El Cotidiano*, no. 184, p. 7–12, 2014. http://www.redalyc.org/articulo.oa?id=32530724004.

ESPINOSA, Yuderkys; CASTELLI, Rosario. *Colonialidad y dependencia en los estudios de género y sexualidad en América Latina: el caso de Argentina, Bra-sil. Uruguay y Chile*. En: BIDASECA, Karina; VÁZQUEZ'LABA, Vanessa. (org.). Feminismos y poscolonialidad: descolonizando el feminismo desde y en América Latina. 2 ed. Ediciones Godot Argentina, p. 191-212, 2011.

FORDHAM, Signithia. *Beyond capital high: on dual citizenship and the strange career of "acting white"*. Anthropology and Education Quarterly, vol. 29, no. 3, p. 227-246, 2008.

G. M., Abel. *Los privilegios de ser ciudadano romano*. National Geographic, España. [S. I.: s.n]. 24 Mar. 2017. https://historia.nationalgeographic.com.es/a/privilegios-ser-ciudadano-romano_17835

HARDING, Sandra. (1998). ¿Existe un método feminista?. Debates En Torno a Una Metodología Feminista, 2, 1998. pp. 9–34,. https://www.uvirtualjaveriana.co/lmscontent/MECL/semestre-1/seminario/assets/documentos/pdf/metodo.pdf

hooks, bell. *Respondona*. 1era ed español. Paidós, 2022.

JOHNSON, Azeezat. *Throwing our bodies against the white background of academia*. Royal Geographical Society with IBG, vol. 52, no. 1, p. 89-96, 2019. https://doi.org/10.1111/area.12568.

KIGUWA, Peace. *Feminist approaches: an exploration of women´s gendered experiences*. En: LAHER, Sumaya; FYNN, Angelo; KRAMER, Sherianne. (org.). Transforming research methods in the Social Sciences: Case Studies from South Africa. Wits Universuty Press, pp. 220-235, 2019. https://doi.org/stable/10.18772/22019032750.19.

LEVINS MORALES, Aurora. *Intelectual orgániza certificada*. En Otras inapropiables: Feminismos desde las fronteras. Editorial Traficantes de Sueños, 2004.

LINABARY, Jasmine R; HAMEL, Stephanie A. *Feminist online interviewing: engaging issues of power, resistance and reflexivity in practice*. [S. l.: s. n.], 2017. www.feminist-review.com.

LISTER, Ruth. *Citizenship: feminist perspectives*. [S. l.]: New York University Press, 2003.

LISTER, Ruth. Ciudadanía y género. *Debate Feminista*, vol. 45, p. 79-93, 2012. https://www.jstor.org/stable/42625244?seq=1&cid=pdf-.

MALDONADO-TORRES, Nelson. *El caribe, la colonialidad y el giro descolonial*. Latin American Research Review. Vol. 55, no. 3, p. 560-573. https://doi.org/10.25222/larr.1005.

MARTE, Lidia. *Cimarrón pedagogies. Notes on autoethnography as a tool for critical education.* [*S. l.*]: Peter Lang, 2020.

MUÑOZ-CABRERA, Patricia; DUARTE-RANGEL, *Patricia. Gender justice in feminist analysis of public policies in Argentina. Brazil and Chile.* Revista Estudios Femistas, vol. 26, no. 3, p. 1-11, 2018. http://dx.doi.org/10.1590/1806-2018v26n358565. Accessed on: 27 Mar. 2023

RIVERA-CABALLERO, José. *La UPR es el custodio del patrimonio cultural, científico y natural de Puerto Rico.* 180 Grados, Puerto Rico. [S.I.: s.n.]. 30 Jun. 2017. https://www.80grados.net/la-upr-es-el-custodio-del-patrimonio-cultural-cientifico-y-natural-de-puerto-rico/

SEALE-COLLAZO, Jimmy. *La UPR y sus luchas (II).* 180 Grados, Puerto Rico. [S.I.: s.n]. 18 Ene. 2019. https://www.80grados.net/la-upr-y-sus-luchas-ii/

SÜMER, Sevil; O´CONNOR, Pat; LE FEUVRE, Nicky. Conclusions: gendered academic citizenship as a promosing reseach agenda.In: SÜMER, Sevil. (org). Gendered academic citizenship: Issues and experiences. [*S. l.*]: Palgrave Macmillan, 2020. https://doi.org/10.1007/978-3-030-52600-9.

TAGLIAVENTI, Mria; CARLI, Giacomo; CUTOLO, Donato. *Excellent researcher or good public servant? The interplay between research and academic citizenship.* Higher Education, vol. 79, p. 1057-1078, 2020. https://doi.org/101007/s10734-019-00456-7.

VELDHUIS, Suzanne; SÁNCHEZ-RAMÍREZ, Georgia; DARNEY, Blair C. *"Becoming the woman she wishes you to be": A qualitative study exploring the experiences of medication abortion acompañantes in three regions in Mexico.* Contraception, vol. 106, p. 39-44.

VEUGELERS, Wiel; DE GROOT, Isolde. *Theory and practice of citizenship education.* Education for Democratic Intercultural Citizenship, 2019, pp. 14-4i. https://www.jstor.org/stable/10.1163/j.ctvrxk389.6.

ZAMBRANA, Rocío; SALAS-RIVERSA, Raquel. *Introducción: Deudas Coloniales.* En: ZAMBRANA, Rocío. Deuda Colonial: El caso de Puerto Rico. 1 ed. Editora Educación Emergente, 2022. Project MUSE. 10.1353/book.109425.

ZAMBRANA, Rocío. *Colonial Exceptionality.* En: ZAMBRANA, Rocío. Colonial Debt: The case of Puerto Rico. Duke University Press, 2021. https://doi.org/10.2307/j.ctv2k057zg.6.

Capítulo 10

ABORTAMENTO E SENSAÇÃO DE ALÍVIO

REVISÃO INTEGRATIVA DA LITERATURA BRASILEIRA

Madge Porto
Valeska Zanello

O aborto é considerado crime no Brasil e a legislação vigente o torna permissível apenas em algumas exceções, "quando não há outro meio de salvar a vida da gestante e quando a gravidez resulta de estupro" (Brasil, 1940), e nos casos de feto anencéfalo. Apesar disso, trata-se de uma experiência frequente na vida de mulheres de todas as classes sociais, grupos raciais, níveis educacionais e religiões: quase uma em cada cinco mulheres, aos 40 anos, já realizou, pelo menos, um aborto (Diniz; Medeiros; Madeiro, 2017).

Percebe-se que este ainda é um tema envolto por tabus e discussões apaixonadas, que mantém mitos, como a ênfase em um suposto trauma do aborto, e silenciamento sobre outras emoções e efeitos psíquicos também existentes como alívio e proteção à saúde mental das mulheres que não desejavam aquela gestação. Assim, pautar o debate sobre a saúde mental das mulheres e sua relação com o aborto não se limita apenas à esfera dos direitos sexuais reprodutivos, mas também da saúde pública, do estado de direito e dos direitos constitucionais das humanas, se apresentando como tema de extrema relevância para o campo dos estudos em psicologia, que darão embasamento para a prática profissional.

A maternidade, como foi construída em nossa cultura, trouxe o acúmulo de tarefas e de responsabilidades para as mulheres (Federici, 2019; Badinter, 1985); mas, por outro lado, também trouxe empoderamento, ainda que colonizado, por ser uma forma de se ganhar certo respeito e reconhecimento social (Zanello, 2018). Além dos sentimentos ambivalentes da maternidade, mulheres se sentem culpadas por não se "considerarem boas mães", por descobrirem, depois de ter o filho, após depressão pós-parto, que não queriam ou não se encaixam nesta condição, condição essa mitificada. Idealizada, a nossa cultura não expõe a realidade, nada gloriosa, da maternidade, ou seja, um modelo de cuidado/maternagem que pode ser adoecedor (Romio; Roso; Cardinal; Basso; Pierry, 2015).

A relação entre aborto provocado e saúde mental passou a ser um tema com algum realce, a partir da primeira década do século XXI. Neste contexto, se destaca o estudo de Coleman (2011), que tentou associar o desenvolvimento de transtornos mentais ao ato de abortar, como uma espécie de sequela, consequência do ato em si.

Coleman (2011) pretendeu demonstrar que há uma relação entre abortos passados e transtornos mentais identificados no momento da coleta de dados, afirmando que, na maioria dos casos, o abortamento precedeu o diagnóstico do transtorno mental, concluindo que há uma relação causal entre o abortamento e subsequente transtorno.

Steinberg, Becker e Henderson (2011) replicaram o estudo de Coleman e não obtiveram os mesmos resultados. Também destacaram que o erro metodológico foi não terem sido selecionadas, dentre as mulheres que se tornaram mães, aquelas que não desejavam essa experiência. Ou seja, a comparação, para ser um dado com sentido, deveria ter sido feita entre mulheres que interromperam a gravidez e aquelas que não interromperam, mas não desejavam ser mães. Nesse sentido, ser mãe sem desejar pode ser um fator de risco para a saúde mental das mulheres e aumenta as chances de uma depressão pós-parto (Steinberg; Henderson, 2011, Steinberg; Finer, 2012).

Todavia, mesmo tendo graves problemas metodológicos, a citação ao estudo de Coleman (2011) se tornou recorrente. Por exemplo, seu artigo tem sido utilizado para justificar a criminalização do abortamento voluntário supostamente com o sentido de defesa da saúde mental das mulheres. Para os que eram contra a descriminalização da interrupção da gravidez, a defesa da saúde mental das mulheres tomou as seguintes configurações discursivas: a prática do abortamento causa sofrimento psíquico; o abortamento é um risco à saúde mental da mulher, sem possibilidade de recuperação; por fim, a intervenção psicológica precisa ter como objetivo evitar o abortamento (Porto, prelo).

Domingues *et al.* (2020) destacam que transtornos mentais comuns são mais frequentes na gestação de mulheres que tentaram abortar e não conseguiram. Ludermir, Araújo, Valongueiro e Lewis (2010) e Ludermir, Araya, Araújo, Valongueiro e Lewis (2011) ressaltam, sobretudo, a presença da depressão pós-parto, em mulheres que vivenciaram essa situação. Wallin *et al.* (2013) e Gomez (2018) não evidenciaram associação entre sintomas depressivos ou estresse pós-traumático em situações de interrupção voluntária da gravidez quando não havia desejo de prosseguir a gestação. Por fim, Horvath e Schreiber (2017) identificaram níveis mais elevados de ansiedade quando o abortamento era negado.

Ou seja, o ato do abortamento não promove o sofrimento psíquico, e sim a condição social provocada pelo estigma consequência da criminalização (Domingues *et al.*, 2020, Romio *et al.*, 2015). Foster (2021), Rocca, Samari, Foster, Gould e Kimport (2020) e Steinberg (2020) apontaram também que mulheres que abortam não são mais propensas à depressão, ansiedade ou ideação suicida do que aquelas a quem foi negado o procedimento, e que a maioria das mulheres (em torno de 95%) relatam que fazer o aborto foi a decisão certa para elas mesmo cinco anos após o procedimento.

De todos os efeitos positivos ressaltados pelos estudos citados, um dos que mais se destacam, paradoxalmente, é a sensação de alívio, que se liga ao não desejo de maternidade diante de uma gravidez indesejada. No Brasil, os estudos sobre aborto e saúde mental parecem ser ainda mais incipientes, de modo geral, sendo mais rara ainda a abordagem de emoções positivas, tais como o alívio.

Considerando esse contexto, foi realizado um estudo de revisão integrativa da literatura para caracterizar as publicações de pesquisas empíricas nacionais, com mulheres brasileiras que realizaram abortamentos induzidos e que referiram sentir alívio neste processo.

Método

Foi realizada uma revisão integrativa da literatura a partir do levantamento da produção bibliográfica nacional sobre o tema "abortamento" e "alívio (sensação, sentimento de)" de artigos publicados nas bases de dados: Portal de Periódicos da Coordenação de Aperfeiçoamento de Pessoal de Nível Superior (Capes), Google Acadêmico, Biblioteca Virtual em Saúde-Psicologia Brasil (BVSPsi), (Portal de Periódicos Eletrônicos em Psicologia (Pepsic) e Scientific Eletronic Library Online (SciELO).

As buscas foram realizadas entre junho e setembro de 2022 e divididas nas fases a seguir indicadas na Imagem 1.

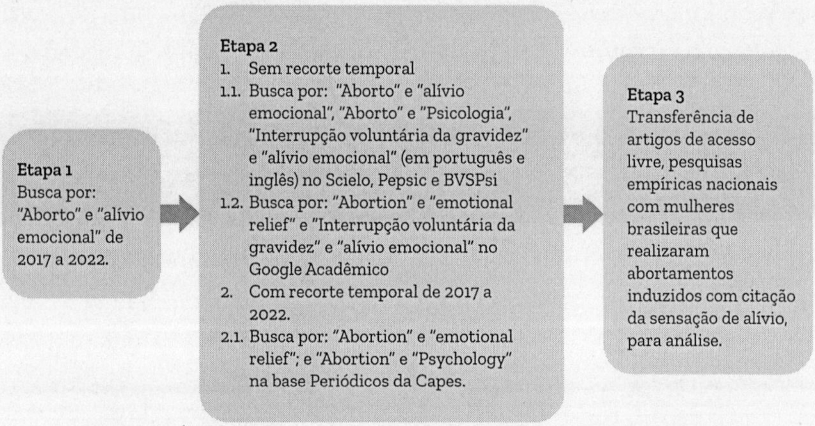

Imagem 01: Etapas das buscas a partir de palavras-chave e delimitação temporal

Inicialmente foram colocadas as palavras-chave: 1°) "abortion" (aborto) e "relief" (alívio) e 2°) "abortion", "emotional relief" (alívio emocional) em um recorte temporal a partir de 2017, ou seja, referente aos últimos cinco anos. Isso se justifica quando se considera que a revisão sistemática da literatura sobre aborto induzido mais recente analisou as publicações até 2018 (Domingues *et al.*, 2020). É importante destacar que não foram feitas buscas utilizando a palavra "abortamento" porque em inglês "abortion" acessa as duas formas em português ("aborto" e "abortamento") e porque convencionou-se utilizar a palavra "aborto" nos textos científicos. A busca na BVSPsi (publicações ou terminologia), utilizando a palavra "abortamento", também não trouxe artigos.

Como não foram encontrados resultados, foi necessária a realização de uma segunda etapa de busca, de forma a estabelecer uma maior abrangência, cujos critérios foram: sem definição de data, juntamente com a tentativa de associar "abortion" e "psychology" ou "psychology" e "abortion" na expectativa de identificar sentimento, sensação de alívio. Todavia, esses mesmos critérios quando utilizados no Google Acadêmico e no Periódicos da Capes traziam centenas de referências.

Dessa forma, foi preciso estabelecer critérios específicos para essas duas plataformas. Na base Periódicos da Capes foi possível utilizar a delimitação temporal estabelecida inicialmente (2017 a 2022) e utilizadas as palavras-chave "abortion" e "emotional relief" e "abortion" e "psychology".

No entanto, no Google Acadêmico só era possível estabelecer a busca a partir de 2018 ou sem recorte temporal, sendo assim, fizemos a opção de fazê-la sem recorte temporal, para tentar aproximar a busca dos critérios utilizados nas outras plataformas. Nesse contexto, para delinear uma forma de operacionalizar a seleção dos artigos, fazia-se necessário estabelecer um ponto de corte. Para tal, foi definido que se faria a análise das 12 primeiras páginas apresentadas pelo Google Acadêmico, a partir do comando de busca via as palavras-chave estabelecidas. É importante destacar que a principal justificativa para essa demarcação foi perceber que a maioria das publicações apresentadas, já a partir das primeiras páginas exibidas, eram estrangeiras e o objetivo do estudo era localizar estudos realizados no Brasil. Também foi considerado que o Google utiliza algoritmos de busca que consideram o que é mais procurado, o que fez com que se estimasse ter a maior probabilidade de localizar as publicações mais relevantes analisando essas primeiras 12 páginas.

No caso do Google Acadêmico também foi necessária a realização da busca por artigos, pois a partir das palavras-chave há o retorno de vários tipos de publicações e, quando já se identificava não se tratar de um artigo, a publicação já era descartada, como, por exemplo, manuais, livros, teses, dissertações, monografias ou trabalho de conclusão de curso ou quando eram estudos sobre alívio de dor, mesmo em caso de abortamento provocado, ou quando versava sobre abortamentos espontâneos e pesquisas com homens (trans ou cis). Em alguns casos era necessário acessar o texto completo para observar se havia convergência com critérios de busca.

Depois de identificar os artigos, a partir da busca pelas palavras-chave descritas, esse conjunto foi analisado, considerando como critério de inclusão: artigos de acesso livre que relatam pesquisas empíricas; com mulheres brasileiras que realizaram abortamentos induzidos/provocados; com citação do sentimento de alívio. Como critério de exclusão observou-se: pesquisas de revisão da literatura (02); artigo teórico (01); pesquisa documental (01); pesquisa com mulheres de outras nacionalidades (10); pesquisa com profissionais de saúde (01); vivência de luto no abortamento (01); alívio de dor (04); "relief" no sentido de assistência ou auxílio econômico (09) e no sentido de relevância (01); sem referência ao alívio emocional (18) e a referência ao alívio não foi relatada pelas participantes das pesquisas (02).

É importante destacar que dos oito artigos encontrados a partir da busca pelo Google Acadêmico, seis estavam no Scielo, um na BVS e um estava depositado no sítio da instituição que publica o periódico. Ou seja, eles não apareceram na própria busca realizada na plataforma Scielo e BVS (mas referidos no Google Acadêmico). Temos a suposição que isso se deu por conta das palavras-chave utilizadas nesses artigos, como, por exemplo: violência, emoções, saúde da mulher, gravidez na adolescência, sexualidade, direitos sexuais e reprodutivos, mulheres e mulheres jovens, raça, classe, etnografia hospitalar, maternidade, processos simbólicos e violência obstétrica. Esses termos não possibilitavam a busca a partir das palavras-chave definidas nas bibliotecas do Scielo e BVSPsi. Todavia, os artigos foram identificados pelo Google Acadêmico, pois, por este buscador, todas as palavras do texto são detectadas. Para os fins da caracterização aqui proposta, somamos os artigos do Scielo, mesmo aqueles que não apareceram na busca direta na própria plataforma; o mesmo em relação à BVSPsi; e, por fim, o artigo que não está em nenhuma das bases consideradas, mas foi localizado pelo Google Acadêmico, será apresentado nesta biblioteca. Nesse contexto, no Scielo foram identificados oito e 14 foram excluídos, no Pepsic um e três excluídos, BVS apenas um incluído, no Google Acadêmico um incluído e sete excluídos e, por último, no Periódicos da Capes nenhum incluído e 25 excluídos, num total de 11 artigos identificados a partir dos critérios estabelecidos e 50 excluídos. É importante destacar que os artigos foram contados uma única vez, na primeira biblioteca em que eram identificados.

Os artigos foram analisados considerando quatro categorias: periódico, autoria, método e conteúdo. Estas foram subdividas como segue: os periódicos foram caracterizados considerando a revista, local e ano de publicação, área/campo da ciência, instituição relacionada. A caracterização da autoria se deu pelo nome, sexo[1] e titulação. Quanto ao método, foi observado tipo de pesquisa/delineamento do estudo, instrumento de coleta, número de participantes, idade das participantes e local em que foi realizado o estudo.

Finalmente, quanto à caracterização do conteúdo dos periódicos, evidenciou-se a perspectiva/objetivo do estudo, os resultados e como a sensação de alívio era relatada. Assim, foi estruturada uma planilha *excel* com essas categorias e, a partir desta, efetivada a análise.

Resultados e discussão

Analisando os artigos apresentados pelos buscadores e aplicando os critérios de inclusão e exclusão indicados, sobraram 11, apresentados na Tabela 1.

[1] Fez-se a opção por utilizar a categoria sexo considerando que a classificação se deu a partir dos nomes das pessoas autoras dos artigos que foram apresentados na Plataforma do Currículo Lattes e não se conseguiu identificar neste documento a autoidentificação de gênero desse grupo de pessoas.

Tabela 1. Caracterização dos artigos identificados

Título do artigo	Plataforma	Revista	Local de publicação	Ano de publicação	Instituição vinculada	Autoras
O aborto provocado e seus estigmas: uma problematização foucaultiana em enfermagem	Scielo	Cadernos Pagu	Campinas	2022	Universidade Estadual de Campinas	Kimberly L. Velleda, Stefanie G. Oliveira, Sidnéia T. Casarin
"A minha vida não pode parar": itinerários abortivos de mulheres jovens	Scielo	Revista Estudos Feministas	Florianópolis	2020	Universidade Federal de Santa Catarina	Nathália D. F. Lima, Rosineide de L. M. Cordeiro
Itinerários de solidão: aborto clandestino de adolescentes de uma favela da Zona Sul do Rio de Janeiro, Brasil	Scielo	Cadernos de Saúde Pública	Rio de Janeiro	2020	Fundação Oswaldo Cruz	Wendell Ferrari Simone Peres
"Eu fiz um aborto": os blogues como espaços de manifesto	Scielo	Psicologia: Teoria e Pesquisa	Brasília	2018	Instituto de Psicologia, Universidade de Brasília	Caroline M. Romio, Adriane Roso, Larissa G. Pierry, Anelize S. Alves
O dilema de uma prática: experiências de aborto em uma maternidade pública de Salvador, Bahia	Scielo	História, Ciências, Saúde-Manguinhos [online]	Rio de Janeiro	2016	Fundação Oswaldo Cruz	Cecilia A. McCallum, Greice M. S. Menezes, Ana Paula dos Reis
Sentimentos de mulheres diante da concretização do aborto provocado	Google acadêmico	Rev enferm UERJ	Rio de Janeiro	2016	Enfermagem Uerj	Danyelle L. A. Santos, Rosineide S. Brito

Título do artigo	Plataforma	Revista	Local de publicação	Ano de publicação	Instituição vinculada	Autoras
"Largada sozinha, mas tudo bem": paradoxos da experiência de mulheres na hospitalização por abortamento provocado em Salvador, Bahia, Brasil	Scielo	Interface (Botucatu) (Interface – Comunicação, Saúde, Educação)	Botucatu	2013	Universidade Estadual Paulista – Unesp	Monique F. Carneiro, Jorge A. B. Iriart, Greice M. S. Menezes
Abortamento induzido: vivência de mulheres baianas	Scielo	Saúde e Sociedade [online]	São Paulo	2012	Universidade de São Paulo	Vanessa N Pereira, Flávia A. Oliveira, Nadirlene P. Gomes, Telmara M. Couto, Gilvânia P. N. Paixão
O aborto provocado como uma possibilidade na existência da mulher: reflexões fenomenológico-existenciais.	Pepsic	Natureza Humana: Revista Internacional de Filosofia e Psicanálise	São Paulo	2012	Sociedade Brasileira de Fenomenologia	Melina S. S. Rebouças, Elza M. S. Dutra
Aborto provocado: o discurso das mulheres sobre suas relações familiares	Scielo	Texto & Contexto – Enfermagem [online]	Florianópolis	2011	Universidade Federal de Santa Catarina	Zannety C. S. N. Souza, Normélia M. F. Diniz
Não vou esquecer nunca!: A experiência feminina com o abortamento induzido	BVS	Revista Latino-Americana de Enfermagem	Ribeirão Preto	2000	Universidade de São Paulo	Ivanilda L. Pedrosa, Telma R. Garcia

Fonte: autoras.

Caracterização dos Periódicos

Quanto às revistas onde foram publicados, quatro são da área de saúde (pública, sem especificação ou em interface), três da enfermagem, dois na área Psi, sendo um da área da Psicologia e outro da Psicanálise e, por fim, dois em revistas feministas.

As revistas são publicadas em sua maioria (08) no Sudeste (São Paulo e Rio de Janeiro), duas no Sul e uma no Centro-Oeste. Além disso, oito artigos tinham vinculação com universidades públicas ou centros de pesquisas e três com outro tipo de instituição.

No que se refere ao ano das publicações, é importante destacar que o debate era praticamente inexistente no final do século XX, com uma publicação (2000), e começa a aparecer na segunda década do século XXI, entre 2011 e 2020 (09) e em 2022 (01), no Brasil. Todavia, esse surgimento ocorreu/ocorre de forma incipiente, apesar da efervescência do debate político sobre o abortamento no Brasil e na América Latina.

Caracterização da Autoria

Quanto à autoria, observaram-se 29 autoras/es desses artigos, sendo dois do sexo masculino e 27 do sexo feminino; 22 com doutorado, duas com mestrado, três com especialização e duas apenas com graduação. Uma autora assina dois artigos.

Quanto às áreas de doutoramento, a maioria se deu na Enfermagem (09), seguida pela Psicologia (06), sendo um, especificamente, em Psicologia Clínica. Quatro em Saúde (duas em Saúde Coletiva, uma em Saúde da Mulher e uma em Gerontologia). Também foram identificados doutorados em outras áreas: Antropologia (02) e Ciências Sociais (01). Dos artigos que têm autoras apenas com mestrado, uma o fez em Enfermagem e a outra em Saúde Comunitária.

Quanto à graduação: quinze cursaram Enfermagem; oito, Psicologia; duas, Serviço Social; as demais, Ciências Sociais, Medicina, Antropologia e Fisioterapia.

Esses resultados mostram que estudos sobre abortamento no contexto da saúde mental, que considera as emoções como destaque ao alívio, são realizados por mulheres das áreas das Ciências da Saúde e Ciências Humanas.

Caracterização do método

Quanto ao método utilizado nos estudos, identificamos que a abordagem utilizada em todos os artigos analisados foi qualitativa (11), com delineamento exploratório-descritivo e análise de conteúdo.

A técnica de coleta mais utilizada foi a entrevista (09). Em um artigo houve a utilização da observação participante e, em outro, a análise de publicações em uma rede social. Os estudos tiveram de cinco a 20 participantes. O artigo que analisou a expressão das mulheres a partir de postagens em um perfil de rede social, não indicou o número de participantes, pois considera que se trata de um estudo documental. Em 10 artigos há indicação da idade das mulheres integrantes do estudo, mulheres em idade fértil em sua maioria (07) e dois incluíam mulheres com até 45 anos (01) e até 70 anos (01).

Quanto ao local de realização dos estudos, a maioria (07) foi realizada em hospital/maternidade pública, que ainda é um lugar que facilita pesquisas quando os investimentos e recursos para a ciência são limitados. Também se destaca a pesquisa em ambiente virtual (02), espaço ainda pouco investigado e que demanda poucos recursos para sua realização. Um estudo foi realizado em uma favela/comunidade e outro com amostra de conveniência.

Dos estudos selecionados, dez tiveram acesso à experiência de abortamento diretamente com as mulheres que passaram por essa experiência e em um o acesso foi mediado a partir do "ciberespaço". Justifica-se a inclusão desse artigo nesta revisão de literatura porque as publicações analisadas foram produzidas pelas próprias mulheres que vivenciaram um abortamento induzido.

Caracterização do conteúdo

No que concerne ao conteúdo dos estudos analisados, observou-se que os artigos apresentam objetivos diversos, tendo a maioria (06) como foco a descrição (experiência, caminhos/itinerários, estratégias), seguido (03) dos analíticos (razões/motivações, significados, discurso) e apenas dois objetivavam identificar sentimentos.

Quanto aos resultados, quatro artigos identificaram ambivalência de sentimentos (culpa, tristeza, medo, arrependimento junto com alívio); em dois, o abortamento foi colocado como uma opção; também foi associado à vivência de violência, à transgressão moral e à solidão (um em cada, respectivamente). Por fim, foi observado que as mulheres brancas têm mais apoio que as negras (01) e que os espaços virtuais podem ser positivos para as mulheres expressarem suas experiências de abortamento (01).

Ainda quanto aos resultados, é importante destacar que Rebouças e Dutra (2012, p. 214) apontam que:

> [...] o aborto é uma das muitas possibilidades que permeiam a existência de uma mulher, mesmo que histórica, cultural e legalmente seja considerado 'errado' pela sociedade e pela própria mulher que o realiza [...] o aborto é uma das muitas possibilidades que permeiam a existência de uma mulher, mesmo que histórica, cultural e legalmente seja considerado "errado" pela sociedade e pela própria mulher que o realiza.

Carneiro, Iriart e Menezes (2013, p. 415) descrevem que "A experiência das mulheres na internação foi marcada, sobretudo, pelo sofrimento físico e emocional por terem abortado. Sentimentos negativos moldaram essa vivência, especialmente medo (da morte, do desconhecido, de ser maltratada)". Nesse contexto, sobressaiu nas falas das entrevistadas o desrespeito, o abandono e o isolamento aos quais muitas estão submetidas, o não manejo adequado da dor física e, sobretudo, a falta de apoio emocional e informações necessárias (Carneiro; Iriart; Menezes, 2013). Ferrari e Peres (2020) sublinharam, nesse sentido, a existência da experiência da solidão entre essas mulheres.

Enfim, Romio, Roso, Pierry e Alves (2018) relatam outras formas de sentir e vivenciar a experiência do abortamento, permitindo que sejam construídas novas justificativas, compartilhadas em espaços virtuais, tais como a maternidade não compulsória e o aborto como opção da mulher.

Sobre o sentimento de alívio

Em nove artigos, a sensação de alívio foi identificada como um dentre outros sentimentos, contudo a forma como foi percebido se diferenciou.

Em dois artigos o alívio aparece como experiência vivenciada pelas mulheres que participaram da pesquisa, seja como um resultado não esperado, "paradoxalmente, essas reações se mesclavam, para algumas delas, com o relato de alívio por não ter mais que enfrentar o descrédito familiar/social decorrente de uma gravidez inoportuna e indesejada" (Pedrosa; Garcia, 2000, p. 57), seja como afeto contraditório, "uma mulher que provoca um aborto não tem espaço, expressando esse desalojamento por meio dos mais diversos sentimentos, em sua maioria contraditórios, que vão desde arrependimento até alívio" (Rebouças; Dutra, 2012, p. 200).

Já em sete artigos o alívio aparece como um dos afetos experimentados dentre outros: "As experiências relatadas foram marcadas por medo, apoio, alívio, solidão e violência" (Lima; Cordeiro, 2020, p. 3); "Em alguns casos, a sensação da mulher depois do aborto é de alívio, mas também vergonha, porque socialmente o aborto é um ato que fere a moral" (Souza; Diniz, 2011, p. 749); "É justamente por isso que, ao lado da tristeza de ter causado 'a morte de um filho' como descrevem seus sentimentos após o aborto, nossas entrevistadas afirmam que ficaram, sobretudo, aliviadas" (Mccallum; Menezes; Reis, 2016, p. 54). Importante destacar que Pereira, Oliveira, Gomes, Couto e Paixão (2012, p. 1061) observam que o "alívio é um sentimento frequentemente omitido pelo medo do julgamento do outro, fazendo com que a mulher se coloque numa posição de isolamento e silêncio [...].").

Nesses artigos, o alívio como afeto presente na experiência do abortamento é identificado e avaliado como relacionado à materialidade do ato, ou seja, alívio por não sofrer, não morrer, resolver um problema. Da mesma forma, é avaliado como gerador de conflito por ter o potencial de gerar julgamentos morais e culpa, ambos consequência do modelo de maternidade hegemônico, que pressupõe um natural desejo de maternidade e, ao mesmo tempo, a impossibilidade de agência na interrupção de uma gestação.

> [...] apesar de sentirem-se aliviadas, algumas repreenderam a si mesmas por tal sentimento, passando a vivenciar culpa e remorso. Tais sentimentos emergiram do conflito decorrente dos seus valores morais, que possibilitou omitir o sentimento de alívio para pessoas próximas, por medo de serem estigmatizadas (Santos; Brito, 2016, p. 4).

Esses resultados também apontam que há um conflito diante da maternidade, que se explicita nos dois artigos que utilizaram em sua metodologia o acesso às mulheres via a rede mundial de computadores: eles apontam a "falta de interesse pela maternidade [...], embora não tenha sido regra [...]" (Velleda; Oliveira; Casarin, 2022, p. 11). Sublinham também que:

> [...] há uma aceitação muito grande das mulheres quanto à sua decisão [...]. Isso parece contradizer a tentativa do senso comum de associar o aborto a somente sofrimentos emocionais para as mulheres: 'Estou feliz em não ter sido mãe' (Relato 44, Blogue 10)" (Romio; Roso; Pierry; Alves, 2018, p. 9, destaque das autoras).

A maternidade não aparece como função-destino para essas mulheres. Dessa maneira, não é percebida como um instinto, e sim uma experiência que demanda a existência de interesse e desejo para ser assumida. Ou seja, uma ideia de maternidade que parece se afastar do modelo hegemônico. Além disso, o espaço virtual aparece como um ambiente facilitador da expressão de afetos não esperados, reprováveis social e moralmente (Romio; Roso; Pierry; Alves, 2018). A possibilidade de anonimato pode promover uma condição mais propícia para revelações intimas, em especial em um país com uma legislação restritiva e vivendo um retrocesso das poucas políticas públicas de saúde sexual e reprodutiva conquistadas.

Por fim, é importante perceber que o sentimento de alívio revelado pelas mulheres, afastado da expressão de outros sentimentos que apontam sofrimento, como culpa, arrependimento ou remorso, foi explicitado em artigos publicados a partir de 2018 (Velleda; Oliveira; Casarin, 2022, Ferrari; Peres, 2020, Romio; Roso; Pierry; Alves, 2018). Ou seja, há a manifestação do sentimento de alívio de forma enfática, como observamos nos seguintes excertos: "a maioria das narrativas descreve sentimento de alívio, felicidade e serenidade" (Romio; Roso; Pierry; Alves, 2018, p. 9) quando se consegue realizar um aborto diante de uma gravidez indesejada; e também: "Sentimentos depois que tudo acaba: 'alívio' [...]. Os sentimentos mais citados foram 'alívio' e 'sem arrependimento'" (Ferrari; Peres, 2020, p. 11).

Esse resultado parece apontar para um contexto social que começa a estabelecer um questionamento da maternidade hegemônica, como destaque para a comunicação virtual, realizado pelos avanços proporcionados pelos movimentos e estudos feministas no país (Oliveira-Cruz; Conrad, 2022). No espaço virtual e em uma conjuntura de enfrentamento à imposição da maternidade, torna-se possível a expressão dos sentimentos experimentados em um abortamento, principalmente o alívio, sem temer ser julgada ou condenada por não desejar ser mãe e decidir pela interrupção de uma gestação. Esse ato parece ser entendido não mais como algo que vai de encontro à sua "natureza feminina" e sim como uma entre outras possibilidades de viver.

Considerações finais

A dificuldade encontrada para localizar os artigos foi um elemento que dificultou a operacionalização do estudo, não permitindo um critério único para todas as bibliotecas virtuais estudadas, o que forçou a utilização de diferentes estratégias para localizar artigos que apresentassem estudos sobre abortamento provocado e sensação de alívio, dentro dos critérios estabelecidos. Todavia, apesar dessa limitação, o achado da pesquisa promove ponderações a serem consideradas.

Dos 11 artigos identificados na revisão integrativa da literatura sobre estudos empíricos que revelaram a experiência do alívio no contexto do abortamento, apenas três revelaram a existência da sensação de alívio como sentimento principal, em oito identificamos o sentimento de alívio concomitante a outros sentimentos como arrependimento, culpa e/ou tristeza

Observamos também que a Enfermagem foi a área que mais publicou, seguida da Psicologia. Esse resultado converge com os achados de Romio *et al.* (2015), que destacaram que a produção científica no campo da saúde mental e abortamento é irrisória. Os resultados identificados demostram que a Psicologia brasileira não tem estudado sobre saúde mental no contexto dos abortamentos, com destaque para os abortamentos induzidos e a sensação de alívio, mesmo sendo o abortamento um importante problema da saúde pública, da saúde sexual e reprodutiva e da saúde mental. Este quadro traz um importante impacto, pois os profissionais da psicologia não contam com estudos para embasar sua prática profissional, o que poderá colaborar com ações produtoras de violência institucional, como as que foram identificadas no estudo de Dios (2018) e intervenções que não produzem resolutividade. Aponta-se, em suma, para a manutenção de uma compreensão da maternidade hegemônica, pois pensar a não maternidade, a negativa da maternidade parece ainda não interessar à categoria (Zanello, 2016).

Esse resultado indica a necessidade de se investigar os sentimentos experimentados nas situações de abortamento induzido de forma a considerar que não prosseguir uma gestação é não desejar ser mãe (nem que seja em determinada situação) e, sendo assim, demanda repensar os pressupostos sobre a maternidade e saúde mental. Pensar a melhor forma de realizar os estudos, identificando os limites metodológicos e epistemológicos existentes, é urgente, para que as mulheres não se vejam obrigadas a apresentar justificativas e "sofrimento" (Dios, 2018) para expressarem algo que não é esperado pelas teorias clássicas que fundaram o campo teórico da Psicologia. Isso se faz necessário para que seja possível averiguar as experiências das mulheres no contexto do abortamento, de forma a contribuir para a construção de políticas de saúde sexual e reprodutiva integradas com políticas de saúde mental. Em suma, uma tentativa de decolonizar o pensamento científico das amarras do patriarcado ainda estruturante na academia.

Referências

BADINTER, E. *Um amor conquistado*: o mito do amor materno. Rio de Janeiro: Nova Fronteira, 1985.

BRASIL. Decreto-Lei n.º 2.848, de 7 de dezembro de 1940. *Código Penal*. Presidência da República. Rio de Janeiro. 1940.

CARNEIRO, M. F.; IRIART, J. A. B.; MENEZES, G. M. DE S. "Largada sozinha, mas tudo bem": paradoxos da experiência de mulheres na hospitalização por abortamento provocado em Salvador, Bahia, Brasil. *Interface – Comunicação, Saúde, Educação*, v. 17, n. 45, p. 405-418, 2013. [Acessado 3 julho 2022]. Disponível em: https://doi.org/10.1590/S1414-32832013005000007

COLEMAN, P. Abortion and mental health: quantitative synthesis and analysis of research. Published in 1995 – 2009. *The British Journal of Psychiatry*, v.199, pp-180-186, 2011. DOI: 10.1192/bjp.bp.110.077230

DINIZ, D.; MEDEIROS, M.; MADEIRO, A. Pesquisa Nacional de Aborto 2016. *Ciência & Saúde Coletiva*, v. 22,n. 2, p.653-660, 2017. DOI: https://dx.doi.org/10.1590/1413-81232017222.23812016

DIOS, V.C. *A palavra da mulher*: práticas de produção de verdade nos serviços de aborto legal no Brasil. Brasília: Letras Livres, 2018.

DOMINGUES, R. M. S. M.; FONSECA, S. C.; LEAL, M. C.; AQUINO, E. M. L.; MENEZES, G. M. S. Aborto inseguro no Brasil: revisão sistemática da produção científica, 2008-2018. *Cadernos de Saúde Pública* [online], v. 36, Suppl, 2020 [Acessado 14 jul. 2022]. Disponível em: https://doi.org/10.1590/0102-311X00190418

FEDERICI, S. *O Ponto Zero da revolução*: trabalho doméstico, reprodução e luta feminista. Tradução: Coletivo Sycorax. São Paulo: Elefante, 2019.

FERRARI, W.; PERES, S. Itinerários de solidão: aborto clandestino de adolescentes de uma favela da Zona Sul do Rio de Janeiro, Brasil. *Cadernos de Saúde Pública* [online], v. 36, Suppl 1, 2020 [Acessado 11 out. 2022]. Disponível em: https://doi.org/10.1590/0102-311X00198318

FOSTER, D. G. *The Turnaway Study: Ten Years, a Thousand Women, and the Consequences of Having--Or Being Denied--An Abortion*, 2021. [Acessado 17 out. 2022]. Disponível em: https://www.ansirh.org/research/ongoing/turnaway-study

GOMEZ, A. M. Abortion and subsequent depressive symptoms: an analysis of the National Longitudinal Study of Adolescent Health. *Psychol Med*, v.48, p. 294-304, 2018. [Acessado jun. 2022]. DOI: 10.1017/S0033291717001684

HORVATH S.; SCHREIBER C.A. Unintended pregnancy, induced abortion, and mental health. *Curr Psychiatry Rep*, 19:77, 2017. [Acessado jun. 2022]. DOI: 10.1007/s11920-017-0832-4

LIMA, N. D. F.; CORDEIRO, R. DE L. M. "A minha vida não pode parar": itinerários abortivos de mulheres jovens. *Revista Estudos Feministas* [online], v. 28, n. 1, p. 1-13, 2020. [Acessado 17 out. 2022]. Disponível em: https://doi.org/10.1590/1806-9584- 2020v28n158290

LUDERMIR A.B.; ARAYA R.; ARAÚJO T.V.; VALONGUEIRO S.A.; LEWIS, G. Postnatal depression in women after unsuccessful attempted abortion. *Br J Psychiatry*, v. 198, n. 3, p. 237-8, 2011. Acessado em junho 2022.

LUDERMIR, A.B.; DE ARAÚJO, T.V.; VALONGUEIRO, S.A.; LEWIS, G. Common mental disorders in late pregnancy in women who wanted or attempted an abortion. *Psychological Medicine*, v.40, n.9, p. 1467-73, 2010. [Acessado jun. 2022]. Disponível em: DOI: https://doi.org/10.1017/S003329170999184

MCCALLUM, C.; MENEZES, G.; REIS, A. P. DOS. O dilema de uma prática: experiências de aborto em uma maternidade pública de Salvador, Bahia. *História, Ciências, Saúde-Manguinhos* [online], v. 23, n.1, p. 37-56, 2016. [Acessado 17 out. 2022]. Disponível em: https://doi.org/10.1590/S0104-59702016000100004

OLIVEIRA-CRUZ, M. F.; CONRAD, K. Q. Refletindo maternidades e redes sociais digitais a partir do feminismo matricêntrico. *Revista Estudos Feministas* [online], v. 30, n. 2, 2022. [Acessado 9 dez. 2022]. Disponível em: https://doi.org/10.1590/1806-9584-2022v30n286996

PEDROSA, I. L.; GARCIA, T. R. "Não vou esquecer nunca!": a experiência feminina com o abortamento induzido. *Rev. Latinoam. Enferm.*, v. 8, n.6, p. 50-58, 2000. [Acessado jun. 2022]. Disponível em: https://pesquisa.bvsalud.org/portal/resource/pt/lil-398733

PEREIRA, V. DO N.; OLIVEIRA, F. A. DE; GOMES, N. P.; COUTO, T. M.; PAIXÃO, G. P. DO N. Abortamento induzido: vivência de mulheres baianas. *Saúde e Sociedade* [online],v. 21, n. 4, p. 1056-1062, 2012. [Acessado 17 out. 2022]. Disponível em: https://doi.org/10.1590/S0104-12902012000400022

PORTO, M. Saúde mental e abortamento voluntário na audiência pública da ADPF442/STF. *Psicologia Ciência e profissão*, v., n. , p.-, Prelo.

REARDON, D. C. The abortion and mental health controversy: A comprehensive literature review of common ground agreements, disagreements, actionable recommendations, and research opportunities. *SAGE Open Medicine*, v. 6, p. 1-38, 2018. [Acessado jun. 2022]. Disponível em: https://pubmed.ncbi.nlm.nih.gov/30397472/

REBOUÇAS, M. S. S.; DUTRA, E. M. S. O aborto provocado como uma possibilidade na existência da mulher: reflexões fenomenológico-existenciais. *Natureza Humana*: Revista Internacional de Filosofia e Psicanálise, v. 14, n. 2, p. 192-219, 2012. [Acessado jun. 2022]. Disponível em: http://pepsic.bvsalud.org/scielo.php?script=sci_arttext&pid=S1517-24302012000200010

ROCCA, C. H.; SAMARI, G; FOSTER, D. G; GOULD, H.; KIMPORT, K. Emotions and decision rightness over five years following an abortion: An examination of decision difficulty and abortion stigma. *Soc Sci Med*. Mar; v. 248:112704, 2020. [Acessado jun. 2022]. Disponível em: https://pubmed.ncbi.nlm.nih.gov/31941577/

ROMIO, C. M.; ROSO, A.; CARDINAL, M. F.; BASSO, S.;PIERRY, L. G. Saúde mental das mulheres e aborto induzido no Brasil. *Psicologia Revista*, v. 24, n. 1, p. 61-81, 2015. [Acessado jun. 2022]. Disponível em: https://revistas.pucsp.br/index.php/psicorevista/article/view/24229

ROMIO, C. M.; ROSO, A.; PIERRY, L. G.; ALVES, A. S. "Eu fiz um aborto": os blogues como espaços de manifesto. *Psicologia: Teoria e Pesquisa* [online], v. 34, e34435, 2018. [Acessado 3 jul. 2022]. Disponível em: https://doi.org/10.1590/0102.3772e34435

SANTOS, D. L. A.; BRITO, R. S. Sentimentos de mulheres diante da concretização do aborto provocado. *Revista Enfermagem UERJ*, v. 24, n. 5, p.1-5, 2016.

https://www.e-publicacoes.uerj.br/index.php/enfermagemuerj/article/view/15613/20182

SOUZA, Z. C. S. DO N.; DINIZ, N. M. F. Aborto provocado: o discurso das mulheres sobre suas relações familiares. *Texto & Contexto – Enfermagem* [online], v. 20, n. 4, p. 742-750, 2011. [Acessado 17 out. 2022]. Disponível em: https://doi.org/10.1590/S0104-07072011000400013

STEINBERG, J. R. Decision rightness and relief predominate over the years following an abortion. *Social Science & Medicine*, v. 248, 112782, 2020. [Acessado 3 jul. 2022]. Disponível em: https://pubmed.ncbi.nlm.nih.gov/31955964/

VELLEDA, K. L.; OLIVEIRA, S. G.; CASARIN, S. T. O aborto provocado e seus estigmas: uma problematização foucaultiana em enfermagem. *Cadernos Pagu* [online], v. 64, e226418, 2022. [Acessado 17 out. 2022]. Disponível em: https://doi.org/10.1590/18094449202200640018

WALLIN, L. I, GEORGSSON ÖHMAN S, FRANS. Ö, HELSTRÖM, L, HÖGBERG, U, NYBERG, S, ET AL. Posttraumatic stress among women after in – duced abortion: a Swedish multi-centre cohort study. *BMC Womens Health*, p.13-52, 2013. https://pubmed.ncbi.nlm.nih.gov/24364878/

ZANELLO, V. *Saúde mental, gênero e dispositivos*: cultura e processos de subjetivação. Curitiba: Appris, 2018.

ZANELLO, V. Dispositivo materno e processos de subjetivação: desafios para a Psicologia. In: V. Zanello; M. Porto. *Aborto e (não)desejo de maternidade(s)*: questões para a psicologia. Brasília: Conselho Federal de Psicologia, 2016.

Capítulo 11

PRESENÇAS, AUSÊNCIAS, URGÊNCIAS E INSURGÊNCIAS NAS TRAJETÓRIAS DE ESCOLARIZAÇÃO DE ESTUDANTES LGBTS

CONTRIBUIÇÕES DA PESQUISA PARA A FORMAÇÃO DE PROFESSORAS/ES

Iolete Ribeiro da Silva, André Luiz Machado das Neves & Camila Ribeiro da Silva

Pesquisas sobre as vivências de estudantes LGBTQIA+ têm embasado reflexões sobre caminhos para a equidade de gênero. Utilizando metodologias qualitativas que priorizam a participação ativa desses estudantes, foram analisadas narrativas sobre trajetórias de escolarização que demonstram que a presença na escola pode gerar desconfortos e medos, mas também muitas expectativas. A partir da análise das vivências de estudantes LGBTQIA+, são apontadas presenças, ausências, urgências e insurgências.

As escolas operam, em sua grande maioria, como uma engrenagem dos dispositivos de gênero e sexualidade ao reproduzirem ideais maniqueístas marcados pelo binarismo – normal e patológico, bom e mau, certo e errado, pecado e bondade, homem e mulher, masculino e feminino, brincadeira de menina ou menino, cor de menino e menina, entre outras tecnologias de gênero (Freitas; Bermúdez; Mérchan-Hamann, 2021). Essas tecnologias forjam a organização administrativa, didático-pedagógica e arquitetônica da escola, bem como os processos de escolarização.

Por meio da pesquisa empírica, o escopo deste texto encontra-se organizado por meio de categorias analíticas que emergiram no campo de pesquisa sobre as trajetórias de escolarização dos/as interlocutores/as do estudo, denominadas de: *presenças, ausências, urgências* e *insurgências*. Nessa direção, entende-se que a *presença* LGBTQIA+ na escola é marcada pelo borramento e até mesmo explosão desses dispositivos, o que exige um esforço enorme para a permanência desses/as estudantes na instituição educacional.

Esses esforços podem produzir *ausências*, uma delas se expressa na evasão escolar. A evasão é consequência de diversos fatores, como a sensação de não pertencimento, o não reconhecimento, o silenciamento, a invisibilização e a violência. As lutas sociais empreendidas por movimentos que defendem uma educação socialmente referenciada, associadas às lutas em defesa dos direitos humanos e equidade de gênero, apontam as *urgências* reivindicando uma escola articulada aos interesses das populações historicamente minorizadas. Em meio a isso, a formação de professoras/es emerge como espaço de *insurgência* capaz de fomentar uma escola aliada da emancipação das pessoas, para que transformem sua realidade por meio da reflexão crítica e participação política.

Defende-se que a formação de professores/as é espaço privilegiado para a desconstrução de práticas excludentes e preconceituosas que podem perpetuar na atuação profissional, capacitando futuros educadoras/es para uma prática pedagógica inclusiva, humana e empática frente às vivências LGBTQIA+. A universidade, como espaço de formação profissional, é, portanto, um local estratégico para romper a reprodução de práticas hegemônicas que perpetuam o sexismo e a cisheteronormatividade.

A construção de trajetórias: notas sobre método

Junto aos sujeitos LGBT, enfocou-se a produção da narrativa escolar e dinâmicas subjetivas em contextos de formação em estudos sobre produção de significados, processos de posicionamento e identificação em narrativas por intermédio de grupos focais e entrevistas individuais semiestruturadas. O estudo do fenômeno da experiência humana, a escuta, leitura do contar e recontar parte do princípio que a tessitura dos significados em estruturas narrativas evidencia processos históricos coletivos e individuais, de identificação e posicionamentos de si e do outro na organização de diferentes temporalidades, no impacto de diferentes nas diferentes circunstâncias da experiência humana.

Entendemos, conforme González Rey (2002, p. 82), que durante uma entrevista individual "o sujeito faz mais do que responder ante um instrumento, ele se expressa por meio dele, elabora e constrói sua experiência e a expressa de forma diferenciada mediante o indutor". Por isso, é importante estabelecer um diálogo com o participante de uma forma não diretiva, permitindo um discurso livre mesmo seguindo um roteiro de perguntas durante a entrevista. Foram realizadas 22 entrevistas com sujeitos LGBTs, que aderiram à pesquisa voluntariamente (Jaques, 1993).

Para análise dos dados, utilizou-se a perspectiva construtivo-interpretativa apresentada por González Rey (2002, 2005). Ao fazer a leitura do material, identificamos os indicadores de sentido a partir do objetivo proposto na pesquisa e em seguida os interpretamos e reunimos em categorias. Nesse processo, o/a pesquisador/a tem um caráter ativo e, por isso, os resultados não expressam apenas o objeto de estudo, mas também o momento histórico do/a pesquisador/a, pois a produção do conhecimento é uma produção humana e os resultados encontrados devem ser vistos como dinâmicos e abertos a novas interpretações, rompendo com a concepção de resultados universais que se esgotam em uma única pesquisa. Na construção desses dados adotou-se essa perspectiva.

Para os cuidados éticos, seguiu-se a Resolução 466/2012 e 510/2016. A etapa referente à obtenção de dados foi realizada após a aprovação do projeto pelo Comitê de Ética em Pesquisa da Universidade Federal do Amazonas (Ufam). Dessa maneira, os sujeitos abordados na pesquisa através de entrevistas semiestruturadas e grupos focais concordaram em participar da pesquisa voluntariamente e após assinatura de Termo de Consentimento Livre e Esclarecido.

Para fins de exposição dos resultados, os/as participantes foram identificados a partir da expressão "Entrevistado(a)" seguida do respectivo número. Participaram da pesquisa, pessoas autodeclaradas

LGBTs com mais de 18 anos, matriculadas em instituições de ensino regular ou que já haviam vivenciado a experiência de escolarização.

A seguir apresentamos reflexões a partir das narrativas de estudantes sobre as presenças, ausências, urgências e insurgências e finalizamos com as contribuições da pesquisa para a formação de professoras/es.

A presença

A escola, marcada muitas vezes pela perspectiva tradicional (e as que se autodefinem por meio de propostas pedagógicas mais críticas em seus documentos oficiais como o Projeto Político Pedagógico), muito frequentemente opera como uma engrenagem dos dispositivos de gênero e sexualidade. Os(as) atores e atrizes institucionais e comunitários, que acionam a noção de comunidade escolar, esforçam-se para manter ideais maniqueístas marcados pelo binarismo: normal e patológico, bom e mau, certo e errado, pecado e bondade, homem e mulher, masculino e feminino, brincadeira de menina ou menina, cor de menino e menina, entre outras tecnologias de gênero. No sentido conceituado por Teresa de Lauretis (1994), o mecanismo que aciona técnicas, procedimentos, práticas e discursos para produzir pessoas que se identifiquem como meninos e meninas compõe e forja a organização administrativa, didático-pedagógica e arquitetônica da escola e dos processos de escolarização. Todavia, a presença LGBT na escola é marcada pelo borramento e até mesmo explosão desses dispositivos; cabe destacar que essa explosão gerada por essa presença exige um esforço enorme para se manter nesse espaço. Esforços que podem produzir ausências.

Trazendo em aspectos mais concretos para a primeira travessia, que chamamos de *presença LGBT na escola*, a narrativa de um homem gay, que descreve sobre sua trajetória de escolarização. Nesta narrativa foi possível perceber elementos que evidenciam o borramento das fronteiras de gênero e sexualidade operado pelo cotidiano escolar. E ao analisar esses elementos descritos, convocamos novamente a noção de Tática de Michel de Certeau (2014) e compreendemos como uma produção da arte de sobrevivência em território organizado pelo dispositivo da heteronormatividade:

> **No ensino fundamental**, eu costumava... gostava muito de brincar de queimada e de elástico e tal, outros jogos que era mais frequente eu jogar com meninas. E depois começou um certo momento, eu não me lembro bem qual, quando eu já tava na terceira ou quarta série foi que eu comecei a ouvir, é... questões sobre como me chamavam de viadinho, bichinha, de gay, mulherzinha e eu não entendia muito bem o que era aquilo, só porque eu andava com mulheres na maior parte do tempo. Ensino fundamental até o oitavo ano até quando eu comecei a perceber mais o que poderia significar aquilo, é... foi convivendo muito com esses xingamentos e tal. Já no **ensino médio** eu continuei convivendo com alguns xingamentos [...] (Entrevistado 2).

Nem toda arte é aceita! A arte é polarizada entre estabelecidos e *outsiders*. Essa afirmação é pautada no arranjo conceitual inspirado em Howard Becker (2008, p. 27), que definiu o conceito de *outsider* "para designar aquelas pessoas que são consideradas desviantes por outras, situando-se, por isso, fora do círculo dos membros 'normais' do grupo". No caso da presença LGBT na escola e mais especificamente da narrativa convocada para a nossa reflexão ela é deslegitimada e vista como subalterna. Ela é a arte dos fracos, como definiu Michel de Certeau (2014) na obra A invenção do cotidiano, que nos convida a refletir que é o mais fraco que pratica a arte da ordem e, ao mesmo passo, a burla. Para essa perspectiva, são as artes de fazer que diferenciam aquilo que é produzido pelo "homem ordinário" da ordem social dominante e, por meio dessas artes, sujeitos comuns conseguem tecer histórias próprias de resistência. O brincar de elástico, brincar de queimada e o agrupamento com as meninas é fissurar a engrenagem que tenta legitimar a heternormatividade.

Esses elementos compõem a presença na escola configurando aspectos que ferem a masculinidade hegemônica. Como pode um menino brincar de elástico e queimada? Nesse sentido, observa-se um movimento que busca retirar sua masculinidade – os aspectos escolhidos para ataques são aqueles vistos como mais definidores da masculinidade, assim os xingamentos utilizam expressões que os associam ao feminino: *viadinho, bichinha, gay, mulherzinha*. O status de virilidade é retirado e o que resta é um status inferior ao aproximá-lo da feminilidade, do ser mulher.

A presença LGBT na escola parece desnudar dimensões para além da homofobia. Escancara o machismo e sua naturalização dentro do ambiente formal de educar. De que educação estamos falando? De uma educação que fica apenas na superfície como é pregado por algumas ideologias: "professor não educa, professor ensina".

Outro aspecto da presença que a narrativa nos permite a reflexão é que, apesar de toda a maquinaria que insiste em regular corpos, gênero e sexualidade, o corpo da criança, do adolescente e do adulto LGBT racha e subverte o dispositivo na heternomatividade. Os corpos LGBTs que insistem ou insistiram em estar presentes na escola e na universidade são corpos insurgentes que, embora paguem um alto preço administrando as múltiplas formas de violência, produzem múltiplas pedagogias com suas presenças. Cabe destacar o estudo de Junqueira (2010), que aborda a pedagogia transgressora e a pedagogia do armário. Esta última, marcada pela negação da presença desses corpos nos espaços de escolarização, reflete que a estratégia discursiva de negação da existência de pessoas, por exemplo, gays e lésbicas no espaço escolar, revela estados de negação da discriminação por orientação sexual e identidade de gênero nas escolas.

É necessário desnaturalizar a violência como moeda de troca para acesso e permanência de pessoas LGBT na escola. A formação recebida em casa – inclusive a de produção da violência – é estranhada por um dos interlocutores da pesquisa. A escola é lida por ele como um lugar privilegiado para educar pessoas com vistas à cultura cidadã. Educar para a diversidade:

> [...] **Toda influência que a gente recebe em casa e da sociedade, a gente costuma transmitir na escola.** A gente se sente mais liberal na escola! Se a gente quer, por exemplo: bagunçar e chama a pessoa de veadinho, a gente vai chamar ela na escola. [...] **Quando eles não colocam freio nesses assuntos ou nesses alunos, eles vão continuar achando que isso é normal. Porque se na escola pode, por que aqui não pode?** Na minha casa eu posso porque se meu pai é preconceituoso e a minha mãe é preconceituosa, eu vou chegar na escola, eu com certeza vou ter uma carga mais forte de ser preconceituoso e se meu professor não me limita, para mim vai ser uma coisa normal [...] (Entrevistado 1).

O trecho de entrevista apresentado acima revela uma visão interessante sobre aspectos relacionais que o ambiente social exerce sobre a formação de atitudes e comportamentos das pessoas, especialmente no contexto escolar. Ele destaca a maneira como as relações familiares e sociais podem ser reproduzidas pelos alunos na escola e como essa dinâmica pode contribuir para a perpetuação de comportamentos preconceituosos.

Nesses termos, Guacira Louro (2018, p. 41) reflete que a escola é um espaço que empreende em garantir que "meninos e meninas se tornem homens e mulheres verdadeiros, o que significa dizer homens e mulheres que correspondam às formas hegemônicas de masculinidade e feminilidade". Tanto a narrativa do interlocutor 1 quanto a discussão de Louro apontam para a ausência de processos educacionais que favoreçam a cultura cidadã, o respeito às diferenças e o enfrentamento a desigualdades de gêneros e sexualidades. Os dados da entrevista nos mostram que na escola se reproduz as atitudes e comportamentos que aprendem em casa e na sociedade, o que inclui o uso de termos pejorativos e discriminatórios, como chamar uma pessoa de "veadinho". Ele também destaca a importância do papel do professor na limitação dessas atitudes, para que os alunos possam compreender que o respeito às diferenças é fundamental para a construção de uma sociedade mais justa e igualitária.

Esse aspecto pode ser corroborado através da narrativa do interlocutor 7, que descreve sobre sua presença na escola:

> Eu sempre fui uma **criança muito viada** (sic). [...] sempre me tolhiam porque eu gesticulava muito ou "você tem que engrossar sua voz". Essas coisas, né, que a gente vai naturalizando e só se percebe mais adiante, mas em casos de constrangimentos mesmo eu lembro que na quinta série um professor de português que eu tinha me chamou de veado, assim, de uma forma bem pejorativa, gritando comigo porque ele queria que eu me comportasse na sala de aula. Eu sempre fui muito de conversar [...], ele se irritou com isso e acabou me tratando assim, mas eu não cheguei a denunciar e não fiz nada. Só absorvi. [...] Eu tinha mais essas coisas com meus vizinhos de *bullying* e uma questão de musiquinhas que eles faziam para mim, horríveis, [...] bem homofóbicas. [...] **No segundo ciclo do ensino fundamental**, eu lembro de umas situações de alguns amigos que, acho que já sabiam, e tiravam onda porque já era uma fase que a gente já começa despertar para nossa sexualidade. Então já tem uma questão de contato com o corpo e sei lá, não sei se aquilo foi me violentando. Eu tirei aquilo como uma brincadeira de mal gosto, mas sei lá eu sofri algumas brincadeiras de mal gosto na **oitava série de uns meninos.** [...] É, aquilo era um abuso, mas também a gente nem vai se dar conta assim né.

No relato, a pessoa entrevistada menciona que desde a infância já se sentia diferente, descrevendo-se como "uma criança muito viada". No entanto, suas características não se encaixavam nas expectativas de comportamento socialmente aceitas para seu gênero, como o gestual e o tom de voz. Essa pressão para se adequar aos padrões normativos é uma forma de violência simbólica.

A partir do relato, percebe-se que a pessoa interlocutora foi alvo de discriminação e violência verbal. O professor de português, ao usar o termo "veado" de forma pejorativa, perpetuou estereótipos e insultou a pessoa entrevistada publicamente. Esse tipo de agressão verbal contribui para a criação de um ambiente escolar hostil e prejudicial ao desenvolvimento saudável das crianças e adolescentes LGBTQIA+. É importante ressaltar que, diante dessa situação, a pessoa entrevistada não se sentiu segura para denunciar ou tomar alguma atitude. Isso evidencia como as estruturas de poder e a naturalização dessas violências podem silenciar as vozes das pessoas marginalizadas.

Além do episódio com o professor, a pessoa entrevistada também relata ter sido alvo de *bullying* por parte de vizinhos e colegas de escola. Essas experiências traumáticas incluíam a criação de músicas ofensivas e homofóbicas. No entanto, o entrevistado também menciona que, na época, interpretava essas situações como brincadeiras de mau gosto, mostrando como a violência sofrida muitas vezes é internalizada, minimizada ou até mesmo aceita como parte do processo de amadurecimento.

A presença LGBT, apesar de insurgente, potente por desnudar a desigualdade, denota, através dos relatos, que essa presença só tem sido possível com a violência. A LGBTfobia é um discurso institucionalizado que possibilita práticas de exclusão. A partir disso, podemos afirmar que no âmbito escolar também identificamos a reprodução dessas práticas (Teixeira-Filho; Rondini; Bessa, 2011). Compreendemos, então, que a presença LGBT na escola gera um sofrimento imensurável, podendo naturalizar relações sociais pautadas na violência e exclusão. E, com isso, a escola se converte em um lugar de ausência.

Ausência

Nessa segunda travessia nominada de ausência, focaremos no aspecto da evasão escolar. Fugir da violência ou aceitar parece ser a condição para se manter no território escolar. Porém, nem toda existência humana consegue negociar esses campos de disputas, principalmente onde noções de certo e errado, normal e patológico são bem estabelecidas. Nesse caso, como tática de sobrevivência, a evasão escolar parece ser o remédio para alguns/algumas – ainda que com muitos efeitos colaterais. Nesse âmbito, para Franco e Cicillini (2016), a evasão escolar nada mais é do que a consequência da exclusão e das várias violências, onde para resistir nesse espaço se faz necessário desistir de ser quem é ou de fazer o que deseja. A Entrevistada 3 destacou aspectos que dialogam muito com essa reflexão:

> [...] eu era um adolescente que só queria ficar de boa, jogar futsal e ter as minhas amizades, porque eu sempre me senti muito sozinho, ainda mais quando eu vim pra cá morar em Manaus que é outra cidade, é outros costumes, aqui eu não conhecia ninguém, então o fato de eu querer ter amigos era simplesmente pra eu não me sentir mais sozinho do que eu me sentia sabe? Então a escola foi uma época que eu só não desisti mesmo por causa da minha mãe, porque ela ficava, ela sempre falou pra gente que sem estudar a gente não consegue absolutamente nada, e o estudo, por mais que as pessoas queiram tirar tudo de você o estudo é a única coisa que você vai manter pelo resto da sua vida.

O relato acima revela a experiência de uma adolescente que se sentia solitária e deslocada após mudar-se para uma nova cidade. Ela expressa o desejo de fazer amizades como forma de superar a solidão que sentia. Além disso, ela menciona que o motivo pelo qual não desistiu da escola foi o incentivo de sua mãe, que sempre enfatizou a importância dos estudos como uma ferramenta essencial para o sucesso na vida.

No trecho da entrevista, a adolescente menciona que sua motivação para fazer amizades na escola era evitar sentir-se ainda mais solitária. Essa busca por conexões interpessoais é fundamental para o bem-estar emocional e social dos indivíduos, especialmente durante a adolescência, período marcado por transformações físicas e emocionais intensas. No entanto, o relato também evidencia a importância atribuída à educação pela adolescente, graças à influência de sua mãe. Ela reconhece que, apesar das dificuldades e da sensação de solidão, perseverou nos estudos porque acreditava que o conhecimento adquirido na escola era algo que levaria consigo ao longo da vida.

Essas microagressões vão moldando a forma de ser. De acordo com Souza e Bernardo (2014), a evasão escolar traz consequências aos vários âmbitos da vida e mesmo quem permanece acaba por sofrê-las também. Segundo Xavier (2019), é necessário um acompanhamento mais próximo para que a escola consiga lidar com a evasão escolar de pessoas trans, a fim de contribuir para o sentimento de pertencimento. As estruturas e práticas educacionais que reproduzem desigualdades de gênero, raça e classe social, destacando a importância de promover uma educação que valorize as diferenças e respeite a diversidade. Nesse contexto, é relevante refletir sobre como a experiência do/a adolescente na escola poderia ter sido afetada por essas dinâmicas, considerando também aspectos como sua identidade de gênero, raça, classe social e orientação sexual.

Outro aspecto importante é a ausência do reconhecimento das diferenças e das identidades. Os relatos a seguir mostram como a escola pode ser uma dessas instituições que desconsideram e deslegitimam a identidade de seus estudantes transgêneros. Ao falar sobre o seu processo de escolarização ocorrido nos anos 90, a Entrevistada 3 relembra que:

> **Um dos problemas era o nome social né, antes mesmo de eu saber, na época se chamava nome de guerra, não existia ainda o nome social, muito antes da polêmica do nome social eu já polemizei com o meu nome** [...], em cima do cabeçalho da prova eu colocava meu nome de registro, em baixo eu assinava Angelim-vermelho e muitos professores queriam anular aquela minha prova porque Angelim-vermelho não existia. [...] eu quero ser chamada de Angelim-vermelho porque eu sou Angelim-vermelho, eu sou uma pessoa transexual, eu sou uma mulher transexual, então tenho que usar nome feminino.

Esse relato revela a dificuldade em ter a identidade aceita no meio escolar à época em que o nome social ainda não era um termo utilizado, e o "nome de guerra" denominava e autenticava a existência de trans e travestis que não tinham seus nomes legalmente aceitos.

O trecho de entrevista em questão aborda o nome social e sua importância para pessoas transgênero. A entrevistada relata suas experiências com o nome social, mencionando que anteriormente o termo utilizado era "nome de guerra", e que, mesmo antes da polêmica em torno do nome social, ela já enfrentava dificuldades em relação ao seu nome. Ela descreve como, durante as provas, colocava seu nome de registro no cabeçalho e assinava com seu nome social, o que gerava contestações por parte de alguns professores/as.

Essa situação exemplifica os desafios enfrentados por pessoas trans, que muitas vezes se veem obrigadas a utilizar nomes que não condizem com sua identidade de gênero, prejudicando sua autoestima, bem-estar e integração social. Nesse contexto, a adoção do nome social surge como uma forma de respeitar e validar a identidade de gênero das pessoas transgênero.

Ao afirmar que quer ser chamada de Angelim-vermelho porque essa é sua identidade, a entrevistada reforça a importância do uso do nome feminino como forma de expressar sua identidade de gênero como mulher transexual. Essa reivindicação está alinhada com os princípios defendidos por Guacira Lopes Louro (1997), que valoriza a autodeterminação identitária das pessoas, especialmente daquelas que são marginalizadas e subalternizadas na sociedade.

Em suma, o relatado permite compreender a relevância do nome social como um elemento essencial para o reconhecimento e a inclusão de pessoas transgênero na sociedade. Essa abordagem respeita a diversidade de identidades de gênero e contribui para a construção de um ambiente mais igualitário e respeitoso, evitando, por exemplo, a possibilidade de ter uma prova anulada por utilizar o nome não registrado, observa-se aqui que o corpo docente também produz as violações, buscando controlar os sujeitos por meio de critérios educacionais e curriculares (Louro, 1997). Cabe destacar que o posicionamento e a subversão foram táticas necessárias para que ela se mantivesse dentro da escola. Táticas que muitas vezes podem ser imprimidas por outras perspectivas mais invisibilizantes como indisciplina.

Urgência

> [...] acho que aquela geração de professores que eu peguei elas não eram totalmente preparadas para lidar com uma pessoa como eu, eu acho que hoje em dia as pessoas não estão totalmente preparadas, mas elas são mais cientes do que fazer, como identificar uma pessoa como eu na sala, porque eu tive sorte e eu sei que a maioria das pessoas como eu não vão ter a mesma sorte sabe? (Entrevistada 4).

Como considera Saviani (1995), as lutas sociais por maior democratização da sociedade tornaram possível o surgimento de discussões sobre as questões educacionais e escolares, através das perspectivas críticas. É a partir deste momento que estudiosos/as e militantes começaram a criticar e a denunciar o papel de invisibilização e discriminador que a escola estava/está assumindo nas sociedades capitalistas.

Essas mudanças viabilizaram a formulação de propostas e estudos com intuito de tornar possível a construção de uma escola articulada aos interesses concretos do povo (Libâneo, 1994). As/os entrevistadas/os apontam que ainda há alguns aspectos que precisam ser repensados, como apontam Entrevistada 4, Entrevistada 5 e Entrevistada 3:

> O problema, acho que do ensino, vai muito numa questão... **Positivista, sabe? Positivista, tudo numa perspectiva de formação para o mercado de trabalho**, né, que é a finalidade em certo sentido do ensino básico e aí não traz essas questões que são próprias das vivências dos alunos, sabe, para ser debatido (Entrevistada 5).

> [a escola precisa] **ser mais simpática com essa questão**, saber lidar com isso, **não expulsar essas pessoas da escola**, saber conviver com essas pessoas, isso tá levando a um atraso muito grande (Entrevistada 3).

> Eu acho que uma gestão preparada, professores preparados para **reconhecer**, uma gestão que não te oprima, que chegue com você e converse que **mostre que lá nesse ambiente você tem que se sentir confortável** [...] saber diferenciar a sexualidade do gênero seria o primeiro passo para você tentar compreender e combater a LGBTfobia dentro da escola se tivesse realmente esse apoio [das secretarias de educação] acho que talvez muitos LGBTs não teriam desistido da escola. [...] a gente já não vive mais como antigamente que tudo era uma repressão porque as pessoas acham que essas coisas elas são de agora, todo mundo fala que ser homem trans, ser transexual, que ser gay, lésbica é tudo moda de agora, mas não é, as pessoas estão se revelando, elas estão saindo, e **a gente quer visibilidade, a gente quer que as pessoas olhem para gente com respeito, só isso que a gente quer** (Entrevistada 4).

Os trechos de entrevistas apresentados revelam preocupações e críticas relacionadas ao ensino e à gestão escolar, sobretudo no que diz respeito à abordagem positivista, à falta de discussão de questões vivenciais dos alunos e à falta de apoio às pessoas LGBT na escola. No trecho da Entrevistada 5, ela menciona que o problema do ensino está relacionado a uma abordagem positivista, que visa apenas formação para o mercado de trabalho, negligenciando questões vivenciais dos alunos. No segundo trecho da Entrevistada 3, ela destaca a importância da escola ser mais acolhedora em relação à diversidade, especialmente em relação às pessoas LGBT. Ela menciona a necessidade de uma gestão preparada e de professores/as que reconheçam e respeitem a diversidade sexual e de gênero dos alunos. A Entrevistada 4 também destaca a necessidade de diferenciar a sexualidade do gênero e afirma que isso seria o primeiro passo para compreender e combater a LGBTfobia na escola.

Evidencia-se a importância de repensar a educação e a gestão escolar, levando em consideração as vivências dos alunos e promovendo um ambiente inclusivo e respeitoso para todas as pessoas. Defendemos a necessidade de superar as normas sociais e de gênero, combater a LGBTfobia e valorizar a diversidade como um princípio central da educação.

Frente a isso, Entrevistado 6 e Entrevistado 7 sugerem ações que auxiliem na mudança dessa realidade.

> [...] então acho assim, que os professores poderiam ser mais inteligentes com a própria matéria deles e **introduzir com a matéria deles nesses assuntos** [...] (Entrevistado 6).

> [...] se um professor falar, te chamar pelo nome masculino ou te tratar pelo feminino, te chamar pelo feminino a sala vai entender, se aquela **figura que é representativa assim dentro da sala consegue falar assim, porque eu que sou aluno vou tratar de outra forma**? (Entrevistado 7).

A formação de professoras/es é apontada por Furlani (2007) como espaço de grande importância junto à desconstrução pejorativa sobre as vivências dos LGBTs, a universidade, como espaço para a formação inicial, é um local estratégico para a construção de profissionais que estejam dispostos a mudar a atual realidade. Como destaca a Entrevistada 5 sobre a sua experiência durante o estágio em sala de aula:

> E aí quando eu fui para os estágios, eu quis trabalhar nessa perspectiva a partir da história, evidentemente. E aí, no primeiro estágio que fiz eu fui dar essas regências e a primeira foi sobre o que se tratava a ditadura militar [...] E aí, eu peguei jornais que vinculasse por exem-

> plo, questões LGBT, questões sobre mulheres, sobre negritude [...] E aí eu fui trazendo esses debates para dentro da sala de aula né [...] E aí surge um grande interesse pelos alunos por entender uma outra realidade que muitas vezes é própria da realidade deles que eles vivenciam, né e que não é debatido na sala de aula ou sequer mencionado (Entrevistada 5).

Segundo Nóvoa e Finger (2010), a reflexão sobre a formação de professores/as pressupõe o processo de conhecimento da trajetória pessoal de cada professor/a, ou seja, seria necessário que, ao ingressar em cursos de formação inicial ou continuada, o futuro docente tomasse consciência sobre suas próprias formas de aprender e de pensar. Tal preocupação é algo recorrente no contexto escolar, visto que o ambiente escolar é compreendido por alguns como sendo apenas lugar para "estudar", "adquirir conhecimento", delimitando-o como apenas "isto ou aquilo", quando na realidade a escola deveria tornar-se referência de local acolhedor e propício para se dialogar com o diferente, tal como é proposto nos Princípios demonstrados na LDB.

A formação de professores/as é um espaço de grande importância junto à desnaturalização das diversas formas das vivências sexuais, Silva (2005 *apud* Esperança *et al.*, 2015) sugere que as manifestações de pensamentos morais podem ser utilizadas para a construção de novos significados desconstruindo e reconstruindo significados. Porém, é de suma importância ter a garantia de que durante este período de formação sejam trabalhados tópicos como a diversidade sexual e a luta LGBT para a garantia do direito à Educação.

Considerações insurgentes

Os dados apresentados neste capítulo revelam que a presença LGBT na escola é marcada pela operação dos dispositivos de gênero e sexualidade, que mantém ideais maniqueístas e perspectivas binárias. A presença LGBT na escola borra e explode esses dispositivos, exigindo um esforço significativo para se manter nesse espaço. No entanto, esses esforços podem levar à produção de ausências.

A narrativa de um homem gay sobre sua trajetória escolar evidencia o borramento das fronteiras de gênero e sexualidade operado pelo cotidiano escolar. A arte de sobrevivência em um território organizado pela heteronormatividade é destacada como uma produção da presença LGBT na escola. Brincadeiras consideradas "femininas" e a proximidade com meninas são formas de fissurar a engrenagem que legitima a heteronormatividade.

A ausência de pessoas LGBT na escola revela não apenas a lgbtfobia, mas também o machismo e sua naturalização no ambiente educacional. A reprodução de atitudes preconceituosas aprendidas em casa e na sociedade é observada na escola, ressaltando a importância do papel da/o professor/a em limitar essas atitudes e promover o respeito às diferenças.

As narrativas dos/as entrevistados/as também evidenciam formas de violência simbólica, como pressões para se adequar aos padrões normativos de comportamento de gênero e insultos públicos por parte de professores/as e colegas. Essas violências contribuem para a criação de um ambiente escolar hostil e prejudicial ao desenvolvimento saudável dos indivíduos LGBT. É urgente destacar que muitas vezes as vítimas não se sentem seguras para denunciar ou tomar medidas contra essas agressões, o que demonstra como as estruturas de poder e a naturalização dessas violências silenciam as vozes das pessoas marginalizadas.

Além disso, a presença LGBT na escola pode gerar um sofrimento imensurável e naturalizar relações sociais baseadas na violência e exclusão. A LGBTfobia é um discurso institucionalizado que possibilita práticas de exclusão, e a escola reproduz essas práticas. Isso resulta em um ambiente onde a presença LGBT é acompanhada de sofrimento, levando à evasão escolar como forma de escapar da violência ou aceitar as condições impostas.

Portanto, a urgência LGBT na escola revela a necessidade de repensar as estruturas educacionais e promover uma educação que respeite e valorize a diversidade de gênero e sexualidade. É essencial criar um ambiente seguro e inclusivo, onde todos os alunos possam se desenvolver plenamente, livres de discriminação e violência.

A formação dos professores/as é apenas um ponto nessa grande problematização. A forma de se ver a escola também deve ser levada em consideração, visto que ela deveria ter como objetivo final a construção de sujeitos críticos, buscando propiciar processos educativos que visem ao desenvolvimento de pessoas sensíveis a essa diversidade, maduras para a não violência e aceitação das pessoas tal como elas são.

A escola, convertendo-se em lugar de acolhida à diversidade e ao desenvolvimento da autonomia, pode promover, em uma perspectiva libertadora, o enfrentamento das violências de gênero tão presentes no cotidiano escolar, dando fim à omissão que priva pessoas LGBTQIA+ do acesso à educação básica e alcançarem a universidade.

Por fim, apresentam-se alguns pontos insurgentes para fortalecimento do acesso e permanência das pessoas LGBT na escola. As estratégias de sobrevivência na escola frente às situações de discriminação e violência contra a presença LGBT são variadas e complexas. Os relatos apresentados na pesquisa iluminam algumas considerações insurgentes que podem ser agrupadas em diferentes categorias:

1. Fazer uso de táticas de resistência: Os indivíduos LGBT utilizam táticas de resistência para desafiar as normas e expectativas de gênero e sexualidade impostas pela escola. Essas táticas podem incluir comportamentos e expressões que fogem dos padrões heteronormativos, como brincar com meninas, demonstrar gestos considerados efeminados, entre outros. Essas ações são formas de fissurar a engrenagem que busca legitimar a heteronormatividade, desafiando as normas e demonstrando a existência de outras formas de ser e se expressar.
2. Buscar apoio e solidariedade: A presença LGBT na escola muitas vezes é marcada pela discriminação e violência, mas também existem indivíduos e grupos que oferecem apoio e solidariedade. Encontrar aliados, sejam eles colegas, professores/as ou outros

membros da comunidade escolar, pode ser uma estratégia importante para enfrentar as adversidades. O apoio mútuo entre pessoas LGBT pode fortalecer a resistência e criar espaços de acolhimento e proteção.

3. Encontrar espaços de pertencimento: A busca por espaços onde a presença LGBT é mais aceita e acolhida pode ser uma estratégia de sobrevivência. Esses espaços podem incluir grupos de amigos, clubes, atividades extracurriculares ou até mesmo espaços virtuais. Encontrar um senso de pertencimento em comunidades onde as identidades LGBT são valorizadas pode ajudar a enfrentar a hostilidade encontrada em outros ambientes escolares.
4. Desenvolver resiliência emocional: Diante das violências e discriminações, é importante desenvolver resiliência emocional para lidar com os desafios e preservar a saúde mental. Isso pode envolver o desenvolvimento de estratégias pessoais de enfrentamento, como a busca por suporte psicológico, o fortalecimento da autoestima e o cultivo de um senso de identidade positiva.
5. Promover a conscientização e a educação: A conscientização sobre as questões de gênero e sexualidade, bem como a educação sobre diversidade e respeito, são estratégias fundamentais para combater a discriminação e a violência na escola. A promoção de discussões e atividades que abordem essas temáticas pode contribuir para a construção de um ambiente mais inclusivo e seguro para a presença LGBT.

É importante destacar que essas estratégias são adotadas pelos indivíduos LGBT de forma individual e coletiva, e nem sempre são efetivas para garantir a permanência e o bem-estar na escola. A ausência de políticas e práticas educacionais que promovam a diversidade e combatam a discriminação ainda é um desafio a ser enfrentado para garantir a plena inclusão da presença LGBT no ambiente escolar[1].

[1] **Agradecimentos**

Referências

CERTEAU, Michel de. *A invenção do cotidiano*: artes de fazer. 22. ed. Petrópolis: Vozes, 2014. v. 1.

BECKER, Howard S. . *Outsiders. Estudos de sociologia do desvio*. Rio de Janeiro: Zahar, 2008, 232p.

JUNQUEIRA, Rogério Diniz. A homofobia não é um problema. Aqui não há gays nem lésbicas! Estratégias discursivas e estados de negação da discriminação por orientação sexual e identidade de gênero nas escolas. *Revista de Psicologia da UNESP*, v. 9, p. 123-139, 2010.

LAURETIS, Teresa de. A tecnologia do gênero. In: HOLLANDA, Heloisa (Org.). *Tendências e impasses: o feminismo como crítica da cultura*. Rio de Janeiro: Rocco, 1994. p. 206-241.

FREITAS, Sandra; BERMÚDEZ, Ximena Pamela Díaz; MÉRCHAN-HAMANN, Edgar. Sentidos atribuídos por jovens escolares LGBT à afetividade e à vivência da sexualidade. *Saúde e Sociedade*, v. 30, n. Saude soc., 2021 30(2), 2021.

Agradecemos o apoio do Programa Nacional de Cooperação Acadêmica na Amazônia – PROCAD/Amazônia da Coordenação de Aperfeiçoamento de Pessoal de Nível Superior – CAPES/Brasil" e da Fundação de Amparo à Pesquisa do Estado do Amazonas – FAPEAM.

Capítulo 12

LA VIOLENCIA HOMOFÓBICA Y TRANSFÓBICA EN EL CONTEXTO EDUCATIVO

APORTES A SU PREVENCIÓN, DESDE EL PROYECTO ESTUDIO SOBRE EL BULLYING HOMOFÓBICO EN INSTITUCIONES EDUCATIVAS CUBANAS

Yoanka Rodney Rodríguez, Miriam Rodríguez Ojeda & Ángela Elena Suarez Estévez

Introducción

A finales del siglo pasado, específicamente en 1989 se aprueba la Convención sobre los Derechos del Niño. Este tratado internacional que reconoce los derechos humanos de las niñas y niños menores de 18 años de edad en su artículo 29 refiere los fines de la educación y en esta dirección exige la necesidad de inculcarle a la infancia el respeto de los derechos humanos y las libertades fundamentales, y que se les prepare para asumir una "vida responsable en una sociedad libre, con espíritu de comprensión, paz, tolerancia, igualdad de los sexos y amistad entre todos los pueblos. Para lograr lo anterior, en el año 2001, el Comité de los Derechos del Niño emitió la Observación General No. 1 relativa a los propósitos de la educación (CRC/GC/2001/1) y enfatizó que el proceso de educación de la infancia se debía basar en y promover, los derechos para asegurar que en todas las escuelas se respete el derecho del niño, niña y adolescente a la no discriminación, a la libertad de expresión y a la protección contra toda forma de abuso sexual.

Sin embargo, en el año 2006, el informe internacional de las Naciones Unidas demostró que una de las formas de violencia que afecta a la escuela es la que se produce por motivo de género y sexualidad.

Su impacto para el bienestar de niños, niñas y adolescentes, así como la gravedad de la problemática para la educación. De igual modo enfatizó en el acoso escolar por considerarse que a diferencia de otras formas de violencia esta representa un patrón de comportamiento más que un evento aislado y que las investigaciones revelan que casi todo el acoso que se produce en las escuelas es sexual o basado en el género (Sérgio, 2006).

Un tipo específico de violencia escolar, que ha llamado la atención de especialistas e investigadores aproximadamente en los últimos 30 años es el bullying o acoso escolar homofóbico. Considerado un problema universal, existe consenso entre estudiosos del tema (Unesco, 2013, 2015 y 2020; Pichardo, De Stéfano, Faure, y Willians, 2015; Red Iberoamericana de Educación LGBTI, 2016) en señalar que este se dirige hacia personas por su orientación sexual y/o identidad de género, supuesta o real; que afecta a todos los miembros de la comunidad educativa que no encajan con las normas de orientación sexual y género predominante, y tiene importantes repercusiones en la educación.

Los estudios sobre el acoso escolar homofóbico, centran su atención fundamentalmente en las relaciones que se establecen entre miembros del estudiantado, y desde esta dirección señalan que, esta forma de violencia por lo general se produce cuando no está presente ningún miembro del profesorado y cuando los miembros del estudiantado que lo presencian, ni intervienen ni denuncian. Desde esta perspectiva queda fuera la realidad de los adultos que laboran en las escuelas y que son objeto de violencia por motivo de género y sexualidad.

Estudiar la violencia homofóbica y transfóbica que se produce en el contexto escolar posibilita obtener mayor conocimiento sobre las causas que la originan, magnitud y su prevalencia, así como proponer metodologías en función de su prevención y erradicación. También permite avanzar hacia el llamado de la Declaración de Montreal, hecho el 29 de julio de 2006, de lograr tanto la igualdad legal como la igualdad social de la población LGBT debido a que el acoso escolar por motivo de género y sexualidad constituye un acto lesivo a la dignidad humana, es incompatible con los principios humanistas, éticos de igualdad y justicia social, a su vez es portadora de un sufrimiento humano de proporciones aún desconocidas y una violación al derecho de toda persona de recibir una educación sin discriminación por motivo de la orientación sexual o identidad de género, la cual se encuentra establecido desde el 2007 en los principios de Yogyakarta.

Cuba no escapa de esta problemática que social que, vulnera derechos y daña no solo a quienes la sufren como víctimas, sino a familiares, amistades y sociedad en general. Si bien se reconoce que, en la isla, a pesar de defender desde 1959 la aspiración de avanzar hacia una sociedad más justa, garantizar oportunidades para todas las personas y proteger los derechos humanos, aun se evidencian brechas económicas, de equidad, de género, entre otras que impactan de forma negativa a las personas con sexualidades no heteronormativas durante su tránsito por el ámbito escolar y a quienes laboran en dichas instituciones.

Ante esta realidad, en el periodo que comprende desde el 2016 – 2020, se desarrolló el proyecto *Estudio sobre el bullying homofóbico en instituciones educativas cubanas* de la Facultad Ciencias de la Educación de la Universidad de Ciencias Pedagógicas Enrique José Varona (UCPEJV) el cual posibilitó aportar un conocimiento científico sobre el tema con el propósito de promover prácticas educativas y metodologías que contribuyeran a prevenir cualquier manifestación de discriminación en las escuelas por motivo de género y sexualidad.

Género, sexualidad y educación con perspectiva de género

Los estudios de género en las ciencias sociales, han logrado introducir una posición científica del ser humano y sus formas de relación que rompe con lo que hasta sólo unas décadas atrás parecía innegable. En tal sentido, se centra la atención a todos aquellos fenómenos y situaciones que se vinculan principalmente con las relaciones de poder, subordinación entre los sexos y con la condición de las mujeres como ser inferior. Mientras el término «sexo» designa características necesariamente biológicas (aunque los cuerpos tienen también historia), la concreción del «género» depende del momento y del lugar. "Los géneros son continuamente redefinidos por la sociedad, no son nunca totalmente estables y se van modificando con relación a otros cambios sociales" (Lagarde,2001, p. 14).

La categoría género como constructo social apunta a la clasificación de mujeres y hombres sobre la base de expectativas y proyectos educativos preestablecidos, en tanto la categoría sexo se refiere a las diferencias biológicas entre varón y hembra, abarca todos los fenómenos, procesos y características anato–fisiológicas relacionadas por ejemplo con los cromosomas, hormonas, glándulas y órganos sexuales de un individuo, que le permiten asumir determinadas funciones biológicas frente al otro sexo, fundamentalmente en la respuesta sexual y en la reproducción.

Según Scott y de Barbieri (1999, p. 67-68), la categoría género, toma en cuenta su análisis a partir de varias características que las autoras precisan algunas a tono con este capítulo. Estas son:

- **Carácter histórico**: Cambia a través del tiempo y el espacio de acuerdo al momento histórico específico que le toca vivir al sujeto, es mutable y por ende variable. Esta característica posibilita la construcción de los procesos subjetivos en la relación ínter subjetiva.
- **Jerárquico:** la división que se establece entre hombres y mujeres se realiza en una relación vertical, donde las mujeres están en posición subordinada, lo que vale es el modelo masculino.
- **Cultural**: en tanto cada cultura define lo masculino y femenino para la misma, lo apropiado o no para el sostenimiento de lo instituido desde su imaginario, esto explica las diferencias de los modelos de género y la comprensión de comportamientos de cada cultura.
- **Relacional**: en tanto pautan las relaciones entre mujeres y hombres, en todos los contextos de actuación.

Comprender este análisis anterior, significa asomarse a las sociedades patriarcales. Como resultado de esta realidad, las mujeres fueron socializadas desde un guion a favor de la maternidad, y todos los roles adheridos al cuidado, la asistencia y la expresividad. En el caso de los hombres como proveedores ejercen el control y poder de todos sus bienes. Esas relaciones asimétricas, generan disparidades de género que dominan y oprimen los diversos contextos: familiar, social, ideológico y político, que legitiman este modelo binario y heteronormativo.

Espinar (2003) afirma que la categoría género, al poseer carácter relacional, y considerar que las características de los hombres no son naturales, si no aprendidas en un complejo proceso individual y social, permite también afirmar entonces que, no se nace hombre, se llega a serlo. Por lo cual los privilegios de los varones como supuestos seres superiores, mantienen a las mujeres en condiciones de subordinación y opresión, que supone y experimenta relaciones de poder desiguales con marcada desventaja para lo femenino y en particular para las mujeres. En consecuencia, se instauró un sistema de dominación hegemónico que cuenta con mecanismos de legitimación muy bien establecidos con el histórico sostén del patriarcado.

Diversos autores como Money (1985), Masters y Johnson (1988), Ben (1989) y Segú (1992), coinciden en definir el sexo como el conjunto de características somáticas, genitales y extragenitales que diferencian entre sí a los géneros, tiene carácter biológico, no modificable. Romper esta perspectiva, estimuló a la antropóloga cultural, Gayle (1986)[1], sentenciar que la categoría sexo/género es "esa parte de la vida social que es la sede de la opresión de las mujeres, las minorías sexuales y algunos aspectos de la personalidad humana en los individuos – y define – el sistema de sexo/género, como "el conjunto de disposiciones en los que se trasforma la sexualidad biológica en productos de la actividad humana, y en la cual se satisfacen esas necesidades humanas transformadas" (p. 37).

Para el sociólogo francés Pierre Bourdieu (1988) la división del mundo, basada en referencias a "las diferencias biológicas y sobre

[1] Citamos la traducción al español de Stella Mastrangelo.

todo a las que se refieren a la división del trabajo de procreación y reproducción" (p. 37) propician y justifican formas compartidas de ver la realidad. Así, los conceptos de género estructuran la percepción, la organización concreta y simbólica de toda la vida social.

Las discusiones actuales desmontan la premisa natural del sexo y la premisa social-cultural del género a partir de los estudios de Judith Butler en 1990. Su postura se basa en la concepción culturalista del género que deriva al género de una diferencia sexual que permanece sin ser cuestionada. Butler refiere que: "el "sexo" entendido como la base material o natural del género, como un concepto sociológico o cultural, es el efecto de una concepción que se da dentro de un sistema social ya marcado por la normativa del género. Es decir que el sexo como algo natural se ha configurado dentro de la lógica del binarismo de género" Butler, (2007 p. 121).

Desmontar el concepto absoluto sexo-género, implica una ruptura heterosexista que derriba el dimorfismo sexual. De ahí que un aporte importante de estos estudios está considerar al género y la identidad en términos de performatividad, lo que acrecienta las posibilidades a los estudios gays, lésbicos la teoría queer, y al propio feminismo conservador. Por consiguiente, el sexismo perpetúa la desigualdad y la jerarquización en las relaciones humanas sobre la base de la diferenciación sexual, lo cual resulta nocivo para el desarrollo personal y social. De este modo, la educación, y como parte de ella, la socialización a partir de los modelos o estereotipos de género, tienden a promover la identidad, el rol de género y la orientación sexo erótica de manera distorsionada, así para hombres como para mujeres, en tanto, se prescribe rígidamente un patrón que abarca los gestos, lenguaje, expresiones de las emociones, sentimientos, comportamientos, modas, actividades culturales, laborales, entre otras de obligatorio cumplimiento, que ignora la individualidad.

Un concepto que ayuda a desmontar las miradas conservadoras, asimétricas y sexistas a nuestro juicio es el de perspectiva de género. Definido como un enfoque humanista pues aboga por relaciones de respeto, armonía, equidad cooperación, potenciando niveles superiores de desarrollo tanto en mujeres como en hombres u otras identidades en contra de aquellos modelos y roles tradicionales que pueden asfixiar las relaciones humanas, (Rodríguez, 2010, p. 176). El término, permite hurgar desde las ciencias sociales el entramado de las relaciones humanas y derribar estos estereotipos y prejuicios que perduran actualmente.

Por tanto, resulta nocivo defender un proceso educativo sexista a partir de los modelos genéricos sociales estereotipados que distorsionan las diferencias asimétricas de género. Luego, el concepto de perspectiva de género permite entenderlo como un enfoque de análisis que proporciona repensar y reestructurar las construcciones sociales y culturales en las relaciones entre las propias mujeres, los propios hombres y entre mujeres y hombres en cualquier esfera de la vida. Sobre esta realidad, subyacen formas tradicionales de educación de la sexualidad que conciben enfoques reduccionistas, tales como:

- **Represivo- moralizador**: que asume la sexualidad desde la culpa, el pecado, en especial el placer, aceptándola solamente en el matrimonio y la reproducción. En lo pedagógico se refiere a una concepción verticalista, autoritaria, que educa a través de la imposición y la sanción.
- **Informativo preventivo**: transmite información de datos, fundamentalmente morfofuncionales y trabaja la prevención desde una concepción restringida de salud, salud sexual y reproductiva. Constituye un modelo pasivo que educa en el miedo.
- **Modelación y modificación del comportamiento**: que concibe al ser humano como un ser reactivo al que se le puede moldear su conducta sexual. Se fundamenta en el conductismo y la tecnología educativa.
- **Hedonista**: que destaca el placer sexual por encima de los demás componentes y funciones de la sexualidad, particularmente sobre la reproducción.

Estos enfoques pedagógicos y educativos tradicionales tienden a provocar un antagonismo entre las necesidades e intereses individuales y sociales. Mutilan muchas de las potencialidades de los seres humanos y condicionan conductas pasivas y sumisas. A la vez que, obligan a reproducir modelos estereotipados, esquemáticos que pueden convertirse en fuentes de conflictos, trastornos y patologías. En contraposición con estas visiones, la Pedagogía de la Diversidad y la Equidad de González (2010, p.23-24) como perspectiva pedagógica integradora y sistémica, defiende tres fundamentos esenciales. Primero el respeto y cultivo de las diferencias y cualidades, rasgos singulares esenciales, propios de las distintas naciones, culturas, grupos e individualidades humanas. A la vez que se enfrenta a toda falsa distinción generada por estereotipos, dogmas, esquemas externos que tienen como finalidad el reforzamiento de relaciones de poder y marginación. Segundo el desarrollo de la personalidad y su sexualidad, autodeterminando sus propios límites y roles, armonizando el yo con el nosotros, lo personal con lo social, sobre la base de un profundo respeto de cada ser humano, de sus particularidades y la búsqueda de la unidad, la cooperación y la paridad, así como de los límites. Se sustenta en el derecho a las diferencias emanadas de la personalidad, al placer, la ternura y la esperanza, la unidad y la paridad entre mujeres y hombres a lo largo de toda la vida. Tercero, las diferencias y rasgos esenciales de naciones, culturas, grupos e individuos, hombres y mujeres y rechaza las diferencias impuestas desde fuera y las relaciones de poder y discriminación entre grupos y personas.

Desde esta mirada se otorga el derecho a que cada individuo decida las formas de vida, personal y colectiva, sustentada en el principio de la articulación entre la unidad y la diversidad, y la libertad y responsabilidad. Por ello en este epígrafe se defiende se defiende el enfoque de la educación integral, holística que se sustenta en la perspectiva de género y en los fundamentos de la Pedagogía de la Diversidad y la Equidad. Esto posibilita que, la esfera de la educación de la sexualidad, y otras como la educación ética, estética, intelectual, ambiental y física, promuevan el crecimiento pleno de los seres humanos a partir de la apropiación de aprendizajes de vida significativos distanciados de violencias, asimetrías y desigualdades.

Violencia por motivo de género y sexualidad en las instituciones educativas cubanas: oportunidades y desafíos para su prevención

La violencia como problemática social, se produce en los planos más generales de la sociedad. La cultura derivada de ella, característica de la sociedad actual, se manifiestan y reproducen en la escuela. En este contexto, una de las formas de violencia que afecta el desarrollo de las personas a nivel global y regional es la que se produce por motivo género y sexualidad. Este tipo de violencia se le denomina como violencia homofóbica y transfóbica y existe un reconocimiento sobre su impacto en las personas implicadas. Así como un llamado de atención sobre la justificación, la indiferencia y los silencios de los agentes de socialización que interactúan en este espacio en relación con la problemática, debido a que implica una violación de los derechos de estudiantes y docentes e impide la capacidad colectiva para obtener una educación de calidad para todas las personas.

La homofobia se relaciona estrechamente con el sexismo (Rodney; García, 2014). Funciona con mecanismos como la marginación, la cosificación, el hostigamiento y el maltrato. Y sirven para perpetuar la creencia de que todas las expresiones de la sexualidad no hegemónicas son extrañas, indefinidas, imperfectos y peligrosas (Darcourt, 2014; Garcés, 2015).

A la homofobia, de modo particular, se le considera un instrumento de control de la masculinidad que implica el rechazo de la homosexualidad y de las personas lesbianas, gays, bisexuales, transexuales (LGBT) (Pagés, 2010). Así como un prejuicio social construido culturalmente e interiorizado mediante el proceso de socialización e individualización. No es homogénea, se expresa de manera particular contra las personas (LGBT) y todas aquellas que manifiestan diferentes orientaciones sexuales e identidades de género (Pichardo, De Stéfano, Faure, Williams, 2015).

Por tales motivos y ante la invisibilidad del tema, en el periodo que comprendió desde el 2016 – 2020, desarrollamos el proyecto *Estudio sobre el bullying homofóbico en instituciones educativas cubanas* de la Facultad Ciencias de la Educación de la Universidad de Ciencias Pedagógicas Enrique José Varona (UCPEJV).

Método

La investigación que se presenta es de corte cualitativa. En ella se sistematizan estudios desarrollados sobre la homofobia y la transfobia en Cuba lo que permitió, obtener evidencias científicas sobre la problemática en las escuelas cubanas. A su vez, constituye un estudio exploratorio que posibilitó estimular y proponer futuras investigaciones, más profundas, con el fin de visibilizar la problemática dentro del Sistema Nacional de Educación.

La población la conformaron los informantes claves del sector de educación y la muestra, un total de 20 personas. De ellos, 18 del Ministerio de Educación y dos del Ministerio de Educación Superior (profesoras de la Universidad de Ciencias Pedagógicas Enrique José Varona). Sus responsabilidades y pericia le permitieron brindar información sobre la política educativa cubana, la violencia escolar, de género, homofóbica y transfóbica en las instituciones educativas.

En esta investigación fue necesario rediseñar el instrumento de recopilación de datos sobre la revisión y evaluación de las respuestas del sector de educación a la violencia homofóbica y transfóbica en las instituciones educativas, implementado por la Organización de las Naciones Unidas para la Educación, la Ciencia y la Cultura (UNESCO), pero contextualizado a la realidad cubana. Para el proceso de indagación se organizaron dos talleres, que se ejecutaron durante dos días de trabajo. En el primero se unificaron criterios acerca de las categorías sexo, género, homofobia, transfobia, violencia lesbofóbica, homofóbica y transfóbica, que sirvió de punto de partida para el desarrollo de la sensibilización de los informantes claves con la problemática y se aplicó el instrumento rediseñado. En el segundo se realizó una devolución de los resultados obtenidos y se reflexionaron ideas que permitieron constatar e identificar brechas y fortalezas del sector de educación en relación a la prevención de violencia homofóbica y transfóbica en las instituciones educativas y hacer recomendaciones.

La investigación realizada tuvo algunas limitaciones, en relación con los recursos disponibles en Cuba sobre la violencia homofóbica, transfóbica y el acoso escolar homofóbico. La revisión documental incluyó fundamentalmente estudios en línea de acceso público o que fueron proporcionados por informantes clave, expertos e investigadores sobre violencia. Aquellos estudios disponibles solamente de forma impresa o a través de acceso pagado, no fueron considerados. Finalmente, la investigación consideró estudios de muy variados diseños, tamaños de muestra y métodos de recopilación de datos.

La problemática de la violencia homofóbica y la transfóbica en las instituciones educativas cubanas

La sociedad cubana no escapa de la violencia homofóbica y transfóbica. Aunque en la isla se defiende, desde 1959, la idea de avanzar hacia una sociedad más justa y proteger los derechos humanos. Todavía se evidencian brechas económicas, de equidad, de género, entre otras que, impactan de forma negativa a las personas con sexualidades no heteronormativas durante su tránsito por el ámbito escolar.

Cuba, como cualquier país de la región, su población actual es heredera de una tradicional cultura patriarcal. La institucionalización de la homofobia y la visibilizacion de las transidentidades consolidadas durante las décadas de los 60, 70 y 80 del pasado siglo continúa siendo una problemática no resuelta. Todavía se constata que las personas que no cumplen con los patrones y normas de género y sexualidad hegemónica, son víctimas de persecuciones, rechazo, estigma, patologización, discriminación, violencia y repudio social (Garcés, 2015).

Las transformaciones científico-técnicas y económico-sociales que se produjeron durante la última centuria propiciaron cambios significativos en relación con una mayor visibilización del estigma y la discriminación a la que están sometidas las personas con sexualidades no heteronormativas. Las dos primeras décadas del presente siglo muestran que en el complejo imaginario social cubano se aprecia una mayor apertura social y aceptación a las diversidades sexuales. De igual modo se percibe un discreto aumento de la producción científica en relación con la problemática.

Lo anterior es resultado de la estrategia educativa que desde el 2007 desarrolla el Centro Nacional de Educación Sexual (CENESEX), mediante las Jornadas Cubanas Contra la Homofobia y la Transfobia. La intensa labor educativa desplegada, con el objetivo de sensibilizar a la población en la libre y responsable orientación sexual e identidad de género como principio de equidad y justicia social, comienza a ver sus resultados. No obstante, hay que continuar el trabajo para prevenir, neutralizar y eliminar la violencia homofóbica y transfóbica a la que están expuestas las personas LGBT.

En esta investigación se asume como violencia homofóbica y transfóbica en instituciones educativas, todas aquellas acciones que se producen en el marco de una relación caracterizada por un desequilibrio de poder con la intención de dañar física, emocional o socialmente a personas cuyas normas de género y sexualidad difieren de los patrones heteronormativos y estereotipos de género erigidos socialmente. En este tipo de violencia, que incluye también al bullying homofóbico pueden implicarse, en los roles de víctimas, agresores y espectadores, diversos miembros de la comunidad educativa (docentes, personal de apoyo a la docencia, familiares, estudiantes, así como funcionarios del sector de educación). Sus expresiones incluyen agresiones físicas, insultos, humillaciones, exclusión, discriminación y violación de derechos.

Las investigaciones producidas por la academia cubana sobre la violencia homofóbica y transfóbica, son escasas y no centran como categoría de análisis a la violencia homofóbica y transfóbica en la escuela (Rodney, 2018; Suárez; Rodríguez; Del Rio; Alfonso y Suárez, 2018). Estas hacen referencia a otros fenómenos conexos a este como: 1) el derecho a la libre orientación sexual (Pereira, 2007), 2) el papel de la familia en la aceptación de los miembros que tienen una orientación e identidad sexual diferente a la heteronormativa (González, 2010; Alfonso, 2012; Hernández, 2012), 3) La Homofobia (Dacourt, 2014; Garcés, 2015), 4) la violencia e identidades sexuales no hegemónicas (Alfonso, 2014) y, 5) la violencia hacia personas LGBT (Vázquez, 2017).

Las investigaciones que más se acercan al tema reconocen que el acoso escolar homofóbico es un tipo particular de violencia homofóbica y transfóbica centrando la atención en lo que acontece entre pares (Del Rio, García, 2014; Rodney, 2018). Sin embrago, dejan fuera la violencia que por motivo de género y sexualidad afecta a otros miembros de la comunidad educativa. Tienen como factor común, el estudio de la realidad de poblaciones específicas de la comunidad LGBT. lo que implica que "la información esté parcelada y que sea complejo sistematizar los resultados existentes" (Suárez; Rodríguez; Del Rio, Alfonso y Suárez, 2018, p. 6).

Un aspecto importante a considerar es que la hostilidad que acontece y padecen de manera sistemática las poblaciones LGBT, así como su relación con el abandono escolar en Cuba, también es poco estudiado (Suárez; Rodríguez; Del Rio, Alfonso y Suárez, 2018). Entre los mecanismos sostenedores de esta situación se encuentran el silencio de familiares, amistades y miembro del profesorado, la invisibilización de la homofobia y la transfobia en el contexto educativo, el temor al contagio del estigma, la mala convivencia escolar, la reproducción de estereotipos de género y un sistema de influencias educativas incoherente en relación al discurso de la escuela inclusiva y diversa (Dacourt, 2014; Rodney y García, 2014; Suárez; Rodríguez; Del Rio, Alfonso y Suárez, 2018).

En las instituciones educativas de la isla, no se registran de manera regular los datos sobre la naturaleza y la prevalencia de esta problemática. Los instrumentos que existen para identificar situaciones de violencia no contemplan indicadores que permitan diferenciar la violencia por homofobia y transfobia de otro tipo de violencia (Rodney, 2018), lo que pudiera conducir erróneamente a pensar que este tipo de violencia no ocurre, debido a la falta de información (Suárez; Rodríguez; Del Rio; Alfonso y Suárez, 2018). Es urgente el llamado a desarrollar investigaciones que visibilicen este fenómeno en el contexto educativo.

La respuesta del sector de educación de Cuba a la violencia homofóbica y transfóbica

A Cuba se le reconoce como uno de los países latinoamericanos que ha desarrollado un intenso y extenso respecto a las políticas públicas de protección a la infancia. La expresado se constata en la indagación con los informantes claves al tener en cuenta seis aspectos que, según la UNESCO, (2016) permite evaluar y buscar soluciones de manera integral en sector de educación a la violencia homofóbica y transfóbica, ellos son: las políticas efectivas, el currículo y materiales de aprendizajes pertinentes, la formación y apoyo al personal escolar, el apoyo a estudiantes y las familias, así como información y sociedades estratégicas.

En esta dirección hay que señalar que los informantes claves que participaron en esta investigación reconocen que, en Cuba en relación con las políticas efectivas, existe un marco normativo y legislativo (E.g. resoluciones ministeriales, indicaciones metodológicas, reglamentos escolares y reglamentos disciplinarios para el ejercicio de la actividad educativa) y mecanismos de monitoreo para informar incidentes o formular denuncias sobre la violencia homofóbica y transfóbica. Lo anterior tienen como desafío su implementación práctica, pero constituye una oportunidad educativa para garantizar la protección de la infancia y de las personas LGBT; promover la igualdad, la inclusión y fomentar la no discriminación y el rechazo a la violencia.

Al colocar la mirada sobre el currículo oficial y materiales de aprendizajes pertinentes, se detecta la existencia de textos, programas y materiales que transmiten mensajes donde se refuerzan los estereotipos sexistas en la misma medida que se invisibiliza la realidad de las personas LGBT. Tanto en el currículo oficial y oculto se legitima, en ocasiones, la discriminación por motivo de género y sexualidad. Esta realidad conduce a la necesidad de realizar un trabajo metodológico con los colectivos pedagógicos para la deconstrucción de estos estigmas y estereotipos en función de la educación integral de la sexualidad.

En relación con la formación, capacitación y apoyo al personal escolar, se constató insuficiencias en el abordaje de las cuestiones de género, diversidad sexual, violencia homofóbica y transfóbica. Esta realidad dificulta la detección, prevención y visibilización de la homofobia y la transfobia. Obstaculiza la eliminación de un lenguaje y de las agresiones homofóbicas que se emplea en espacios como el aula, el receso, la salida de la escuela o el terreno donde se practica educación física. Por tales razones, trabajar la educación integral de la sexualidad, los factores de riesgos y protección ante este tipo de violencia y desarrollar habilidades profesionales que permitan el abordaje crítico de los prejuicios que existen en relación con la homofobia y transfobia, constituye una oportunidad educativa, que el sector de educación no puede soslayar.

Al indagar sobre el apoyo a estudiantes y las familias, los informantes claves reconocieron que en el país y de manera particular en el Ministerio de Educación existen estructuras que brindan servicios de apoyo, orientación y asesoría a estudiantes y familiares que sirven para prevenir, atender y abordar la violencia en las instituciones educativas. Se identificaron los Centros de diagnóstico y orientación (CDO), los grupos de prevención institucional, el equipo de salud escolar y los equipos de inspección (municipal, provincial). La identificación de estas estructuras es importante debido a que su personal tiene entre sus funciones garantizar una labor educativa de calidad a partir de la detección, orientación y seguimiento a las dificultades y necesidades de estudiantes y familiares.

En relaciones a las asociaciones, alianzas y sinergias que se establecen entre las instituciones educativas, organismos no gubernamentales e instituciones de la sociedad civil dirigido a la prevención de la violencia homofóbica y transfóbica. Los informantes claves no pudieron identificar en el contexto cubano, los vínculos entre el Centro Nacional de Educación Sexual (CENESEX), la Federación de Mujeres Cubanas (FMC) entre otras instituciones como el Centro de Reflexión Oscar Arnulfo Romero (OAR) y grupos de activistas de la comunidad LGBT como potencialidades para prevenir la violencia homofóbica y transfóbica en las escuelas. Aunque reconocieron la importancia de estas relaciones, para consolidar el avance político y legislativo en el país, así como la concientización y sensibilización de la población con relación con la problemática.

Los resultados obtenidos en el proyecto *Estudio sobre el bullying homofóbico en instituciones educativas cubanas* posibilitaron la implementación de acciones pedagógicas y didácticas en la formación continua de profesionales de la educación. En los contenidos de la disciplina Formación Pedagógica General (agrupa a las asignaturas de Psicología, Pedagogía y Didáctica) en la formación inicial de maestros, se introdujeron temáticas relacionadas con género, sexualidad, orientación sexual e identidad de género, violencia, homofobia y transfobia. De manera particular, en el periodo comprendido del 2017 al 2020, momento en que se ejecutaba el proyecto, 75 estudiantes de las carreras Pedagogía Psicología y Español – Literatura de la (UCPEJV) seleccionaron el curso optativo Violencia y su prevención y 50 estudiantes el curso de Género y Convivencia.

En ambos cursos el abordaje de estas temáticas sirvió para que el estudiantado identificara fortalezas, potencialidades, prejuicios, conflictos en relación al género, los derechos sexuales como derechos humanos, la violencia y diversidad sexual a partir de sus vivencias personales y practica pre-profesional. Modelara acciones educativas vinculadas a contenidos como la discriminación por motivo de género y sexualidad, la equidad y la igualdad y fuera capaz de valorar y evaluar mediante las lecciones aprendidas el proceso vivido y aprendido.

La elaboración de materiales para el desarrollo del currículo en función de la prevención de la violencia homofóbica y transfóbica fue vital. En esta dirección los siguientes constituyen propuestas loables, para ser utilizado como material de consulta teórica y práctica, por profesionales de la educación y estudiantes con el propósito de estar en mejores condiciones de prevenir la violencia homofóbica y transfóbica.

- Texto Educar para la igualdad propuesta para el tratamiento y atención a la violencia de género en contextos escolares (Rodney, Lorenzo, Cruz y Muñoz, 2017);
- La Guía para docente: La atención educativa a niños, niñas y adolescentes en situaciones de violencia en la escuela (Estévez, Bulgado, Rodney, Llivina, y Disla, 2019);
- Curso Abierto: La atención educativa a niños, niñas y adolescentes en situaciones de violencia en la escuela.

El apoyo a estudiantes y familias, a través del gabinete de orientación de la Facultad de Ciencias de la Educación de la UCPEJV fue esencial, para contribuir a la comprensión de la problemática. Mediante consulta individual y en talleres, el abordaje de la violencia homofóbica y transfóbica posibilitó, el cuestionamiento de las normas establecidas en la sociedad patriarcal, de los mitos y estereotipos de género. No obstante, este mecanismo ha sido débilmente explotado y todavía constituye un reto de la formación que estos servicios se pongan en práctica en las escuelas.

Lecciones aprendidas en el Proyecto *Estudio sobre el bullying homofóbico en instituciones educativas cubanas*

Desarrollar el primer proyecto que a nivel de país abordara de forma intencional el tema de la bullying homofóbico en las instituciones educativas cubanas, nos dejó mucho más de lo que nos propusimos hacer como equipo cuando nos planteamos la idea de su diseño. Nadie dijo que el camino sería fácil. Los obstáculos encontrados y sorteados, hicieron posible que el equipo de investigadores creciera como profesionales de la educación y que cada uno de sus miembros fuera más sensible como personas. Debido a que, acercarse a las historias de vida, miedos y esperanzas de aquellas personas que durante su tránsito por las instituciones educativas han vivido situaciones de acoso escolar por su aparente o real orientación sexual e identidad de género, nos hizo más humanos. Porque sin lugar a dudas, todos constatamos que de forma consciente o inconsciente hemos sido educados en el sexismo y en la homofobia, pero somos responsables desde nuestro rol de educadores profesionales de transformar esa realidad que lacera, discrimina y excluye.

En el 2017, la 10ma Jornada Cubana contra la Homofobia y la Transfobia, dirigida por el CENESEX tuvo como lema "Por escuelas sin homofobia y transfobia", lo que generó que, en los medios de comunicación y redes sociales, especialistas y cibernautas expusieran sus puntos de vistas, reflexionaran e intercambiaran sobre la problemática, propusieran y promovieran normas e iniciativas para prevenir el fenómeno o manifestaran su rechazo al tema. Para el equipo de investigadores fue significativo participar activamente en este debate público acerca de la violencia por homofobia y transfobia en las escuelas. Este constituyó una oportunidad de incuestionable valor que permitió establecer nuevas estrategias en la formación del profesional de la educación e enriquecer las actividades que se desarrollaban en el proyecto en función de trabajar en la detección, prevención, atención y reparación del daño con las personas implicadas en la problemática.

Aunque en el momento en que se desarrolló la investigación (2016 -2020), el tema del bullying homofóbico no constituía un tema prioritario a investigar en Cuba desde la academia y quizás todavía no lo sea. Después de haber realizado un profundo proceso de investigación y sistematización de estudios sobre la violencia de género en Cuba, la homofobia y la transfobia; así como sus vínculos con el contexto escolar, nos queda la satisfacción de haber posicionado la temática con apoyo del Centro Nacional de Educación Sexual, instituciones de la sociedad civil, la oficina de la UNESCO – La Habana, la UNICEF y algunos medios de comunicación.

Consideraciones Finales

La violencia homofóbica y transfóbica en América Latina y el Caribe impacta en la dinámica escolar y es reflejo de la presencia de homofobia y transfobia que en los planos más generales de la sociedad se producen y legitiman. En las instituciones educativas, la violencia homofóbica y transfóbica, se manifiesta hacia todas las personas que no cumplen con las normas y estereotipos de género y sexualidad. Sus consecuencias afectan la dinámica escolar, las relaciones interpersonales y la calidad de la educación. En el caso de Cuba, los hallazgos encontrados en las investigaciones se corresponden con las que se realizan en la región sobre este particular, quedando demostrado que los comportamiento ofensivos y discriminatorios no destruyen la homofobia ni la transfobia, pero sus efectos negativos contribuyen a reafirmar la idea que la homosexualidad es una característica negativa y no deseable, así como que cualquier persona que se manifieste con características de género y sexualidad diferente a la hegemónica puede ser víctima de ofensa o maltrato físico.

Crear políticas educativas que promuevan la igualdad de género, la equidad el respeto a los derechos humanos y a la diversidad sexual, así como fortalecer las asociaciones, alianzas y sinergias entre las instituciones de la sociedad civil, organizaciones no gubernamentales y el estado posibilita estar en mejores condiciones para la sensibilización prevención, enfrentamiento y rechazo a la violencia homofóbica y transfóbica y promover la defensa de los derechos humanos y sexuales.

Referencias

ALFONSO, Ada de la Caridad. Violencia, identidades sexuales no hegemónicas y salida del closet: descripción de resultados preliminares. *Sexología y Sociedad*, 2012. p. 4-11.

ALFONSO Ada de la Caridad. Ejercicio de las sexualidades no hegemónicas y violencia contra las mujeres. En: Torres B, Alfonso AC, Méndez N, Compiladoras. *Salud*, malestares y problemas sexuales. Textos y contextos. Vol. III. La Habana: Editorial CENESEX; 2014. p. 215-28.

BOURDIEU, Pierre. *La dominación masculina*. Barcelona: Ediciones Anagrama, 2000.

BUTLER, Judith. EI género en disputa. El feminismo y la subversión de la identidad. Ediciones Paidós Ibérica, SA, España 2007.

DARCOURT, Alaín. Homofobia en la Cuba de hoy: un acercamiento desde los conocimientos sobre diversidad sexual, actitudes y prácticas dominantes.

En: Torrez RODRÍGUEZ, Beatriz; ALFONSO Celia y MENDEZ, Neyda. Salud, malestares y problemas sexuales. Textos y contextos. Centro Nacional de Educación Sexual, La Habana 2014, pp. 292-301.

DECLARACIÓN DE MONTREAL. International Conference on LGBT Human Rights, 2006. Disponible en: www.declarationofmontreal.org/Declaracion.

ESPINAR, Eva. Violencia de género y procesos de empobrecimiento. Tesis Doctoral, no publicada. Departamento de Sociología II Universidad De Alicante, 2003.

ESTEVEZ, Yosniel.; BULGADO, Daniel.; RODNEY, Yoanka.; LLIVINA, Miguel. Jorge. y DISLA, Paula Mercedes. *La atención educativa de niños,* niñas y adolescentes en situaciones de violencia en la escuela. Guía para docentes. Sello Editor EDUCACIÓN CUBANA. Dirección de Ciencia y Técnica – MINED, 2019.

GARCÉS, Roberto. Homofobia: diagnóstico preliminar de un tema pendiente. *Sexología y Sociedad*, 2015, 21(1), p. 31-48.

RUBIN, Gayle. El tráfico de mujeres: notas sobre la economía política del sexo. *Nueva Antropología*, 1986, p. 95-145. https://www.redalyc.org/pdf/159/15903007.pdf

GONZÁLEZ, Alicia. Sexualidad Educación y desarrollo humano. En, La construcción de la sexualidad y los géneros en tiempos de cambio. Ediciones Aurelia.

GONZÁLEZ, Julio. (2010) Macho, varón, masculino. Estudios de masculinidad en Cuba. 2010. Editorial de la Mujer, La Habana. Cuba, 2010.

HERNÁNDEZ, Lázaro. Niños y adolescentes con trastorno de identidad de género. IV Congreso cubano de Educación, Orientación y Terapia Sexual. La Habana, 2012.

LAGARDE, Marcela. Democracia genérica. Por una educación humana de género para la igualdad, la integridad y la libertad. Artículo. UNAM México, 2001.

MASTER William, JOHNSON Virginia y KOLODNY Robert. Sexualidad Humana. Editorial Científico–Técnica. La Habana., 1988.

MONEY Johnson y EHRHARDT Anke Desarrollo de la sexualidad humana. Ediciones Morata. Madrid, 1982.

PEREIRA, Rita María El derecho a la libre orientación sexual: un derecho sexual sin protección legal en Cuba. La Habana: Tesis presentada en opción al título académico de Máster en Sexualidad, 2007.

PICHARDO, José.; De STÉFANO, Matías.; FAURE, Julia y WILLIAMS, Jennifer. Abrazar la Diversidad. Madrid: Instituto de la Mujer y para la Igualdad de Oportunidades, 2015.

PRINCIPIOS DE YOGYAKARTA. Principios sobre la aplicación de la legislación internacional de derechos humanos en relación con la orientación sexual y la identidad de género. 2007. www.yogyakartaprinciples.org

RED IBEROAMERICANA DE EDUCACION LGBTI. Sumando Libertades. Guía iberoamericana para el abordaje del acoso escolar por homofobia y transfobia. 2016.

RODNEY, Yoanka. y GARCÍA, Mirta. El bullying homofóbico: apuntes para una investigación. En: B. Torrez Rodríguez, A. C. Alfonso Rodríguez, y N. Méndez Gómez. *Salud, malestares y problemas sexuales. Textos y contextos*. La Habana: Centro Nacional de Educación Sexual, 2014. pp. 193-207.

RODNEY, Yoanka. Informe respuesta y evaluación del sector educación a la violencia homofóbica y transfóbica que se produce en las instituciones educativas cubanas. 2018. UNESCO/Cenesex.

RODNEY, Yonaka.; LORENZO, Kenia.; CRUZ, Yuliet.; Muñoz, Jesús. Educar para la igualdad. Propuesta para la prevención y atención educativa de la violencia de género en el contexto escolar, 2017. https://www.unicef.org/cuba/cu_resources_Educarparalaigualdad.pdf

RODRÍGUEZ, Miriam. Educación y perspectiva de género. Dimensiones e indicadores En González, A., Castellanos B. Guil, A., Bolaños M. Padrón AR. (2010). Género, Educación y Equidad. Ediciones Aurelia, 2010.

SÉRGIO, Paulo. Informe mundial sobre la violencia contra niños y niñas. 2006. Navegantes de la Comunicación Gráfica S.A, 2006.

SCOTT, Joan y DE BARBIERI, Martha Teresita. Guía de educación familiar y sexual para docentes del tercer ciclo de la educación primaria de menores. 1999.

SUÁREZ, Delia.; RODRÍGUEZ, Massiel.; DEL RÍO, Marais.; ALFONSO, Ada Caridad y SUÁREZ, Gisset. Estudio exploratorio retrospectivo sobre violencia homofóbica y transfóbica en la trayectoria escolar de activistas cubanos LGBT. UNESCO/Cenesex, 2018.

UNESCO. *Respuestas del Sector de Educación Frente al Bullying Homofóbico.* París: UNESCO, 2013.

UNESCO. El bullying homofóbico y transfóbico en los centros educativos. *Talleres de sensibilización para su prevención. Guía de facilitación.* Oficina regional de Educación para América Latina y el Caribe. ORELAC/UNESCO Santiago, 2015.

UNESCO. Informe de Seguimiento de la Educación en el Mundo 2020 – América Latina y el Caribe – Inclusión y educación: todos y todas sin excepción. París, UNESCO, 2020.

VÁZQUEZ, Manuel. Derechos sexuales y violencia de género: algunas aproximaciones a la problemática de violencia hacia personas LGBTI en Cuba. En: Castro M, Alfonso A. *Violencia de género, prostitución y trata de personas.* La Habana: Editorial CENESEX; 2017. p. 344.

Capítulo 13

ALGUMAS NOTAS ACERCA DA CAPA PARA UM LIVRO DE/SOBRE MUJERES COM LOS OJOS BIEN ABIERTOS

Julieta de Marziani, Yarimar Rosa-Rodríguez & Aluísio Ferreira de Lima

> A coisa estava aí, que nós apreenderíamos no movimento vivo de uma ação compreensiva e, tornada imagem, ei-la instantaneamente convertida no inapreensível, inatual, impassível, não a mesma coisa distanciada, mas essa coisa como distanciamento, a coisa presente em sua ausência, a apreensível porque inapreensível, aparecendo na qualidade de desaparecida, o retorno do que não volta, o coração estranho do longínquo como vida e coração único da coisa.
>
> Maurice Blanchot, 2011, p. 257.

Entre as coisas mais difíceis para se pensar em um livro, em minha opinião, está a capa. É certo que existe um ditado conhecido, usado para várias ocasiões em que alguém quer de antemão escolher algo pela aparência, o qual diz: "não se escolhe um livro pela capa". Todavia, é impossível não deixar de considerar que a estética de um livro não seja algo que deva ser considerado, uma vez que se trata do primeiro contato de quem irá acessar a obra. Além disso, para mim, a capa deve ter uma íntima relação com o conteúdo do trabalho, com a mensagem que o livro quer passar e ser algo que recordemos ou possamos fazer alguém se lembrar como referência.

Quando minha filha era muito pequena e eu estava distante de casa e precisava de alguma citação, em uma época em que não tínhamos os aparatos tecnológicos disponíveis de hoje, com câmeras em nossos celulares para auxiliar a qualquer momento, eu ligava de um telefone público e pedia para ela procurar determinado livro na estante primeiro pela cor, depois formato, imagens que poderia ter na capa e por último o nome. Eram formas de identificação mais rápidas, pois ela as guardava das vezes que me via andando com o livro pela casa ou lendo sentado no sofá.

Para a capa deste livro, o desafio de pensar uma imagem que conseguisse dar conta de escritas tão sensíveis, diversas e profundas exigiu muito de minha imaginação. Conversei várias vezes com Yarimar sobre como tinha dificuldades de pensar a capa e seria algo que ficaria por último, mas que relutaria em deixar para a editora. Não porque não confiasse no seu excelente trabalho ou no trabalho dos capistas, mas porque temia que fosse perdida essa ligação entre a capa e o sentimento que construiu cada um dos capítulos. O tempo foi passando e os textos foram chegando. A forma do livro foi aparecendo e a tensão aumentando. Em um determinado dia, olhando minhas mensagens em uma rede social, deparei-me com uma das postagens de Julieta de Marziani, de quem já era amigo (virtualmente, pois nunca nos vimos presencialmente, ainda), e me dei conta de que não a tinha convidado para compor o livro. Uma loucura de minha parte que entre as diversas metodologias feministas, de gênero, não tivesse até então considerado seu trabalho artístico para o livro, uma vez que seu trabalho de *collage*, desde o primeiro contato, ainda durante o início do isolamento social por conta da pandemia da Covid-19, causou um impacto muito grande em mim. Assim, imediatamente conversei com Yarimar sobre a ideia de convidá-la e, uma vez que prontamente topou a ideia, segui com o envio do convite.

Julieta, para minha surpresa, aceitou prontamente o convite e pediu que enviasse alguns capítulos para que entendesse o estilo dos capítulos e o projeto, em pouco tempo enviou o primeiro esboço para que eu dissesse o que achava. Admirado com a beleza do trabalho, respondi:

- En cierto modo me recuerda los rasgos de América Latina.
- *Eso es lo que busqué, me alegra que se perciba, que lo veas.* Escreveu a mensagem logo em seguida, Julieta.

Seguimos conversando sobre como percebia uma conexão e estava sensibilizado com a justificativa que Julieta me apresentou. Quando escrevi sobre a mudança de estilo frente às demais imagens que eu conhecia de sua produção, ela respondeu:

- *Casi todas las mujeres que ilustro perdieron la cabeza, al leer los textos que me enviaste entendí que estas mujeres tienen los ojos bien abiertos, que el desgarro es cotidiano, pero perduran y sostienen.*

Enviei a imagem e essa mensagem para Yarimar, que respondeu estar com lágrimas nos olhos e ver as ilhas caribenhas no rosto da mulher de olhos abertos da imagem que Julieta produziu para a capa de nosso livro. Não por acaso, Yarimar fez questão de escrever um pequeno parágrafo curatorial a respeito desse atravessamento. Algo que nada melhor que ela mesma para expressar em palavras:

La portada del libro resultó ser el lugar/objeto más emocional del proceso de este libro. La extraordinaria imagen de Julieta llegó con un salto de alegría y emoción. Es que en muchos afiches en donde se nombra a América Latina y el Caribe, pocas veces veo al Caribe. Al menos no al Caribe isleño, antillano que yo conozco y en donde he vivido toda mi vida. En imágenes se suele perder al Caribe, o querer identificarle como meros puntos entre dos mares. Para quienes vivimos desde la experiencia isleña, este espacio es el terruño y nombrarle es parte del reconocimiento de quienes somos y estamos. Poder identificar cada isla para nombrarles es un proceso de reconocimiento y de rompimiento con el silencio y el borramiento del proceso colonial. Así que mi salto de alegría fue verme, vernos de manera casi inmediata en el área de la nariz y la línea amarilla de esa imagen que yo la asumí feminizada. Después de todo, muchas de nuestras ancestras descansan y se manifiestan en el mar. Esos dos puntos focales de la imagen me hicieron pensar en el Caribe. Se me parece a la topografía de las islas, que son una cadena de montañas que emergen de lo más profundo del Mar Caribe y el Océano Atlántico. Me pareció la sinergia perfecta con las intenciones del libro: localizar el conocimiento en las experiencias de investigadores e investigadores, nombrarnos desde nuestros países y realidades, escribir desde el espacio de la experiencia de investigar, poner a conversar a dos idiomas. La imagen de la portada hizo el proceso más íntimo y cercano.

Com a imagem-intervenção de Julieta em mãos, tínhamos que escolher a cor da capa. Essa escolha também não poderia ser aleatória e deveria dar destaque para a imagem, deveria ser uma cor que representasse os textos. E aprendi que, assim como as palavras, as imagens, os silêncios, os apagamentos, os vestígios, também as cores trazem consigo seus gatilhos e não poderiam simplesmente ser escolhidas considerando apenas o critério estético. Yarimar detalha bem esse processo ao escrever que *"ponerle color a la portada, fue el segundo segmento emocional. Requirió conversaciones profundas para apalabrar las experiencias y los significados del color rojo. Requirió que lo hiciéramos en los dos idiomas, acortar los casi 4,000 kilómetros entre San Juan y Fortaleza, buscar un espacio seguro, vulnerabilizarse, cuidar, sostener, entender y florecer para atravesar la incomodidad, la disonancia y el dolor"*. A cor da capa que serve de moldura para a imagem do livro de/sobre mulheres com os olhos abertos foi escolhida por nós dois. *"Buscando juntos el tono de rojo preciso, la intensidad que nos permitiera estar cómodos, sin que fuera un conformismo; ponerse en el lugar del otro, para arribar a un lugar común"*. A cor vermelha, como o sangue, como a dor, como o amor, como tantos outros sentidos que carrega, se tornou uma escolha que significou para Yarimar e eu a confiança de saber que podemos contar um com o outro. Não por acaso, a imagem e a capa iniciam o nosso livro e, agora, sua história apresenta a você o fechamento desse nosso projeto.

Referências

BLANCHOT, Maurice. *O espaço literário*. Rio de Janeiro: Rocco, 2011.

SOBRE AS AUTORAS E AUTORES

Aluísio Ferreira de Lima (Org.). Psicólogo com Doutorado e Mestrado em Psicologia (Psicologia Social) pela Pontifícia Universidade Católica de São Paulo (PUC-SP), especialista em Saúde Mental pela Universidade de São Paulo (USP) e especialista em Psicologia Clínica pelo Conselho Regional de Psicologia (CRP11). É Professor Associado IV do Departamento de Psicologia da Universidade Federal do Ceará (UFC), credenciado como Professor Permanente (M/D) do Programa de Pós-Graduação em Psicologia e do Programa de Pós-Graduação em Comunicação. Colabora como professor no Programa de Pós-Graduação em Psicologia Social do Instituto de Psicologia da Universidade de São Paulo (USP) É atualmente Bolsista de Produtividade em Pesquisa (PQ-1 D) do CNPq (Processo: 314112/2021-9), no âmbito do projeto "Coisas Frágeis" (que tem focado na compreensão, por meio de narrativas de história de vida e imagens, dos efeitos dos saberes psi nos enquadramentos contemporâneos da identidade e a sua relação com a (re)produção das formas de vida, desde a perspectiva da Psicologia Social Crítica e das teorias críticas contemporâneas). Supervisiona Pós-Doutorado, orienta Doutorado e Mestrado em Psicologia. Mantém participação em coordenações (Pós-Graduação e Graduação) e diretorias de sociedades científicas e entidades de classe: Coordenação do GT Psicologia Política da ANPEPP (desde 2021), Vice-Coordenação do GT Psicologia Política da ANPEPP (2020-2021), Chefia do Departamento de Psicologia da UFC (fevereiro a agosto de 2020), Sub-Chefia do Departamento de Psicologia da UFC (Gestão 2018-2020), Coordenação do Programa de Pós-Graduação em Psicologia (abril de 2016 a julho de 2017), Presidência da Associação Brasileira de Psicologia Social (Abrapso) (Gestão 2014/2015), Presidência do Conselho Regional de Psicologia 11ª Região (CRP11) (Gestão 2013-2016), Representação do Brasil na Sociedade Interamericana de Psicologia – SIP (Gestão 2013-2015 e 2015-2017) e Vice-Coordenação do PPG em Psicologia da UFC (03/2013 a 03/2016); colaboração como Editor Associado de Revista: Editor Associado da Revista *Salud & Sociedad* e avaliador de diversos periódicos nacionais e internacionais. É parecerista ad hoc das principais agências de fomento à pesquisa do Brasil. Seus trabalhos atuais estão relacionados a psicologia social crítica; teoria crítica contemporânea; psicologia política; estudos interseccionais (gênero, raça, classe); estudo de narrativas; estudos da imagem; fotografia; estudos do corpo; estética e arte; estudos de mídias e redes sociais; estudos sobre metamorfose da identidade e reconhecimento; políticas de identidade, estigmatização e patologização da vida; experiências de sofrimento e saúde mental crítica. E-mail: aluisiolima@hotmail.com / @aluisiolima Instagram.

André Luiz Machado das Neves. Psicólogo, doutor em Saúde Coletiva, na área de concentração em ciências humanas e saúde, pelo Instituto de Medicina Social (IMS) da Universidade do Estado do Rio de Janeiro (UERJ), mestre em Psicologia pela Universidade Federal do Amazonas (UFAM), especialista em Educação na Saúde pela Faculdade de Medicina da Universidade de São Paulo (USP) e especialista em Psicologia Educacional com ênfase em psicopedagogia preventiva pela Universidade do Estado do Pará (UEPA). É professor da Escola Superior de Ciências da Saúde da Universidade do Estado do Amazonas (UEA). Docente permanente do Programa de Pós-Graduação em Saúde Coletiva (PPGSC/UEA), do Doutorado em Saúde Pública na Amazônia (DASPAM) em associação com a Fiocruz, UEA e UFAM e do Programa de Pós-Graduação em Psicologia (PPGPSI/UFAM). Atualmente é coordenador do mestrado do PPGSC. Editor Associado do periódico *Psicologia & Sociedade*. É líder do Grupo de Pesquisa: Núcleo de Estudos Psicossociais sobre Direitos Humanos e Saúde (NEPDES) e pesquisador do Laboratório de Desenvolvimento e Educação da Faculdade de Psicologia da UFAM. Membro da Câmara de Assessoramento Científico de Pesquisa da Fundação de Amparo à Pesquisa do Estado do Amazonas – FAPEAM (2022-2024). É membro da Comissão de Ciências Sociais e Humanas em Saúde da Abrasco Atua no GT Saúde da População LGBTI+ da Abrasco. Membro suplente da Regional Norte da Abrapso (2022-2023). Foi integrante da Regional Norte da Abrapso como Tesoureiro (Gestão 2020-2021). Foi Vice-Presidente Regional Norte da Abrapso (Gestão 2018-2019). Bolsista de Produtividade em Pesquisa FAPEAM – PQFAP EAM II.

Ángela Elena Suarez Estévez. Doctora en Ciencias Pedagógicas por la universidad de Ciencias Pedagógicas" Enrique José Varona". Trabaja en esa institución por más de 2O años. Es coordinadora de la Maestría de Género y Educación de la Sexualidad. Directora de la Cátedra de Género y Educación de la Sexualidad. Ha participado en proyectos institucionales con temas de género, educación y sexualidad. Se ha desempeñado como tutora de tesis doctorales y de maestría en el ámbito nacional e internacional. Ha coordinado diplomados relativos a género en el extranjero. Tiene publicaciones en el ámbito nacional e internacional. Es miembro de la Sociedad Cubana de Estudios Multidisciplinarios sobre Sexualidad (SOCUMES).

Camila Ribeiro da Silva. Mestranda no Programa de Pós-Graduação em Psicologia da Universidade Federal do Amazonas (UFAM). Especialização em Psicologia Clínica (FARESE). Pedagoga formada pela UFAM e Bacharel em Psicologia pela Faculdade Metropolitana de Manaus (FAMETRO). Atualmente é membro do Laboratório de Pesquisa em Psicologia do Desenvolvimento Humano e Educação (LADHU) na UFAM. Desenvolve pesquisas na perspectiva crítica da Psicologia Histórico-Cultural e da Pedagogia Histórico-Crítica, com os temas voltados para: direitos humanos e transformação social, educação, gênero, relações étnico-raciais, medicalização e saúde mental. Foi coordenadora da Associação Brasileira de Psicologia Social (Abrapso), entre 2016-2017, no Núcleo de Manaus, Amazonas.

Fernanda Machado. Atriz, performer, arte-educadora, pesquisadora e diretora teatral. Doutora em Artes Cênicas pela Universidade de São Paulo (USP), Mestra em Artes Cênicas pela mesma instituição em 2013. Bacharel em Comunicação das Artes do Corpo pela Pontifícia Universidade Católica de São Paulo (PUC-SP) em 2009, habilitada em Teatro e Performance, projeto final "CTRL Z ou 220 lâmpadas de 1 watt", com o Ajuntamento Meninasjoão e orientação da Profa. Dra. Miriam Rinaldi. Possui experiência na área das Artes do Corpo, com ênfase em performatividade, atuando principalmente em: teatro, performance, artes do corpo, teatro de rua e dança. É integrante da Coletiva Palabreria e membra da Associación Internacional de Teatro del Siglo 21.

Fernanda Silva e Sousa. Bacharela e licenciada em Letras pela Universidade de São Paulo (USP). Desenvolve pesquisa de Doutorado Direto no Programa de Teoria Literária e Literatura Comparada da USP, com fomento da Fapesp, onde estuda literatura de autoria negra, especialmente os diários de Lima Barreto e Carolina Maria de Jesus, à luz de uma tradição radical afrodiaspórica. É professora de língua portuguesa, tradutora, revisora de textos e crítica literária. Tem várias resenhas literárias publicadas na *Folha de S. Paulo* e realizou traduções de textos de importantes intelectuais da diáspora negra, como Saidiya Hartman, Denise Ferreira da Silva e Cedric Robinson. Escreveu o posfácio da edição brasileira de *Perder a mãe: uma jornada pela rota atlântica da escravidão*, de Saidiya Hartman, além de ter experiência de pesquisa sobre as relações entre raça, literatura, educação, narrativa e experiência, liberdade e escravidão, no campo da teoria literária e literatura comparada.

Iolete Ribeiro da Silva. Mestra e doutora em Psicologia pela Universidade de Brasília (UnB), graduada em Psicologia pelo Centro Universitário de Brasília. Professora Titular da Universidade Federal do Amazonas (UFAM). Docente no Programa de Pós-Graduação em Educação (PPGE/UFAM) e Programa de Pós-Graduação em Psicologia (PPGPSI/UFAM). Professora Visitante na Universidad Nacional Entre Ríos (UNER/Argentina, 2022). Bolsista Produtividade CNPq. Contemplada com o prêmio de 10° Lugar como Pesquisadora Destaque em Ciências Humanas no Estado do Amazonas pela FAPEAM (2022) e 30° lugar como Pesquisadora Destaque em Ciências Humanas pelo Conselho Nacional das Fundações Estaduais de Apoio à Pesquisa/CNPq (2023). Lidera o Grupo de Pesquisa Subjetividades, Povos Amazônicos e Processos de Desenvolvimento Humano/UFAM. Fui integrante do Conselho Fiscal da Associação Nacional de Pesquisa e Pós-Graduação em Psicologia, da Comissão Nacional de Direitos Humanos do CFP (2020 a 2022), Conselheira (2017 a 2020) e Presidenta do Conselho Nacional dos Direitos da Criança e do Adolescentes (Conanda) (2020), Presidenta do Conselho Regional de Psicologia da 20ª Região (AM, AC, RR e RO), Conselheira do Conselho Nacional de Assistência Social, Secretária Adjunta do Fórum Nacional de Defesa dos Direitos da Criança e do Adolescente e Conselheira do Conselho Federal de Psicologia em três gestões. Filiada à Associação Brasileira de Pesquisadoras/es Negras/os, da Rede de Pesquisadores e Pesquisadoras da Juventude Brasileira (Redejubra). Integrante do Núcleo de Estudos Afro-Indígena (UFAM), Laboratório de Educação, Psicologia e Teoria Social (UEA). Desenvolve pesquisas a partir da perspectiva crítica da psicologia histórico-cultural abordando a constituição das subjetividades dos povos amazônicos, seus processos de desenvolvimento e inter-relações com os processos educativos. Os temas de interesse são: aspectos psicossociais da desigualdade e processos de transformação social; psicologia, movimentos sociais e processos de inclusão de grupos historicamente excluídos; interseccionalidade entre gênero, raça e classe, preconceitos, violências, processos de exclusão e manifestações de sexismo na escola e na Universidade; a escola como espaço de constituição dos sujeitos; processos psicossociais e culturais que permeiam as práticas e saberes acerca da realidade amazônica; processos de desenvolvimento de crianças e adolescentes em contextos socioinstitucionais; políticas públicas e promoção de direitos humanos à população amazônica.

Jaileila de Araújo Menezes. Possui graduação em Psicologia pela Universidade Federal do Ceará (UFC), mestrado e doutorado em Psicologia pela Universidade Federal do Rio de Janeiro (UFRJ).. Atualmente é professora titular na Universidade Federal de Pernambuco (UFPE), vinculada ao Departamento de Psicologia, Inclusão e Educação do Centro de Educação e ao Programa de Pós-Graduação em Psicologia do Centro de Filosofia e Ciências Humanas. Pesquisadora vinculada ao Grupo de Estudos e Pesquisas sobre Poder, Cultura e Práticas Coletivas (GEPCOL) e membro da Rede de Pesquisadores e Pesquisadoras da Juventude Brasileira (Redejubra). Coordenou o GT Juventude e Pesquisas Participativas da Associação Nacional de Pesquisa e Pós-Graduação em Psicologia (ANPEPP), durante os anos de 2018 a 2022. Tem experiência na área de Psicologia, com ênfase em Psicologia Social e Política, atuando principalmente nos seguintes temas: juventude, amizade, jovens, relações sociais e alteridade; Juventude e Direito à cidade; Psicologia e epistemologias contracoloniais; Feminismo negro; Interseccionalidade. Integrante do Coletivo bell hooks: psicologia e políticas do cuidado. Integrante da Equipe de Editores Associados da *DesIdades* – Revista de Divulgação Científica da Infância, Adolescência e Juventude.

Jancleide Teixeira Góes. Doutora em Literatura e Cultura pelo Programa de Pós-Graduação em Literatura e Cultura da Universidade Federal da Bahia (UFBA), sob a orientação da Profa. Dra. Florentina Silva Souza. Mestra em Literatura e Cultura no Programa de Pós-Graduação em Letras da UFBA. Graduada em Letras Vernáculas e Português como Língua Estrangeira pela UFBA. Em 2009, participou do Grupo de Literatura e Ensino, sob a orientação da Profa. Dra. Luciene Azevedo, com publicações na área. Desde junho de 2011 é pesquisadora do grupo Rasuras – Etnoescrituras, sob a orientação do Prof. Dr. Henrique Freitas. Publicou trabalhos sobre as questões etnicovirtuais, tecnologia e a autogestão no movimento hip hop. Suas áreas de atuação são: letramentos contemporâneos e digitais, assim como letramentos emergentes (tecnológicos). Desde 2012 é professora do Núcleo Permanente de Extensão de Letras (Nupel/UFBA), atuando em turmas de diversos níveis, sob a coordenação da Profa. Dra. Iracema Souza.

Julieta De Marziani. Fotógrafa, ilustradora y Editora de arte. Ha sido fotógrafa de la UNLP y ahora coordina el equipo de fotografía de la Dirección de Estragia Digital de la Honorable Cámara de Diputados de La Nacional Argentina.

Luiza Romão. Mestra em Teoria Literária e Literatura Comparada pela Universidade de São Paulo (FFLCH/USP). Bacharela em Direção Teatral pela USP e formada na Escola de Arte Dramática (EAD/USP), com especialização em Interpretación ante la cámara pela Central del Cine (Madrid). Durante a graduação, realizou duas pesquisas de Iniciação Científica, sob orientação de Sérgio de Carvalho e Antônio Araújo. É autora dos livros: *Sangria* (selo doburro/2014; edição bilíngue), *Também guardamos pedras aqui?* (Nós/2021; Prêmio Jabuti de Melhor Livro do Ano e Melhor Livro de Poesia; e semifinalista do Prêmio Oceanos) e *Nadine* (Quelônio/2022). Participou de antologias de poesia brasileira como: 29 *poetas hoje* (Companhia das Letras/2021; organização Heloisa Buarque de Hollanda); *Querem nos calar: poemas para serem lidos em voz alta* (Planetas/2019; organização Mel Duarte); *Coleção Slam: Antifa* (Autonomia Literária/2019; organização Emerson Alcalde); 5 *saraus: cada qual com sua poesia, cada qual com sua fúria* (Imprensa Oficial/2015), entre outros. Produziu diversos trabalhos que mesclam poesia, cinema e performance a partir de seus livros, tendo participado de festivais em diversas partes do Brasil, Europa e América Latina, como Cuba (Cruzada teatral Guantanamo-Baracoa, 2019); Grécia (10th International Videopoetry Festival, 2022); Holanda (Ubound: Internation Spoken Word Festival, 2020); Portugal (Festival Literário Internacional de Óbidos, 2022, e Festival Make Art, Not Fear, 2021); Porto Rico (Festival Internacional de Cine de Bayamón, 2017); México (Ciudad de Mexico International Film Festival, 2017); Argentina (Festival Internacional de Cine Político, 2017); Alemanha (International Film Festival of Thuringia, 2022); Uruguai (14° Encuentro Feminista Latinoamericano y del Caribe, 2017); Suíça (transOralities: bodies, experience, performance and literature); Espanha (Slam Madrid) e Brasil (Festival Pela Ilha Palavra Amplificada,

Florianópolis, 2022; BilbioCircuito, Londrina, 2022; Feira Literária das Periferias, Rio de Janeiro, 2021; Festival da Voz e Poesia Falada, Belo Horizonte, 2021; Balada Literária, Salvador, 2019; Festa Literária Internacional da Praia do Forte, Bahia, 2019; Flip, Paraty, 2018; Feira Mostra SESC Cariri de Arte, Ceará, 2017; Feira do Livro de Ribeirão Preto, 2022-2017; Feira do Livro de Porto Alegre, 2017; Festival Literário de Votuporanga, 2017; Festival Literário Internacional de Poços de Caldas, 2017); entre outros. No âmbito das artes cênicas, é cofundadora e integrante da Coletiva Palabreria (espetáculo *Garotas Mortas* e intervenções urbanas *Todas contam* e *Palabreria errante*), além de ter trabalhado com grupos como Núcleo Bartolomeu de Depoimentos, Teatro Documentário, Cia Ato Reverso e Turma 66/EAD, e diretores como Lina Della Rocca (Teatro Ridotto/Itália), Carlos Simioni e Raquel Scotti (Lume), Rogério Tarifa, Claudia Schapira, Luciana Canton, Nara Sakarê, entre outros. Como arte-educadora, atuou nos programas Vocacional, Juventudes/SESC, Ademar Guerra, Fábrica de Cultura e CLIPE/Casa das Rosas.

Madge Porto. Doutora em Psicologia Clínica e Cultura pela Universidade de Brasília (UnB) (2013), mestra em Saúde Coletiva (2002) e graduada em Psicologia (1992) pela Universidade Federal de Pernambuco (UFPE). Professora e pesquisadora na Universidade Federal do Acre (UFAC). Líder do grupo de pesquisa Laboratório de Estudos e Pesquisas Feministas em Saúde Mental, Cultura e Psicanálise (LabEFem/CFCH/UFAC).

Maria Natália Matias Rodrigues. Doutora e mestra em Psicologia pelo Programa de Pós-Graduação em Psicologia da Universidade Federal de Pernambuco (UFPE). Possui graduação em Psicologia pela Universidade Federal de Alagoas (Ufal). Tem estudado temáticas relacionadas com Psicologia e as questões de gênero, raça, juventudes, música, feminismo negro e epistemologias contracoloniais. Pesquisadora vinculada ao Grupo de Estudos e Pesquisas sobre Poder, Cultura e Práticas Coletivas (GEPCOL).

Miriam Rodríguez Ojeda. Doctora en Ciencias Pedagógicas por la Universidad de Ciencias Pedagógicas "Enrique José Varona". Profesora Titular. Trabajó en esa institución por más de 25 años. Actualmente se desempeña en el Departamento de Periodismo de la Facultad de Comunicación de la Universidad de La Habana, Cuba. Miembro de la Junta directiva de la Sociedad Cubana de Estudios Multidisciplinarios sobre Sexualidad (Socumes). Forma parte de la Red Iberoamericana de investigación en comunicación y feminismo para la justicia social. Ha participado en Proyectos institucionales relacionados con temas de género, educación y sexualidad. Se ha desempeñado como profesora, tutora y asesora en cursos, tesis y proyectos tanto a nivel nacional como internacional.

Paribanú Freitas De León. doctorando en "Estudios Sociales" en la Universidad nacional del Litoral, Argentina. Magister en Trabajo Social (UDELAR), Uruguay. Licenciado en Psicología (UDELAR). Es profesor adjunto de la Facultad de Psicología, CENUR Litoral Norte (UDELAR). Coordinador Responsable del Centro de Atención en Psicolgía LGBTI+. Co-coordinador del Programa Integral "Existencias auditadas, mundos sociales de vida y procesos insistentes de subjetivación", Facultad de Psicología, CENUR Litoral Norte (UDELAR). Integrante del Grupo de Filosofía Aplicada y Políticas Queer (PolQueer, UBA, Argentina). Investiga temáticas vinculadas a los diálogos y obstáculos epistemológicos entre psicología y campo LGBTIQ+ y en culturas, sociabilidad y cotidianeidades gays.

Sofia Boito. Artista-pesquisadora. Doutora e mestra em Artes Cênicas pela Universidade de São Paulo (USP). É bacharel em Artes Cênicas – Dramaturgia e Crítica – pela USP. Atuou como atriz e dramaturga da extinta Cia Temporária, com a qual criou seis trabalhos, entre eles: *Radix* – em coprodução com o Imacelli-Certaldo, em Florença/Itália (Bolsa de intercâmbio MINC 2014); Espelho (PROAC dramaturgia inédita 2011); e *Passei hoje corrigindo ontem* (PROCULTURA do MINC 2010). Foi dramaturga-pedagoga do Projeto Espetáculo das Fábricas de Cultura da Brasilândia, em São Paulo, entre os anos de 2015 e 2016. Trabalhou e colaborou com diversos coletivos e diretores brasileiros e estrangeiros, como: Antonio Araújo (Teatro da Vertigem), Antonio Januzelli (Janô), Mauricio Perussi (V.AG.A), Evaldo Mocarzel, Ana Borralho & João Galante (Portugal), o coletivo TeaterKUNST (Dinamarca), Cie Nathalie Béasse (França) e Cyril Descles (França) . Em 2021 lançou seu primeiro livro de contos *No fundo da última gaveta da cômoda*, pela Ed. Patuá. Atualmente é membro integrante da Coletiva Palabreria, com a qual pesquisa arte e feminismo. Tem experiência na área de Artes, com ênfase em Dramaturgia, Performance e Fotografia.

Stephanie Caroline Ferreira de Lima. Mestra e doutoranda pelo Programa de Pós-Graduação em Psicologia da Universidade Federal do Ceará (UFC). Bacharela em Ciências Sociais pela mesma universidade. Orientadora de pesquisas na Especialização em Saúde Coletiva da Escola de Saúde Pública do Ceará (ESP-CE). Pesquisadora vinculada ao Grupo Interdisciplinar de Estudos, Pesquisas e Intervenções em Psicologia Social Crítica (Paralaxe). Atua como pesquisadora na área da Psicologia Social Crítica, com interesse em interseccionalidade e pensamento negro feminista, movimentos sociais e coletivos na contemporaneidade, Teoria Crítica feminista, Narrativas de História de Vida, Saúde Mental, Saúde Coletiva e Reforma Psiquiátrica brasileira.

Tania Esmeralda Rocha Sánchez. Doctora en Psicología Social. Profesora e investigadora (T.C.) en la Facultad de Psicología. Investigadora nacional Nivel 2. Coordinadora del grupo de Investigación de Estudios de Género y Sexualidad (Facultad de Psicología- UNAM). Sus líneas de investigación versan sobre género y salud, autonomía en mujeres, masculinidades, diversidad sexual y discriminación, crianza y familias diversas. Ha sido secretaria y vicepresidenta de la Sociedad Interamericana de Psicología (2013-2017), presidenta de la Asociación Mexicana de Psicología Social (2014), integrante de la Red Multidisciplinaria de Investigación sobre Discriminación del

Consejo para la prevención y erradicación de la discriminación en México [COPRED]. Integrante del Observatorio Internacional de Terapias de Conversión apoyado por la Embajada de Canadá en México. Integrante del grupo consultor de Diversidad Sexual y Genérica en la Coordinación de Género de la UNAM. Por su labor docente y de investigación ha recibido diferentes reconocimientos: Premio Estudiantil Ignacio Baró por Mejor Tesis Doctoral (Sociedad Interamericana de Psicología, 2005), Premio Ciudad Capital Heberto Castillo 2012 (Gobierno de la CDMX), la Distinción Universidad Nacional Para Jóvenes Académicas en 2013 por Docencia, y en 2017, la Distinción por investigación en Ciencias Sociales por parte de la Universidad Nacional Autónoma de México. Algunos textos en los que ha participado como coordinadora o autora son: Identidades de Género: Más allá de Cuerpos y Mitos (Editorial Trillas), Psicología y Género (Editorial Facultad de Psicología-UNAM), Mujeres en Transición (Editorial Ibero), Debates y Reflexiones en torno a las masculinidades (Editorial Facultad de Psicología-UNAM).

Valerie Asencio Torres. Bachillerato en psicología de la Universidad de Puerto Rico, Recinto de Río Piedras y es estudiante doctoral de Psicología Social-Comunitaria. Su experiencia en la disciplina la ha llevado a trabajar con diversas comunidades y poblaciones, expandiendo así su interés en temas como violencia intrafamiliar, género, política, descolonialidad y movimientos sociales. Ha participado en el Proyecto Plaza Corazón de Río Piedras, en el programa de tutorías de CAUCE para estudiantes de escuela elemental y ofrecer talleres a líderes comunitarios/as/es. En el área investigativa fue voluntaria en el proyecto sobre diabetes y depresión en adolescentes del área metropolitana. Más adelante junto a compañeros/as/es de psicología participó en investigaciones sobre familias puertorriqueñas y la percepción estudiantil sobre vida universitaria ante el paso del Huracán María. Actualmente es asistente de investigación del Centro de Investigaciones Educativas (UPR-RP) y coordina el proyecto de investigación Ciudadanía Académica para conocer las experiencias de las docentes y estudiantes graduadas habitando los espacios universitarios.

Valeska Zanello. Possui graduação em Psicologia pela Universidade de Brasília (UnB), graduação em Filosofia pela UnB e doutorado em Psicologia pela mesma instituição, com período sanduíche de um ano na Université Catholique de Louvain (Bélgica). Professora Associada 3 do Departamento de Psicologia Clínica da UnB. Foi coordenadora do Programa de Pós-Graduação em Psicologia Clínica e Cultura (PPGPSICC/UnB) de agosto de 2019 a março de 2021. Orientadora de mestrado e doutorado no Programa de Pós-Graduação em Psicologia Clínica e Cultura (PPG-PSICC). Coordena o grupo de pesquisa "Saúde Mental e Gênero" (foco em mulheres) no CNPq. Foi representante do Conselho Federal de Psicologia no Conselho Nacional dos Direitos da Mulher (SPM) e no Grupo de Estudos do Aborto (GEA) no periodo de 2014 a 2016. Membro do Grupo de Estudos Feministas (Gefem) e do Núcleo de Estudos e Pesquisa sobre a Mulher (Nepem) da UnB. Autora de vários artigos e livros no campo da Saúde Mental, Gênero e Interseccionalidades com Raça e Etnia. Desenvolve pesquisas sobre: a) Tecnologias de gênero (músicas, filmes, livros, etc.) e constituição subjetiva; b) Adoecimento psíquico e saúde mental de mulheres em sociedades sexistas como a brasileira, utilizando-se das categorias analíticas do dispositivo amoroso e materno; c) Masculinidades e dispositivo da eficácia (casa dos homens e cumplicidades; imaginário erótico; e violências); d) Técnicas de intervenção em gênero; e) Violências (explícitas e implícitas) contra as mulheres; f) Educação não sexista.

Yarimar Rosa-Rodríguez (Org.). Tiene un doctorado en filosofía con especialidad en psicología clínica de la Universidad de Puerto Rico (UPR) y un diplomado en Género y Movimientos Feministas de la Universidad de Buenos Aires. Actualmente es Directora del Centro de Investigaciones Educativas, de la Facultad de Educación en el recinto de Río Piedras de la UPR. Enseña métodos y práctica de investigación, sexualidad, género y psicología de la salud a nivel de pregrado y posgrado en los Departamentos de Psicología, Trabajo Social y el Programa de Estudios de Mujer y Género de la Universidad de Puerto Rico, Recinto de Río Piedras. Su trabajo de investigación va dirigido a evaluar las intersecciones del género y el sexo en la salud, acoso, hostigamiento sexual a mujeres y comunidad género y sexo diversa, y la ciudadanía académica de las mujeres desde una perspectiva feminista decolonial. Es codirectora de la organización feminista Siempre Vivas Metro (UPR-RP) en donde trabajaba con los grupos de acompañamiento de violencia doméstica y (de)construcción de masculinidades. Es facilitadora certificada de Yoga Sensible al Trauma por el Trauma Center and Embodiement del Justice Resource Institute. Ha colaborado en el diseño y evaluación de programas de servicios directos a comunidades vulnerables en la isla. Es editora de la Revista Salud y Sociedad y Vicepresidenta para la región de México, Centro América y Caribe de la Sociedad Interamericana de Psicología.

Yoanka Rodney Rodríguez. Licenciada en Educación. Especialidad Biología. Master en Educación. Profesora Titular de la Universidad de Ciencias Pedagógicas Enrique José Varona (UCPEJV). Labora desde el 2002 en la Facultad de Ciencias de la Educación de la UCPEJV como profesora de Pedagogía, donde se desempeñó en los últimos 10 años como Jefa de la Disciplina Formación Pedagógica General. Actualmente es la Directora del Centro de Estudios de la UCPEJV y Coordinadora de la Maestría en Educación de la Facultad de Ciencias de la Educación de dicha universidad. Tiene experiencia en la formación de pregrado en Cuba y posgrado en Bolivia, el Salvador y México. Ha participado en diversos proyectos investigativos relacionados con la Educación Integral de la sexualidad, la prevención de la violencia escolar y del bullying homofóbico. Es coautora y autora de diversas publicaciones. Ha sido consultora para la Unicef (2017), UNESCO (2015/2018) y el UNFPA (2020/2022) en temas relacionados con la prevención de la violencia de género en el contexto escolar y la educación integral de la sexualidad. Es miembra del Consejo Científico de la Facultad de Ciencias de la Educación de la UCPEJV y del Centro Nacional de Educación Sexual (CENESEX). Árbitra de la Revista Sexología y sociedad del CENESEX y miembro de la junta directiva de la Sociedad Cubana Multidisciplinaria de Estudios de la Sexualidad (SOCUMES).

SOLO
editoração & design gráfico

Fone: 51 99859.6690

Este livro foi confeccionado especialmente para a
Editora Meridional Ltda,
em Zila Slab, 11/16 e
impresso na Gráfica Odisseia.